복 음 설 교

D.M. 로이드 죤즈 著
朴　英　鎬 譯

기독교문서선교회

I AM NOT ASHAMED
Advice to Timothy

By
D.M. LLOYD JONES
Translated by
YOUNG–HO PARK

1987

Christian Literature Crusade

Seoul, Korea

서 문

"타오르는 논리! 감동적인 지각력!" 이 말은 나의 조부(祖父)인 로이드 죤즈 박사가 그의 고전적 저서 『목사와 설교』(*Preaching and Preachers*)에서 구사했던 표현이다. 그 책에서 그는 설교에 관한 모든 것을 기술하고 있다. 또한 그 표현은 1964년 웨스트민스터 채플에서 행한 디모데후서에 관한 그의 복음설교 방식을 아주 정확하게 나타내 준다.

로이드 죤즈는 박사(the Doctor)로서 친근감있게 알려졌으며, 그것은 아주 적절한 명칭이다. 우선 그는 신학이 아닌 의학박사였으며, 그의 복음전도가 독특하게 날카로운 면모를 갖게 된 것은 이로 인해서였다. 로이드 죤즈는 성 바돌로매 병원의 탁월한 의사였던 로드 호더(Lord Horder) 아래서 수업을 받으면서 1921년 의학사(MB and BS)를 취득했고, 오래지 않아 의학박사(MD and MRCP) 자격도 땄다. 그는 1923년 겨우 23살의 나이에 로드 호더의 으뜸가는 임상의학 조교가 되었다. 호더는 당시에 가장 뛰어난 전문의였고, 자신의 사고방식을 모든 제자들에게 주입시켰다. 그는 뛰어난 제자였던 로이드 죤즈를 자기가 소장하고 있던 귀중한 사본으로 제번(Jevon)의 유명한 저서인 『과학의 원리들 —논리적 과학적 방법에 관한 논문』(*Principles of Science-A treatise on logical and Scientific Method*)에 비기었다. 하지만 로이드 죤즈 박사는 아베라본(Aberavon)에 있는 교회의 목사가 되기 위해 1927년 고향인 웨일즈로 돌아왔다. 하나님께서 복음을 전하도록 그를 부르셨다고 느낀 것이다. 1938년에 그는 런던의 웨스트민스터 채플의 목사가 되었고, 1968

년까지 그곳에서 봉직하였다.
 그러나 로이드 존즈는 대단히 성공적으로 보장되었던 의학적 경력을 포기했음에도 불구하고 여전히 인생을 마칠 때까지 자기 나름대로의 사고방식을 지닌 의사였다. 그가 질병을 고치는 대신에 영혼을 치료하는 의사였다는 점이 다를 뿐이다. 로드 호더 아래서 배운 원리들이 병동(病棟)에서 강단으로 옮겨진 것이다.
 로이드 존즈 박사에게는 기독교란 무엇보다도 합리적인 것이었다. 그가 아베라본에서 초기에 만났던 웨일즈 사람들은 쉽게 감동을 받았지만 마음을 고쳐 먹으려 하지 않았다. 그래서 그는 자신의 메시지를 생활과 관련이 깊으며 절박할 정도의 중요한 것으로 선포하였다. 로이드 존즈는 그 당시에 유행했던 현란한 설교방식을 의도적으로 회피했다.
 그에게 있어서 기독교는 하나님의 진리로서, 세상문제에 대하여 뿐만 아니라 기독교가 외치는 것에 귀를 기울이는 모든 이들에게 있어서 유일한 해답이었다.
 왜냐하면 성 바돌로매 병원에서의 환자들이 병들어 아파했던 것과 마찬가지로 하나님이 없는 사람들도 역시 그러했기 때문이다. 그들이 필요로 하는 것은 치유(治癒)였으며, 그 경우의 치유책은 십자가의 예수 그리스도를 통한 구원이었다. 하지만 무엇보다도 사람들은 그들에게 필요한 것을 깨닫도록 도움을 받아야 했다. 그래서 로이드 존즈 박사는 모든 사람이 세상을 알았을 때, 즉 세상이란 아무런 희망없이 빼앗긴 바 되어 무기력하게 놓여져 있음을 알았을 때 그 세상을 가지고 시작하곤 했다. 사람은 항상 나름대로의 다양한 해결책을 시도했지만 실패했다. 그렇다면 어떻게 해야 하는가? 진정, 문제의 근본원인은 무엇인가? 그것은 사람은 누구나 다 하나님께 반역한 죄인이라는 것이다. 때가 되매 그에 대한 올바른 진단이 나타나게 되었고, 돌팔이 치유책이 제공하는 것을 거절하게 되었다. 로이드 존즈 박사는 로드 호더 아래서 배웠던 사려깊은 논리로 하나님께서 그의 아들 예수 그리스노를 통하여 베푸시는 구원만이 유일한 길이라는 사실을 청중들에게 증명해 보이고자 했다.

로이드 존즈의 설교를 두드러지게 하고, 더우기 이 책의 설교를 특색있게 하는 것은 그런 방법론 때문이다. 그의 의학적 수련의로서의 단면은 소심한 디모데(Timid Timothy)로 알려진 디모데의 기질을 다루는 방법에서 나타난다. 나의 조부께서 논증하고 있듯이 기질과 개성은 중요하긴 하지만 기독교적 형태로서는 적합하지 않다. 복음은 모든 사람을 위한 것이며, 그들의 기질에 좌우되지 않는다.

무엇보다도 그 메시지는 바울이 로마의 감방에서 디모데에게 서신을 보낼 때와 마찬가지로 20세기에도 적용된다. 바울은 예수 그리스도의 기쁜 소식을 부끄러워하지 않았으며, 오늘날의 하나님의 백성 또한 그러하다.

* * *

여기에 포함된 설교들의 원본은 로이드 존즈 박사의 비서였던 버니(Burney) 부인에 의해 당시에 기록된 것이다. 나의 조부께서 돌아가실 때에 이 원고를 가족에게 맡겼고, 이 책이 편집되어 출판된 것도 그 덕택이다. 이 작업을 하면서 나의 조모(祖母)인 베단 로이드 존즈(Bethan Lloyd Jones)와 나의 어머니로 로이드 존즈 박사의 큰 딸인 엘리자벤 캐더우드(Elizabeth Catherwood)의 도움을 크게 입었다. 이 분들에게 대단히 감사한다. 이 책에서 생전의 로이드 존즈가 사용했던 표현법을 긴밀하게 고수했지만 설교를 시작할 때마다 나오는 반복되는 내용은 책에서 불필요하다고 여겨 제외시켰다. 그렇게 하지 않았다면 이 글을 읽는 것이 마치 1964년 봄 웨스트민스터 채플에서 설교를 듣는 것처럼 되었을 것이다. 또한 대리인(代理人)인 에드워드 잉글랜드(Edward England)와 호더 앤 스터튼(Hodder & Stoughton)에 있는 편집자인 데이빗 웨이버(David Wavre)에게 그들의 도움과 조언에 대해 심심한 사의를 표한다.

크리스토퍼 개더우드

『다섯명의 복음 지도자』(Five Evangelical Leaders)의 저자

목 차

서문 / 크리스토퍼 개더우드

제 1 장	인생의 문제	9
제 2 장	진실한 기독교	33
제 3 장	올바른 진단	57
제 4 장	인간의 실상	79
제 5 장	그리스도 우리의 구세주	100
제 6 장	하나님의 변치 않는 목적	120
제 7 장	하나님의 구속하시는 방법	138
제 8 장	풍성한 삶	157
제 9 장	두려움으로부터의 해방	176
제10장	"그 날"	199
제11장	확신함	219

제 1 장

인생의 문제

> 이를 인하여 내가 또 이 고난을 받되 부끄러워하지 아니함은 나의 의뢰한 자를 내가 알고 또한 나의 의탁한 것을 그 날까지 저가 능히 지키실 줄을 확신함이라(딤후 1 : 12).

우선, 이 특별한 구절을 강조하고자 합니다. 그러나 디모데후서 1장의 다른 부분을 읽게 되면 이 구절이 보다 커다란 진술의 일부임을 알게 될 것입니다. 그러므로 전후문맥이나 배경을 살펴볼 때 그 구절 하나만을 취하는 것이 대단히 어리석은 일임을 깨닫게 됩니다. 하지만 본장에서 위대한 사도가 다루고 있는 전체 주제에 대한 도입으로서 그것을 사용하는 것이 도움을 주기 때문에 그렇게 하는 것입니다. 여기 이 특별한 구절에서 바울은 자신의 삶과 글의 특성을 나타내보이는 방대하고 감동적인 진술 가운데 하나를 기록하고 있읍니다. 그것은 그가 그리스도교 신앙의 커다란 본질들과 진실로 믿는 사람에게 신앙이란 무엇을 의미하는가를 우리 앞에 제시해 주는 심오한 기본적 진술 가운데 하나입니다.

이 말씀과 그에 포함된 전체적인 주장에 관심을 모아주길 바랍니다. 왜냐하면 우리가 살고 있는 바로 이 시대에 그것은 대단히 중요한 듯이 보이기 때문입니다. 여기서 제기되는 큰 문제는 어떻게 살아갈 것인가,

어떻게 하면 승리하며 살 수 있는가, 전적으로 불확실하고 그에 따른 문제를 지닌 인생에 직면하여 어떻게 하면 승리를 얻어내고 극복해낼 수 있는가 하는 문제입니다. 다시 말해서 사는 방법과 정복당하기 보다는 정복하는 인생에 관한 문제입니다. 하지만 사도 바울은 그런 긴요한 주제를, 아니 그 어떤 주제라 할지라도 성경의 체계 속에 끌어들이지 않고는 생각할 수 없었읍니다. 제가 이제 제시하고자 하는 두 가지 내용은 변함없이 필연적으로 함께 이루어집니다. 여기서의 두 개의 중심 사상은 인생을 정복하는 방법과 복음의 참된 성격입니다.

　인생에 관한 교훈이나 철학을 시험(test)해 보면 궁극적으로 분석되는 것은 그것이 효과가 있느냐 하는 것입니다. 정말 도움을 주고 있읍니까? 실제로 영향력을 행사합니까? 우리는 모두 자신의 의견을 철학화하고 표현하며, 진술할 수 있읍니다. 하지만 결국에 이 모든 진술에 대한 가치를 시험해 보았을 때 그것들이 참된 것이냐 하는 것이 문제입니다. 우리가 그에 대해 요구하는 것을 그것이 얼마나 행할 수 있읍니까? 그러한 모든 것은 진정 우리가 필요로 하는 것입니까? 오늘날의 세계는 온갖 교훈과 이론, 사상으로 가득차 있지만 문제는 그것들이 효과가 있느냐 하는 것입니다. 더우기 생각해 볼 수 있는 갖가지 사태에 대해서 그것들을 적용해 볼 때 도움을 줄 수 있을까요?

　그리스도교 복음을 내세울 수 있는 근거는 그것이 효과가 있으며, 단순히 이론에 그치는 것이 아니라 요구하는 것을 실제로 이루고 있으며, 사람이 이 세상 가운데서 진정한 의미를 갖고 살아가게 한다는 것입니다. 그 점이 복음을 내세우는 근거이기도 하지만 더 나아가서 오직 복음만이 그 일을 할 수 있다는 것입니다.

　이 사실은 때때로 오만한 듯이 보이는 사람들에 의해서 인정받습니다. 그러나 그것이 진실이라면 오만한 것이 아니므로 그렇게 생각해서는 안됩니다. 그리고 나는 복음에 관한 사실들이 진실임을 주장하며, 이것을 증명하고자 합니다. 복음은 자신만이 유일하다고 주장합니다. 다른 가르침이나 종교와 나란히 두지를 않습니다. 그것은 신구약 성경을 통하여 정당화된 위대한 주장입니다. 그리스도의 교회가 그렇게 주장하지 아니할 때 파산하게 될 뿐 아니라 자신을 그리스도인이라 부를 수 없게 됩니다. 왜냐하면 독특한 것이 전혀 없기 때문입니다. 지금 주장하는 것은 사도 베드로가 교회의 출발 시에 권위의 정당함에 대해 부여했던 것입니다. "…천하 인간에 구원을 얻을 만한 다른 이름을 우리에게 주신 일이 없음이니라"(행 4 : 12)고 그는 주장했읍니다. 유일한 구세주와 유일한 구원이 있을 뿐이며, 이 생과 이 세상에서 모든 가능한 사태를 실제적으로 맞부딪치게 할 수 있는 유일한 가르침이 있을 뿐입니다.

바울은 그런 주장을 자신의 경험의 형태로 여기에서 진술하고 있으며, 나아가서 그에 대해 일종의 부가적인 가치를 부여하고 있읍니다. 그는 나이 어린 제자인 디모데에게 편지를 쓰고 있는데, 이는 디모데가 다소 의기소침하여 우울해 있었기 때문입니다. 사도 바울은 글을 쓰기 위해서 편지를 썼을 뿐 아니라 당시의 디모데의 상태를 알고 있었기 때문에 쓴 것이기도 했읍니다. 디모데는 성품과 기질 면에서 쉽게 용기를 잃고 낙담해 버리는 사람이었음이 분명합니다. 오늘날도 그와 같은 사람들이 있읍니다. 우리 모두 같지 않고 다르게 태어났다 할지라도 그것을 인정하지 않을 수 없읍니다. 그리스도교의 복음도 그 사실을, 곧 우리가 성품상 차이를 지니고 있다는 점을 인정합니다. 디모데가 울적해 있었고, 그것은 단지 기질상의 차이였다고 돌려버린다 할지라도 그는 특별히 위대한 사도가 죄수였다는 사실 때문에 괴로와하고 있었읍니다. 그 점을 간파하는 것이 매우 중요합니다. 디모데후서 1 : 12의 훌륭한 진술을 읽으면서, "아하, 그런 현상은 당연한 것이구나, 문학작품을 대할 때 시인들이 때때로 유별난 표현을 하고 있음을 알 수 있는 것처럼 이 기록도 그렇구나"라고 생각할 수도 있을 것입니다. 하지만 시인들이 이야기하는 것은 그것과 전혀 다릅니다. 그들이 그런 기록을 남길 수 없는 순간들이 있읍니다. 시인은 특별한 감정과 환경에 젖어 있어야만 합니다. 그래서 자신의 감정과 느낌, 환경에 대한 감각에 따라 글을 씁니다. 그러나 그리스도인은 그렇지 않습니다. 여기서의 사도 바울은 상상해 볼 수 있는 최악의 상황에 빠져 있읍니다. 그는 감옥에 갇혀 있으며, 언제 죽는지 모르고, 모든 것이 그를 대적합니다. 그런데도 이런 글을 남기고 있는 것입니다. 즉, 이 모든 상황에도 불구하고 "내가…부끄러워하지 아니함은 나의 의뢰한 자를 내가 알고 또한 나의 의탁한 것을 그 날까지 저가 능히 지키실 줄을 확신함이라"고 우렁차게 진술하고 있읍니다. 이것은 그의 처한 끔찍한 환경에도 불구하고 진술한 승리에 대한 놀라운 기록이자 극복의 기록입니다.

사도 바울은 아주 특징적 방식으로 우리 앞에 이 사실을 제시하고 있읍니다. 그래서 그가 설정한 방식에 관심을 모으지 않을 수 없읍니다. 제게 있어선 그가 내세우는 방식이 끊임없는 기쁨과 감격의 원천입니다. 바울은 "내가 이 복음을 위하여 반포자와 사도와 교사로 세우심을 입었노라"고 말합니다. 그리고 "이를 인하여 또 이 고난을 받되"라고 증거합니다. 자신이 감옥에 있는 것은 오직 복음의 반포자였기 때문이라는 것입니다. 바울이 복음을 전하지 않았더라면 감옥에 있지 않았을 것이고, 또한 바리새인으로 남아 있었더라면 역시 마찬가지였을 것입니다. 그가 감옥에 있으면서 고난을 겪는 것은 그런 이유 때문입니다. 그리고 그는 실제로 어려움을 겪고 있었읍니다. 바울은 자신이 고난을 받고 있음을 진술하고나서 이어서 "그럼에도 불구하고"(neverthless)라고 기록하고 있읍니다.*〕 바로 이 표현입니다. 그리고 거기서 복음이 온전히 드러납니다. 내가 고난을 당하고 있지만 "그럼에도 불구하고 부끄러워하지 아니한다!" 그의 서신은 이 표현으로 가득차 있읍니다. 그는 로마서에서 "…하나님의 영광을 바라고 즐거워하느니라 다만 이뿐 아니라 우리가 환난 중에도 즐거워하나니…"(롬 5:2,3)라고 말합니다. 이것이 전형적인 그리스도교이며, 그리스도의 가르침의 본질입니다. 우리도 이와 같이 되어야 합니다. 그리스도교란 어떤 의미에서 이 한 단어, "그럼에도 불구하고" 가운데 존재합니다. 이것은 단언(斷言)이며, 그 모든 것 위에 우뚝 서 있는 것입니다. "그럼에도 불구하고 부끄러워하지 않느니라."

이 점은 어떤 삶의 자세를 취하든지 견고하게 서 있으려면 궁극적으로 적용해야 될 시험(the test)이라는 것을 밝혀둡니다. 그리고 앞으로의 이야기를 진행하기에 앞서서 제기해야 될 문제입니다. 바울과 같은 인생을 살아가고 있읍니까? 자신의 삶과 경험 속에 이 "그럼에도 불구하

---

*〕한글판 개역성경에는 딤후 1:12의 이 부분이 "…내가 또 이 고난을 받되 부끄러워하지 아니함은…"이라고 되어 있어 표현이 뚜렷하지 못합니다. 참고로 이 부분에 대한 King James Version의 표현을 살펴보면 "…I also suffer these things ; nevertheless I am not ashamed…"라고 되어 있읍니다. 여기서 "그럼에도 불구하고"(nevertheless)의 등장이 두드러집니다.

고"가 있습니까? 아무리 컴컴하고 어두우며 끝난 듯이 보이는 환경과 조건일지라도 직시하면서 "그럼에도 불구하고 희망은 있다"라고 말할 수 있습니까? 그것만이 조건이 될 수 있습니까?

그 다음에 놓여진 문제는 무엇이 바울로 하여금 이같이 말할 수 있게 했느냐 하는 것입니다. 우리 모두 어떻게 해야 바울처럼 살 수 있을까요? 그것이야말로 큰 문제가 아닙니까? 그것이 우리 모두의 관심을 모으는 내용이 아닙니까? 우리는 어려운 세상에 살고 있으며, 그 세상은 여러 가지 면에서 우리를 반대하는 적대적인 세력입니다. 뿐만 아니라 그곳에는 질병과 사고, 죽음과 슬픔, 시련과 고통 등의 문제들이 놓여 있습니다. 이러한 것들이 언제 찾아올는지 결코 알 수 없습니다. 이것은 인생의 커다란 숙제이지만, 위대한 사도가 그랬던 것처럼 그 모든 것에 직면하여 견뎌내면서 "그럼에도 불구하고"라고 고백할 수 있는 것은 아닙니다. 그리스도교는 이에 대해 응답합니다. 그리스도교의 본질은 여기에 있습니다.

그러면 바울이 그렇게 할 수 있었던 비결은 무엇이었을까요? 어떻게 해야 우리도 바울처럼 될 수 있을까요? 의심할 여지없이 많은 사람들은 그 질문에 대한 해답은 간단한 것이라고 가르치려 들 것입니다. 그들은 다음과 같이 말할 것입니다. "물론 바울의 경우에는 문제될 게 없어. 사도 바울은 그 만한 자질을 지닌 사람이었기에 그처럼 썼던거야. 우리는 제각기 다른 기질을 지니고 있고, 개중에는 희망적이고 낙천적이고 쾌활한 기질을 지니고 있는 사람들도 있어. 알다시피, 그들은 음울한 형과는 정반대이지. 디모데형의 사람들—그들은 항상 어려움만을 보고 언제나 불길한 예감에 사로잡혀 있지. 그와는 다른 형태의 사람도 있어. 두 차례의 세계대전 가운데서 그런 사람들을 기억할 수 있을 거야. 그들은 전쟁에서 패배하든, 상황이 악화되든간에 개의치 않고 언제나 웃음을 띠우며 만사가 잘 될 것이라고 이야기했지. 그들은 그렇게 말할 수 있는 근거를 갖고 있지 않았지만 본래 낙천적이고 항상 밝은 면을 보고 미화된 부분을 바라보고 있었기 때문에 그런 자세를 취할 수 있었어. 그리고 틀림없이 당신네 사도라는 양반도 그 부류의 사람일 거야. 눌러봐도 소용없이 다시 표면에 솟아오르는 코르크 마개와 같지. 그 어느 것도 그를 내리누를 수 없었을 거야. 바울은 본래 그런 성품을 타고 태어났던 사람임에 틀림없어."

　그것은 매우 마음을 끄는 흥미있는 논리이지만 물론 전적으로 잘못되었읍니다. 이는 사견(私見)으로 주장하는 것이 아닙니다. 내가 말하는 것을 증명해 보일 수 있읍니다. 우리는 사도 바울에 대해서 많은 것을 알고 있읍니다. 바울에 대해 확신을 갖고 말할 수 있는 것이 한 가지 있다면 그는 원래 낙천주의자가 아니라는 사실입니다. 그는 본래 비관주의자였읍니다. 바울은 아주 감정이 예민하고 흥분하기 쉬운 사람으로 쉽게 낙담해 버리는 사람이었읍니다. 그는 이 사실을 스스로 말하고 있으며, 그에 대해 이론(異論)이 있을 수 없읍니다. 바울은 고린도 사람들에게 "우리가 마게도냐에 이르렀을 때에도 우리 육체가 편치 못하고 사방으로 환난을 당하여 밖으로는 다툼이요 안으로는 두려움이라"(고후 7:5)고 이야기하고 있읍니다. 그가 처음으로 고린도에 갔을 때는 "약하며 두려워하며 심히 떠는"(고전 2:3) 가운데에 있었읍니다. 감정이 예민한 사람은 비관에 민감하며, 다른 사람들이 자신에게 호의를 갖고 있지 않거나 자신에 관해 악평을 하면 쉽게 의욕을 상실합니다. 이 위대한 사도의 성품도 그러한 것이었읍니다. 그는 늘 사물의 밝은 면을 바라보는 굽힐 줄 모르는 외향적 사람과는 정반대의 인물이었읍니다. 바울은 외향성을 지닌 사람이 아니었으며, 더구나 본성적으로 낙천주의자였기 때문에 디모데후서 1:12의 기록을 남긴 것은 아니었읍니다.

　디모데후서 1:12의 의도하는 바를 이해할 때 하나님께 감사합니다. 예수 그리스도의 복음이 본시 낙천주의자만이 그처럼 기록할 수 있는 내용이라면 비관에 쉽게 빠져버리는 사람에게 베풀 것이 아무것도 없을 것입니다. 우리 가운데 아주 많은 사람들이 원래 비관주의자가 아닙니까! 복음이 어떤 부류에 속한 자만이 기록할 수 있는 것이라면 그것은 이미 복음이 아닙니다. 상상 가능한 어떤 형태의 기질이나 심리 상태를 인간이 지니고 있다 해도 복음은 그를 견고히 세울 수 있으며, 바울처럼 이야기할 수 있게 한다는데 그 영광이 있읍니다. 복음은 디모데와 같은 사람일지라도 영향을 미칠 수 있으며, 복음이 진실로 그에게 이르게 되면 위대한 사도처럼 실제로 행할 수 있게 만듭니다.

　이 점이 특별히 복음의 영광임을 말해 두고 싶습니다. 기질의 특성, 심리 상태는 문제될 것이 없으며, 문제되는 것은 오직 복음의 능력입니다. 알다시피 복음은 우리에 근거하지 않고 하나님의 능력에 근거합니다. 이것이 첫번째 위대한 원리이며, 그 사실을 강조하고자 합니다. 오늘날 영리하다고 하는 사람들은 "하지만, 신앙적 고정관념이나 신앙적 기질을 지닌 사람들도 있다. 어쨌든 좋다. 그런 것을 원하는 사람이 있다면 갖게 하라. 그렇다고 우리 모두에게 강요하지 말라"고 주장하기도 합니다. 형제들이여, 내가 이 사실을 밝히는 것은 고정관념에 대해 이야기하는 것이 아닙니다. 인생에 대해 승리하기를 원하십니까? 폭풍우 속에서도 기뻐하기를 원하십니까? 고난 가운데서 즐거워하길 바라십니까? 정녕, 복음은 그렇게 해줄 능력이 있습니다. 기질, 성품, 교육수준, 머리의 좋고 나쁨—이 모든 것은 문제되지 않습니다. 복음은 "구원에 이르는 하나님의 능력"입니다. 그것은 우리에 근거하지 않습니다. 이 점이 복음의 영광이며 또한 기적입니다. 복음은 사람에게 새 생명을 주며, 새로운 인간으로 만듭니다. 따라서 인간의 자질은 최종적인 결정요소가 아닙니다.

이에 대해 또다른 이의를 제기하는 사람들이 있는데, 그들은 "사도 바울이 당시에 풍미하던 철학인 스토아 철학의 신봉자이거나 추종자였을 수도 있다"라고 말합니다. 스토아 철학자들은 사도행전에서 언급되는데 17장을 보면, 바울이 아테네에서 복음을 전하면서 스토아 철학자들과 에피큐로스 철학자들의 모임에 나간 것으로 되어 있습니다. 그들은 대단히 재미있고 사려깊은 사람들이었습니다. 에피큐로스 철학자는 생각하기를 즐겨하지 않습니다. 기껏 생각해 봐야 별 것도 아닌 것을 재고하는 것 뿐입니다. 하는 일이라곤 자신을 즐기는 것이며, 즐거움을 얻기 위해서 생각을 적게 하고 쾌락에 자신을 맡기는 것입니다.

하지만, 스토아 철학은 그런 자세를 취하지 않습니다. 스토아 철학자는 진지하고 생각이 깊은 사람이며, 인생에 담긴 사실들을 직면해 나가야 한다고 믿는 정직한 자입니다. 그렇게 살아가기 때문에 인생은 어려운 경영이고 힘든 작업이며, 인생을 극복해내는 데는 오직 한 가지 길이 있는데 그것은 엄격한 훈련을 스스로 쌓아나가야만 한다는 결론을 갖게 됩니다. 스토아 철학자는 "인생은 공격적이며 괴로움과 아픔을 주기 때문에 살아가는 최고의 기술은 자기 발로 서는 것이다. 그것을 이루기 위해서는 오직 허리띠를 졸라매고 입술을 굳게 깨물면서 용기를 줄 수 있는 철학에 몰두하며 스스로 인간답게 되어가고 있음을 긍정해야 한다"라고 주장합니다.

그런 인생의 자세는 제2차 세계대전 동안에 아주 인기가 높았읍니다. "영국인은 이겨낼 수 있다." "런던은 해낼 수 있다." 이것이 스토아 철학의 전형입니다. 맘을 굳게 먹고 "그렇다. 히틀러는 우리를 꺾어뜨릴 수 없을 것이다"라고 생각했읍니다. 이것이 전형적인 런던 토박이(cockney)의 반응이 아니었읍니까? 물론, 그런 자세는 전시(戰時)에 매우 도움이 됩니다. 하지만 그것은 그리스도교가 아닙니다. 스토아 철학일 뿐인 것입니다. 굴복하지 않겠다고, 패배당하지 않겠다고 결심하는 사람들이 있읍니다. 그들은 어떤 사태가 발생한다 해도 버티고 서서 계속해서 일을 수행해 나갈 것이며 최후까지 그 자세를 고수할 것입니다. 그것은 담력의 철학, 용기의 철학, 입술을 굳게 깨물며 지내겠다는 철학입니다.

스토아 철학은 사도 바울의 시대에 유행했던 가르침이었읍니다. 그래서 혹자는 사도 바울이 틀림없이 그것을 적용하여 스토아 철학자가 되었으며, 따라서 그가 감옥에 갇혀 있으면서 만사가 그를 대적한다 했을지라도 두려워하지 않았을 것이라고 말한다. 그렇다면 그는 마치 "내 머리가 잘려나간다 해도 굴복하지 않을 것이다. 나는 내 운명의 주인공이며 내 영혼의 주인이다"라고 말했던 어느 시인과 같았을 것입니다. 그러나 그것이 사도 바울을 지탱해 준 것은 아니었읍니다. 스토아 철학과 다른 점을 쉽게 제시해 보일 수 있읍니다.

스토아 철학에 대한 정의—나는 그것을 공공연히 비난하고 있는 것이 아니라 공정하게 다루고 있는 것입니다—에서 알 수 있듯이, 그것은 자연인의 수준에서 볼 때에 대단한 것이긴 하지만 그리스도교는 아닙니다. 스토아 철학은 체념의 철학이고, 참아내며 버티는 인내의 철학이며, 굴복하기를 거부하는 철학입니다. 하지만, 그것은 늘 소극적인 반면에 사도 바울의 진술의 중심에는 적극성이 담겨 있읍니다. 스토아 철학자는 결코 기쁨으로 충만해질 수 없는 사람입니다. 바울은 기쁨에 가득차 있었읍니다. 그는 "디모데여! 무엇 때문에 고민하는가? 나는 그럼에도 불구하고 부끄러워하지 아니하노라"고 말합니다. 형제들이여, 바울은 이 자리에 있는 저에게 대해서나 여러분에게 대해서 유감의 표현을 하지 않습니다. 하나님의 말씀을 보십시오. "오직 하나님의 능력을 좇아 복음과 함께 고난을 받으라 하나님이 우리를 구원하사"(딤후 1:8, 9)라고 말하고 있으며, "내가…부끄러워하지 아니함은 나의 의뢰한 자를 알고" 있기 때문이라고 증거합니다.

다른 사례를 살펴보면, 바울은 전도여행 동료였던 실라와 함께 빌립보 감옥에 갇혔던 사람입니다. 그들은 체포되어 깊숙한 감옥 속에 던져졌습니다. 아무리 보아도 그들은 잘못한 것이 없었읍니다. 다스리는 자들이 절대적으로 불의했읍니다. 그래서 다리를 착고에 맨 채 감옥 안에 있었읍니다. 감옥에는 많은 죄수가 있었지만 이들 바울과 실라와는 다른 경우였읍니다. 하지만, 어찌 되었던가? "밤중쯤 되어 바울과 실라가 기도하고 하나님을 찬미하매 죄수들이 듣더라"(행 16:25)고 기록되어 있읍니다. 이것은 스토아 철학자는 결코 경험하지 못한, 도저히 행할 수 없는 일입니다. 스토아 철학자는 그런 일을 인내할 수 있으며, 눈물을 흘리거나 불평하거나 벗어나려고 하지 않을 것입니다. 스토아 철학자는 용기에 가득차 그것을 극복해내려고 하는 뛰어난 인간일 수 있읍니다. 하지만 결코 찬양할 수는 없을 것입니다. 그는 찬양한다는 것이 무엇인지 알지 못합니다. "정복자 이상으로 된다"는 것이 무엇을 의미하는지를 깨닫지 못합니다. 그는 낙담하지 않고 목적한 것에 이르도록 자신을 조절할 수 있지만 자신의 길을 걸으며 기운차게 찬송하고 고난 가운데서 기뻐할 수는 없읍니다.

두 가지 인용문을 제시함으로 스토아 철학과 그리스도교의 차이점을 밝히고자 합니다. 우선 존 드라이든(John Dryden)의 시를 인용하고자 합니다. 이것은 전형적인 스토아 철학이며, 그 철학을 완벽하게 표현하고 있읍니다.

> 무릇 생명이 있는 자는
> 죽기 위해 태어나고
> 어느 누구도 참된 축복을
> 알지 못하나니,
> 어떠한 일이 생긴다 해도
> 같은 심정으로 견디어내세.
> 이제 기대를 벗어난 것에 대해서

복음 설교

> 지나치게 기뻐하거나
> 슬퍼하지 마세.
> 순례자처럼
> 정해진 장소를 향해야 할지니
> 세상은 쉬었다 가는 곳
> 죽음은 여로(旅路)의 끝.

 이 시는 무엇을 보여주고 있읍니까? 전형적인 스토아 철학입니다. 그것을 분석해 보겠읍니다.
 "무릇 생명이 있는 자는 죽기 위해 태어나고." 스토아 철학자는 사고하는 사람이고 인생에 대해 등을 돌리는 사람이 아니라고 앞서 이야기했었읍니다. 그는 인생에 직면하여 다음과 같은 기본적 전제로 출발합니다. "무릇 생명이 있는 자는 태어난다. 그것은 무엇을 위해서인가? 죽기 위해서이다." 죽기 위해서! 세상에는 그것을 전제로 출발하지 않는 어리석은 사람들이 상당수 존재합니다. 죽기 위해 태어났다는 사실로 시작하지 않는 경솔한 사람들입니다. 하지만, 스토아 철학자는 현명하게도 그 점을 깨닫고 있읍니다. 그는 "그대는 죽음을 예고하는 인생을 시작하는 순간을 아는가? 1초 전에 태어난 아기가 있다고 하세. 그러면 그대는 말하길 '어쨌든 살기를 시작한 것이 아닌가?'라고 할 것일세. 나는 그대와 똑같이 그는 죽기를 시작한 것이라고 말하고 싶네. 인생은 나그네 길. 입구가 있고 출구가 있네. 안에 있는 순간은 밖으로 나가기 위해 존재한다는 것을 그대는 아는가?"라고 이야기합니다. 스토아 철학자는 이런 사실을 인식하고 있으면서 그것을 직시합니다. "무릇 생명있는 자는 죽기 위해 태어나는 것이다."
 드라이든은 이에 그치지 않고 "어느 누구도 참된 축복을 알지 못하나니"라고 말합니다. 그가 의도하는 바는 이 생과 이 세상에는 흠이 없이 완전한 행복, 곧 순수하고 불순물이 섞이지 않은 축복과 기쁨 같은 것이란 존재치 않는다는 것입니다. 드라이든은 스토아 철학자로서 대단히 현명한 사람입니다. 그는 "이 세상에서 행복과 기쁨의 영속적인 순환이란 존재치 않는다. 많은 영화와 연극은 그런 것이 존재함을 알리려 한다. 또한 텔레비전 화면에도 그런 사실이 비치고 있음을 알고 있다. 그러나 그것은 현실과 다르다. 인생이란 현실이며 심각한 것으로 많은 문제와 시련, 고난이 있다. 완전한 행복이란 결코 존재하지 않는다. 옥에는 항상 티가 있다. 어느 누구도 완전하고 절대적으로 행복할 수 없다"라고 밝히고 있습니다. 그래서 "어느 누구도 참된 축복을 알지 못하나니"라고 표현합니다.

그렇다면 어찌해야 합니까? 여기에 스토아 철학의 본질이 있습니다. "어떠한 일이 생긴다 해도 같은 심정으로 견디어 내세." 스토아 철학은 "균형잡힌 마음," "반듯한 뼈대"의 철학, 곧 균형의 철학입니다. 바로 다음 순간에 무엇이 나를 기다리고 있는지 결코 알 수 없는 이런 세상에서 어떻게 해야 할 것입니까? 어떤 일이 발생할는지 알 수 없는 가운데 하루를 시작합니다. 어떤 사태가 다가올지 결코 예측하지 못합니다. 인생은 경이로 충만해 있으며, 그것은 갑작스럽게 찾아옵니다. "어느 누구도 참된 축복을 알지 못하나니." 그렇다면 어떻게 해야 합니까? 스토아 철학은 "마음의 평정을 유지하라"고 가르칩니다. "어떠한 일이 생긴다 해도 같은 심정으로 견디어내세." 이 점이 우리가 행할 수 있는 모든 것입니다. 동일한 마음을 지니십시오.

하지만 어떻게 해야 균형잡힌 마음을 지속할 수 있습니까? 이에 대한 드라이든의 해답과 처방은 다음과 같습니다. "이제 기대를 벗어난 것에 대해서 지나치게 기뻐하거나 슬퍼하지 마세." 스토아 철학자는 "인생을 성공적으로 감당해내려면 자신의 감정과 흥분을 조절하지 않으면 안된다. 그것들을 잘 제어해야 하며, 손에 고삐를 단단히 쥐고 있어야 한다. 쾌락에 자신을 내던지고픈 유혹을 받을 수도 있다. 하지만 그래서는 안된다. 자제하라! 슬픔이 다가올 수도 있다. 그때 도가 지나치게 슬퍼해서는 안된다. 역시 자제하라. 아무리 악화된 상황일지라도 눈에 드러난 것만큼 나쁘지 않다. 시간이 흐르면 자연히 개선될 것이다"라고 주장합니다. 이것이 스토아 철학입니다―참고 견디어내라! 너무 기뻐하지도 슬퍼하지도 마라! "이제 기대에 벗어난 것에 대해서 지나치게 기뻐하거나 슬퍼하지 마세!"

그리고 스토아 철학의 최종점은 "순례자처럼 정해진 장소를 향해야 할지니"에 표현되어 있습니다. 이것은 현실 그대로를 말하는 것입니다. 정해진 장소란 무엇을 말합니까? 스토아 철학자에게 있어서 세상은 쉬었다 가는 곳으로 밤을 지새고 아침이 오면 계산을 치르고 자신의 길을 계속 떠나야 하는 여관과 같습니다. "세상은 쉬었다 가는 곳, 죽음은 여로의 끝."

이 시는 오늘날의 스토아 철학의 모범이자 이 땅의 대다수의 사람들이 갖고 있는 신조이며 의식입니다. 그들은 그리스도교를 거부하고 이 시와 같이 살아가고 있는 것입니다. "어쨌든 기독교의 요구에 부응할 수 없다"라고 말합니다. 보아서 알 수 있듯이 이 시에는 숙명적 요소, 즉 어떤 일이 발생할지 알 수 없다는 생각이 깃들어 있읍니다. 인생의 최선의 자세는 자신을 제어하며 그것을 위해 교육의 혜택을 입고 용기를 잃지 않으며 입술을 굳게 깨무는 것입니다. 너무 행복해 하거나 비탄에 잠겨서는 안됩니다. 단지 자신의 길을 계속 걸으면서 굳건히 서 있도록 힘쓰는 것입니다. 균형의 철학으로 반듯한 뼈대를 굽히지 않고 여로의 종착점에 이르러야 합니다. 그 지점은 죽음이며 그 이후로는 아무것도 존재하지 않습니다. 그러므로 최선을 다해 인생을 통과해야 합니다. 그것이 인생입니다. 그러나 그것은 또한 무망(無望)한 일입니다. 형제들이여, 스토아 철학은 너무 부정적입니다. 기쁨도 행복도 승리감도 없읍니다. 단지 낙담하기를 거절할 뿐입니다. 승리감에 차서 기쁨으로 걸어가는 길이 아닙니다.

이번에는 또다른 시를 빌어 기독교의 위치를 정해보고자 합니다. 우선 그 시를 쓴 사람의 이야기를 들려주고 싶습니다. 그는 19세기에 미국의 시카고에 살았던 사람으로 이름은 스패포드(H.G. Spafford)입니다. 그는 변호사였으며 4명의 딸을 가진 가장으로 부하게 되는 데도 성공했던 사람입니다. 어느 여름에 스패포드 부인과 그 딸들은 유럽을 방문하여 여러 나라를 돌아다니면서 아름다운 도시와 명승고적을 찾아보기로 계획했읍니다. 그 계획은 실현에 옮겨져 스패포드씨는 아내와 딸들을 항구에서 전송해 주며 배를 타고 떠나는 모습을 바라보았읍니다. 배가 대서양을 가로지르는 항해를 시작했을 때, 그 항구에는 거센 파도가 밀려오고 있었읍니다. 더우기, 안타깝게도 그 배는 대서양 한 복판에서 또다른 거센 파도를 만나게 되었고 얼마 안되어 침몰하고 말았읍니다. 4명의 딸들은 익사했고 반면에 스패포드 부인은 기적처럼 프랑스 배를 만나 구조를 받아서 마침내 프랑스 땅에 발을 딛게 되었읍니다. 그녀는 남편에게 전보를 쳐서 말하길, "모든 것을 잃어버렸읍니다. 나 혼자만남았읍니다. 어찌해야 될지 모르겠읍니다"라고 하였읍니다.

　하지만 불행은 그것에 그치지 않았읍니다. 스패포드 부인과 그의 딸들이 떠난 후에 갑작스럽게 한 은행이 파산했는데 그런 일은 19세기에 자주 있었던 것으로 시카고에 있는 은행에서였읍니다. 그로 인해 스패포드씨는 자신의 전 재산을 잃었읍니다. 어느 날 오후에 그는 엄청난 부자의 자리에서 지극히 가난한 자로 전락한 것입니다. 이 그리스도인은 자신의 모든 재산을 상실하고 사랑하는 딸들이 모두 대서양 한 가운데서 빠져 죽고 말았다는 전보를 갑작스럽게 받은 것입니다. 그가 이 사실에 대해 어떻게 반응했을까요? "나는 눈물을 흘리지 않을 것입니다. 무슨 일이든 하고 말 것입니다. 포기하지 않는다. 있는 용기를 다 발휘하겠다. 나는 여전히 한 인간임에 틀림없으며, 뒤로 물러서거나 좌절해서는 안된다"라고 말했겠읍니까? 결코 그러지 않았읍니다. 그런 자세는 스토아 철학입니다. 이 사람은 그리스도인이었읍니다. 그는 다음과 같이 반응하였읍니다. 앉아서 다음과 같은 글을 기록하였읍니다.

　　강 같은 평화가
　　내게 임하거나
　　바다 같은 슬픔이
　　소용돌이쳐 밀려오거나
　　내 운명이 어떠하든지
　　당신은 내게 가르쳐
　　말씀하시길
　　나의 영혼과 더불어
　　기뻐하여라 기뻐하여라
　　라고 하셨읍니다.

　스토아 철학과 다른 점을 알겠읍니까? "강 같은 평화가 내게 임하거나" 그리고 "바다 같은 슬픔이 소용돌이쳐 밀려오거나"—그는 순식간에 사랑하는 네 딸을 빼앗겼읍니다. "내 운명이 어떠하든지"—평화롭든지 슬프든지간에 "당신은 내게 가르쳐 말씀하시길 내 영혼과 더불어 기뻐하여라 기뻐하여라"고 하셨읍니다. 그는 기뻐하고 있읍니다. 즐거워하고 있읍니다. 스패포드는 다만 소극적으로 견디어내면서 자신의 운명에 대해 스스로 체념하면서 어떻게 해서든 살아남겠다고 결심하고 있는 것이 아닙니다. "기뻐하여라"고 말하고 있지 않습니까? "내가 또 이 고난을 받되 부끄러워하지 아니함은 나의 의뢰한 자를 내가 알고 또한 나의 의탁한 것을 그 날까지 저가 능히 지키실 줄을 확신함이라."

사도 바울을 아무리 설명하려 해도 자제라든지 스토아 철학이라든지 그 외에 다른 인간적 해석으로 설명할 수는 없습니다. 인간이 바울처럼 이야기할 수 있는 것에 대해서는 오직 한 가지 설명이 있을 뿐입니다. 오직 하나의 답변만이 존재합니다. 그것은 구세주되신 우리 주 예수 그리스도의 복음을 의지하는 신앙에 근거합니다. 이것 외에 달리 설명할 근거가 없읍니다.

따라서 이 근거가 매우 중대한 관점이며 또한 전후문맥을 살펴볼 때 취할 수 있는 유일한 관점입니다. 이는 본장의 주제를 이런 관점에서 끌어들이고 있는 것이며, 앞으로도 이 사실을 계속해서 분석하고자 합니다. 더우기, 이 사실을 바로 바라보지 못한다면 모든 내용을 그릇되게 해석하기 때문에 이런 식으로 시작하지 않을 수 없읍니다. 인간이 바울과 같은 방법으로 이겨낼 수 있는 것은 복음에 대한 믿음에 의해서입니다. 이것이 긴요한 점임을 밝혀둡니다.

바울의 경우는 복음의 정체(正體)에 관한 중요한 문제를 제기합니다. 이 부분은 오늘날 대단히 혼동하고 있는 점입니다. 그래서 우리들의 사고에 일반적인 원리를 설정하고 싶습니다. 사도 바울이 우리에게 분명히 가르쳐 주는 첫번째 사실은 복음은 인생에 있어서 상상해 볼 수 있는 모든 상황을 감싸주기에 완벽한 시야(視野)를 지니고 있다는 것입니다. 다시 말하자면, 복음은 단순히 윤리나 행위, 도덕에 관한 문제에 그치지 않는다는 것입니다. 복음에 대해 그러한 생각을 갖고 있는 사람이 너무 많다. 그들은 그리스도인이란 선한 삶을 살아가며 행위의 규범을 지니고 있는 사람이라고 생각한다. 그것은 그들이 기독교에 대해 기껏 알고 있는 전(全) 개념입니다.

나는 하나님의 이름으로 그런 태도에 늘 거부합니다. 바울은 그것이 잘못되었다는 것을 충분히 증명합니다. 그런 자세는 인생이 바라는 시야의 전부입니다. 많은 도덕적인 사람들은 불쌍하게도 죽음과 종말에 직면해서 자신을 붙들어줄 만한 근거를 찾지 못합니다. 그리스도교는 정치적 사회적 개혁의 문제가 아닙니다. 첨언하자면, 반핵(反核)이라든지 정치문제의 해결이 아닙니다. 그것은 그리스도교가 아닙니다. 그리스도교는 삶과 죽음 그리고 만물을 바라보되 기세등등하게 바라볼 수 있는 총체적인 관점입니다. 진정 총체적 관점에서 보는 것입니다. 기독교는 결코 협소하고 구속을 받으며 제한된 조그마한 체계가 아닙니다. 그것은 인간이 폭풍우 속에서 기꺼이 감격하며 기뻐할 수 있는 종교입니다.

이에 그치지 않고 두번째 원리가 있읍니다. 그리스도의 메시지인 복음은 평안과 기쁨에 대해 애매모호하게 전달하고 있지 않습니다. 우리에게 도움을 주되 고통과 고민하는 것을 망각하도록 도움을 주는 것이 아닙니다. 상당수의 사람들이 그리스도교에 대해 그와 같이 오해하고 있읍니다. 우리는 금세기에 그리스도교는 "대중의 마약," "민중의 아편"이라는 이야기를 얼마나 듣습니까! 상당수의 사람들은 술을 마신다거나 약을 먹는 것처럼 그리스도교를 근심을 잊어버리는데 도움이 되는 것으로 취급합니다. 그들은 그리스도인이란 예배장소에서나 만날 수 있고 세상을 몰아내며 눈먼 자를 넘어뜨리고 찬송을 부르며 황홀경에 빠져 흥분하고 그로 인해 즐거워하는 사람으로 생각한다. 그리스도인은 스스로를 마취시키기 때문에 행복해 한다고 생각합니다. 우리가 생각하기를 중지하고 상상력의 폭발 속에 빠져 있다고 믿고 있읍니다. 그들은 말하기를 그리스도인은 인생과 그에 수반되는 문제와 환경에 등을 돌린다고 합니다.

하지만 이것은 얼마나 희화화(戲畫化)시켜 놓은 것입니까! 거짓이 아닙니까! 그리스도교는 현실적입니다. 오늘날 온 세상을 통틀어 보아도 성경만큼 현실적인 책은 없읍니다. 성경은 이 세상에서 온갖 종류의 사람들에게 충격을 주고 있읍니다. 성경을 매우 유익하다고 생각하는 사람들과 아주 그릇되다고 생각하는 사람들이 있읍니다. "다윗과 그의 간통 등에 대해 구약성경에 채워져 있는 모든 사실을 알고 있읍니다. 그것은 선량한 젊은 사람의 손에 넣어주기에 적합하지 않다"라고 말하기도 합니다. 하지만 성경이 거짓없는 책이라는 사실에 대해 하나님께 감사합니다. "선악에 대한 있는 그대로의 묘사"라는 크롬웰(Cromwell)의 말이 이를 설명해 줍니다. 성경은 현실적인 책이며 솔직하고 거짓없는 기록입니다. 기독교는 인생과 그 문제에 대해 등을 돌리길 요구한다는 생각은 전혀 잘못된 것입니다. 진실로 기독교만이 인생과 그에 포함된 모든 사실에 대해 직시하기를 요구하며, 비록 최악의 상황일지라도 그렇게 하기를 요구합니다. 이 점이 기독교가 완벽한 시야를 지닌 종교라는 것을 강조하고 있는 이유입니다.

자기 나름대로의 인생철학으로도 충분히 살아갈 수 있다고 주장할 수 있읍니다. 하지만 그렇게 살아감으로써 무엇을 얻고 있는지 묻고 싶습니다. 자신의 인생철학이 즐거움을 줄 수도 있읍니다. 그러나 평안을 주고 있읍니까? 영혼에 만족을 주고 있읍니까? 무엇보다도 필요로 할 때, 안식을 주고 있읍니까? 실제로 환경에 얽매이지 않고 지내고 있읍니까? 환경이 갑작스럽게 완전히 변화된다 할지라도 그 인생철학이 효과를 발휘할 수 있읍니까? 이런 문제들은 시금석이 됩니다. 인생은 죽음이 다가오고 있기 때문에 온통 죽음으로 뒤덮혀 있읍니다. "…죽음은 여로의 끝, 무릇 생명이 있는 자는 죽기 위해 태어나고"라는 스토아 철학의 시를 앞에서 들어보지 않았읍니까! 자신의 철학이 그 문제를 해결해 줍니까? 기꺼이 죽음을 맞이할 수 있읍니까? 아니, 벽에 얼굴을 맞대고 "죽으면 끝이다. 내가 이 세상을 떠나면 만사는 끝나버린다. 그 이상은 아무것도 없다"라고 말하고 있지 않습니까? 그런 자세는 승리가 아니며 올바른 이해를 지니고 있는 것도 아닙니다. 자신의 철학이 적절하기를 바란다면 모든 사실과 가능성을 포괄해야만 합니다. 그리스도교의 메시지는 실제로 그러합니다. 그리스도교의 메시지는 선한 기쁨과 평안을 무분별하게 제공하는 메시지가 아닙니다. 수면제의 일종이 결코 아닙니다. 거기에는 준엄함과 용기, 정직이 있읍니다. 자신을 부인하고 십자가를 지고 그리스도를 따르라고 가르칩니다. 이는 평이한 생활이 아닙니다. "그리스도를 위하여 너희에게 은혜를 주신 것은 다만 그를 믿을 뿐 아니라 또한 그를 위하여 고난도 받게 하심이라"(빌 1:29)고 바울은 빌립보 사람들에게 말합니다. 그가 사도행전 14:22에서 교회들에게 "우리가 하나님 나라에 들어가려면 많은 환난을 겪어야 할 것이라"고 이야기하고 있음을 볼 수 있읍니다. 그리스도교는 "이것을 믿으면 결코 또다른 문제가 '없을 것이다'"라고 주장한다는 이 사상은 전적으로 어처구니 없는 것입니다. 예수님께서는 그의 제자들이 세상에서 박해를 받을 것이지만 기뻐해야 될 것을 가르치셨고 자신이 세상을 이

겼음을 밝히셨읍니다. 우리에게도 고난이 늘 있을 것임을 알아야 합니다. 기독교는 그 사실에 대해 등을 돌리지도 않으며 어려움을 모른 체 하거나 소홀히 함으로써 기쁨을 주지 않습니다. 기독교는 고난을 이겨냅니다. 그 사실에 시선을 잃지 않음으로 극복해내며 그것을 통하여, 동시에 그것을 초월하여 승리와 영광을 주고, 기쁨과 찬양과 감사로 충만케 합니다.

바울이 아주 명백하게 제시하는 세번째 원리를 다루겠읍니다. 그리스도교의 메시지는 우리가 그와 관련하여 전혀 아무것도 하지 않아도 저절로 이루어지는 내용이 아닙니다. 그리스도교의 메시지에 대해 그와 같이 생각하는 사람들이 있는데 심지어 그런 식으로 그 가르침을 해석하려 할까봐 두렵습니다. 기독교는 그처럼 역사(役事)하지 않으며, 자동적으로 이루어지지 않습니다. 그것은 고민하게 하며, 그 가르침을 적용하게 함으로써 역사합니다. 그 점이 디모데에게 있는 문제의 전부였음을 알 수 있읍니다. 사도 바울이 그에게 이야기하는 실제(實際)는 결과적으로 다음과 같습니다. "디모데야, 왜 너는 내가 이야기한 것을 잊고 있느냐? 나에게서 들은 가르침을 어찌하여 적용하지 않느냐? 왜 자신이 실의에 빠지도록 내버려두느냐? 네 자신에게 이런 사실들을 일깨워주려면 네 속에 있는 하나님의 은사를 불일 듯 일게 해야만 한다." 그 일은 저절로 이루어지지 않습니다. 그리고 이것은 오늘날에도 아주 중요한 점입니다. 그리스도교를 필연적인 효과를 가져오는 약의 일종으로 생각해서는 안됩니다. 그리스도교는 우선적으로 마음에 와닿는 진리입니다. 그리스도교는 이해를 요구하며 그것을 근거로 바울이 그러했듯이 이야기하고 살아갈 수 있게 합니다. 그것은 절로 행위를 낳는 종교가 아닙니다.

세번째 원리에 입각한 사실은 최종적인 근본적 원리를 일깨워주는데, 이는 그리스도교의 가르침, 그리스도교의 신앙은 그 진리에 대한 믿음과 전혀 동떨어지게 평안이나 위로를 제공해 주는 일이 없다는 것입니다. 이것이 중심원리(key principle)입니다. 그리스도교는 직접적으로 평안을 주지 않습니다. 평안은 간접적인 산물이며 이 점은 위로와 용기에 있어서도 마찬가지입니다.

그리고 여기서 많은 사람들이 잘못을 범합니다. 살다보면 어려운 일이 생기며 생활 가운데서 일이 잘못되기도 합니다. 병에 걸리고 직장을 잃게 되며 남편이나 아내를 잃기도 합니다. 자기들이 목적하며 살던 모든 것이 갑작스럽게 사라져버렸으며 상실된 바 되었다는 것을 깨닫고 놀랍니다. 스스로 행복하다고, 인생철학을 갖고 있다고 생각하며 살았지만 이제는 그 근거가 무너져버리고 아무것도 남은 것이 없음을 발견합니다. 무엇을 해야 좋을지 모르게 되고 그것을 위해서 여러 가지 종교나 다른 것들을 의지해 봅니다. 그리고 그리스도의 교회가 자기들을 도와줄 수 있기를 기대하며 직접적인 평안을 원합니다. 하지만 그것을 얻지 못할 것입니다. 기독교는 결코 직접적인 평안을 제공하지 않습니다. 복음을 믿고나서야 성경이 가르치는 평안과 위로를 깨닫게 될 것입니다. 그리스도인이 될 때까지는 그리스도의 평안을 소유할 수 없읍니다. 이것이 문제입니다. 즉, 사람들은 그리스도인이 될 생각은 하지 않고 그리스도교의 혜택만을 얻으려 합니다. 결코 그렇게 될 수 없읍니다. 혜택이란 부산물일 뿐입니다. 본질적인 것은 복음에 대한 신앙입니다.

사도 바울은 이 사실을 우리 앞에 명백히 제시합니다. "내가 또 이 고난을 받되 부끄러워하지 아니함은" 어째서 부끄러워하지 않습니까? 한 가지 이유를 갖고 있기 때문입니다. 바울은 부끄러워하지 않았고, 정복당하지 않았으며, 실의에 잠기지 않았으며, 절망에 자신을 던져버리지도 않았고, 미칠 듯이 괴로와하거나 용기를 잃지 않았읍니다. 어떻게 이런 일이 가능합니까? "나의 의뢰한 자를 내가 알고…저가 능히 지키실 줄을 확신함이라"고 고백합니다. 그는 자신의 평안과 위로를 믿음에서 끌어냈으며, 이것이 가장 절정적인 점입니다.

이제 사도 바울이 우리가 함께 보고 있는 디모데후서 1장의 방식으로 이 모든 주제를 다루는 이유를 깨닫게 되었을 것입니다. 그 이유란 그가 단순히 디모데에게 편지를 쓰는데 머물지 않고 "디모데야, 그리스도인으로서 그런 자세를 취할 권리가 없다는 것을 너도 알지 않느냐? 그런데 왜 너는 기운을 차리지 않느냐? 기뻐하라. 그리고 그런 마음에서 벗어나라"고 말하는 이유입니다. 바울은 상황이 유리하게 전개되지 않으리라는 것을 알고 있었읍니다. 디모데가 올바르게 될 수 있는 유일한 길이 있었는데 그것은 복음을 온전히 다시 기억함으로 가능한 것이었읍니다. 그는 복음의 중심으로 되돌아와야만 했읍니다. 그러면 만사가 바로 잡힐 것입니다. 하지만 디모데가 돌이키지 않는다면 결코 바로 잡을 수 없을 것입니다. 진리 그 자체와 무관하게 제공되는 평안이나 위로는 없읍니다. 평안이나 위로, 그 밖의 다른 축복들은 진리에서 유도되면 결코 그것과 별개로 획득될 수 없읍니다. 이것이 거슬리게 들릴 수도 있지만 영혼을 귀중히 여긴다면 말하고 넘어가지 않을 수 없읍니다. 어떤 이는 평안을 원해서 그리스도교로 나올 수 있읍니다. 그러나 살펴보아야 할 우선적인 문제는 "내가 그리스도인인가?" 하는 것입니다. 그리스도인이 아니라면 주어질 평안이 전혀 없기 때문입니다. 그리스도인이 되어야 비로소 평안을 깨닫기 때문입니다. 결여된 것은 평안이 아니라 하나님과 그리스도에 대한 지식의 결여입니다. 본질적인 것에서 출발해야 합니다. 복음은 그런 식으로 축복을 주며, 지름길은 없읍니다.

그리고 이는 위대한 사도인 바울이 그의 젊은 제자이자 동역자인 디모데에게 편지를 쓰면서 강조했던 내용입니다. 디모데는 이 사실을 잊고 있었으며, 그 사실을 적용해야만 함에도 적용하지 않고, 환경을 바라보되 진리의 빛에 비추어 진실과 환경을 보고 있지 않았기 때문에 근심에 싸여 있었읍니다. 그리고 이것은 오늘날 대다수의 사람들이 지니고 있는 주된 고민입니다. 찾아와서 말하길, "나도 당신이 믿는 그리스도교를 따르려 했읍니다. 그러나 그리스도교는 내게 아무런 효과가 없읍니다. 내가 기대했던 축복을 베풀어주지 않습니다"라고 하는 사람들이 있읍니다. 그들이 그런 말을 할 땐 그들에 관한 모든 사실을 알 수 있읍니다. 그들은 특별한 축복을 원했지만 얻지 못했읍니다. 당연합니다! 그들은 그리스도 앞에, 하나님 앞에, 자신 앞에 그 축복을 내려놓고 있기 때문입니다. 오늘날 기독교는 쇠퇴하고 있다고 말하는 사람들이 많이 있읍니다. 그러나 그들은 기독교에 대해 아무것도 모르기 때문에 그렇게 말하는 것입니다. "전쟁을 보라! 국제 상황을 보라! 그리스도교는 이천 년 동안 계속되어 왔지만 세계의 상황을 살펴보라. 지금까지도 무시무시한 문제들이 산적해 있지 않은가!"라고 말하는 어리석은 사람들이 있읍니다. 하지만 그리스도교는 세상에서 전쟁을 몰아내겠다고 말한 적도 없고 그렇게 될 것을 기대하지도 않았으며 사회적 정치적 개혁운동으로 자신을 제시한 적도 없읍니다. 그것은 기독교의 존재목적이 아닙니다. 기독교는 그리스도인을 만들며 그리스도인이 되어야 그리스도적(的) 경험과 삶, 그리고 그리스도께 속한 온갖 내용을 얻을 수 있읍니다. 우선 그리스도의 가르침을 믿지 못한다면 기독교의 산물을 소유할 수 없읍니다. 그래서 이 점이 명백해야만 하는 첫 단계입니다. 그리스도의 가르침의 실체를 정확히 알아야 하며, 이 사실이 오늘날 가장 혼동하고 있는 점입니다.

결론적으로, 앞으로 상술하고자 하는 내용에 대한 요점을 제시하겠읍니다. 그리스도교란 무엇입니까? 오늘의 세계에서 직면하는 문제 중 이보다 더 중요한 문제는 없다고 생각합니다. 우리에게 희망을 줄 수 있는 근거는 오직 여기에 있으며, 인생과 그에 따른 문제에도 불구하고 우리를 승리케 할 수 있는 사실 또한 여기에 있읍니다. 그래서 결정적인 문제는 그리스도교가 무엇이냐 하는 것입니다. 그 요점을 살펴보겠읍니다.

그리스도교는 정의할 수 있는 것입니다. 그것은 독특한 것이지만 모호하고 막연한 것이 아닙니다. 명제로 진술될 수 있고 진술되어야만 하는 대상입니다. 이런 점에서 현대적 혼돈의 심장부에 접근할 수 있읍니다. 현대의 신신학(新神學)과 새로운 윤리에 관한 논문, 그리고 전통적인 복음을 가지고 20세기의 인간에게 접근하는 것이 무익하다는 주장에 관한 글을 끊임없이 대합니다. 현대인은 새로운 언어로 사고하고 있으며, 과학적인 인간으로 새로운 복음을 갖지 않으면 안된다는 이야기를 듣는데 이 사상은 복음이란 정의될 수 없는 대상이라는 것입니다. 기독교는 애매모호한 점을 지니고 있다고 이야기합니다. 몇 년 전에 한 슬로우건이 있었는데 그것은 기독교의 모호성을 다음과 같이 표현했읍니다. "기독교는 교육의 대상으로 파악될 수 없다." 다른 말로 표현하자면, 기독교가 무엇인지 알지 못하지만 갑작스럽게 이 종교에 사로잡혔음을 발견하게 된다는 것입니다. 곧 "영감을 얻은 것"입니다. 무엇이 자신을 사로잡고 있는지, 그리고 자신은 무엇을 붙잡고 있는지 알지 못합니다. 그러나 뭔가 다르게 느껴지며 이것저것 행하고 싶어집니다.

또한 오늘날에는 그리스도교란 사랑과 선 이외에 아무것도 아니라고 간주되기도 합니다. 그래서 그리스도교를 알고 싶으면 예배장소로 나가지 않고 설교를 듣지 않으며, 성경을 읽지 않더라도 일반인과 더불어

지내면서 그 가운데서 많은 친절과 풍성한 사랑, 훌륭한 선을 발견하면 된다고 합니다. 하나님은 거기에 있으며 그들이 그리스도인이라는 것입니다. 기독교를 몰라도 그리스도인이 될 수 있다고 주장합니다. 사람이 무엇을 믿느냐 하는 문제는 개의치 않습니다. 자기 안에 선에 대한 생각을 갖고 있으면서 선을 행하고 싶어하면 기독교에 대해 전혀 알지 못한다 해도 그리스도인이 될 수 있다고 말합니다.

수 년 전에 유명인사가 기고한 것이 생각나는데, 그는 "나의 아버지는 내가 알고 있던 사람 중에 가장 훌륭한 그리스도인이었다. 하지만, 물론 그는 기독교 교리 중에 어느 것도 믿지 않았다"라고 쓰고 있읍니다. 이제 이런 생각은 일반적인 관념입니다. 즉, 기독교는 정의내릴 수 없는 것이며, 그것을 정의하려고 시도하는 것은 어리석고 무모한 일이고 교회는 이것을 정의하는 데에 시간을 낭비하며 사람들을 혼란에 빠뜨리고 있다는 것입니다. "우리는 교리에 관심이 없다. 생활에 관심을 지닐 뿐이다"라고 말합니다. 그러나 형제들이여, 성경에서의 사도 바울의 전체적인 주장은 교리없이 결코 생활할 수 없다는 것입니다. 결코 불가능한 일입니다! 그가 어려움에 처함은 기독교가 모호하고 막연하며 명확하지 못한 것이 아니며 이해하지 못할 기이한 정신이 아니라는 것을 보여주기 위함이었읍니다.

그렇다면 기독교는 무엇입니까? 바울이 사용한 말을 주의해 봅시다. 그는 복음에 대해서 이야기하면서 "내가 이 복음을 위하여 반포자와 사도와 교사로 세우심을 입었노라"고 말합니다. 교사란 정의를 내리자면 가르칠 것을 지니고 있는 자입니다. 교사가 아무것도 가르칠 것이 없다면 교사로서 적합하지 않습니다. 교사가 앞에 서서 "나는 아주 행복하다. 너희 모두 마찬가지로 행복해지길 바란다. 인생으로 나아가기만 하면 행복을 발견하게 될 것이다"라고 말한다면 그는 이미 교사가 아닙니다. 교사란 그런 것이 아닙니다. 그는 분명한 주제와 사실을 갖고 있기 때문입니다.

더우기 사도 바울은 그런 점에서 어긋나지 않습니다. 그가 사용하는 말을 좀더 살펴봅시다. 바울은 디모데에게 "너는 그리스도 예수 안에 있는 믿음과 사랑으로써 내게 들은 바 바른 말을 본받아 지키고"라고 말합니다. 바른 말에는 본(本)이 있읍니다. 여기서 "본"이라고 번역된 헬라어는 대단히 흥미있는 단어입니다. 그것은 모범(pattern), 모형(model)을 의미하며, 미술가가 그림을 시작할 때 그것을 근거로 자기 그림을 형성해 나가는 일종의 예비적인 소묘(素描)를 의미하기도 합니다. 바울이 사용했던 단어는 바로 이런 재미있는 단어입니다. 그는 "디모데야, 네 모든 근심은 내게서 들은 가르침의 체계, 곧 믿음에 대한 본(form), 내용, 진술, 주장 등을 지키지 않는 데서 나온 것임을 알지 못하느냐?"라고 말하는 것입니다. 사도 바울이 디모데에게 지키라고 권면하고 있는 것은 교리체계입니다. 그리고나서 그는 디모데후서 1:14에서 또다른 단어를 사용합니다. "우리 안에 거하시는 성령으로 말미암아 네게 부탁한 아름다운 것(that good deposit)을 지키라."

그러므로 사도 바울에 의하면 기독교는 본인이 어떻게 그것을 소유하게 되었는지 또는 어떻게 그것을 다른 사람에게 전할 수 있는지 모른다 할지라도 누릴 수 있는 사랑과 평화의 애매모호하고 기이한 정신이 결코 아니라는 사실을 알게 됩니다. 오히려 그 반대입니다. 그것은 교리체계로 많은 설명이 담겨 있고 독특한 가르침이 있으며 사람들에게 알릴 수 있고 명제에 의해서 제시할 수 있는 것입니다.

바울은 기독교를 적극적으로 진술할 뿐 아니라 소극적으로 제시합니다. 그는 "바른 말을 본받아 지키고"라고 말합니다. 모든 가르침이 바른 것은 아니며 잘못된 것도 있읍니다. 1세기의 초대교회 시대에도 거짓 교사가 있었읍니다. 사도 바울은 "내가 네게 모든 말을 지키라고 요구하는 것은 아니다. 바른 말, 건전한 말, 선한 말, 정의로운 말을 본받아 지켜라. 나는 그리스도교를 명제로 진술할 수 있을 뿐 아니라 '그리스도교는 이것이다'라고 말할 수도 있다"라고 말하는 것입니다. 지금 이 자리의 나도 똑같이 "기독교는 그것이 아니다!"라고 지적할 수 있읍니다. 그리스도교는 정의할 수 있는 것이며, 거짓된 것이나 이교(異敎)와 비교되는 것입니다. 물론 그리스도교의 정의에 관한 모든 것은 오늘날에 잊고 있으며 조롱받기도 합니다. 사람들은 "사람이 하나님을 믿든 믿지 않든간에 상관없이 천국에 들어갈 것이다. 무신론자도 천국에 있음을 언젠가 알게 될 것이다. 사람이 부활을 믿거나 말거나, 그것이 무슨 상관인가? 사람이 그리스도의 대속(代贖)하는 죽음을 모른다 할지라도 문제될 것은 없다. 설사 기적을 믿지 않는다 해도 아무런 문제가 없다. 문제 될 것이 있다면 오직 하나 그가 선한 사람인가 하는 것이다"라고 이야기합니다. 그러나 위대한 사도 바울에 의하거나 성경의 체계에 의하면 사람이 교리체계를 믿지 못한다면 그는 그리스도인일 수 없으며 기독교의 은혜를 결코 알 수 없읍니다.

다음으로 바울이 사용한 위대한 말은 이런 것입니다—"보호하라! 견고하게 붙잡아라! 방어하라! 대비(對備)하라! 입증하라! 다른 사람들이 네게서 그것을 빼앗지 못하게 하라! 이것은 진리니, 어느 누구도 그것을 감하거나 어떤 의미에서든 공제하지 못하게 하라!" 이것은 사도 바울의 전형적 진술이며, 디모데후서 2:8에서는 훨씬 더 특별하게 다루고 있읍니다—"나의 복음과 같이 다윗의 씨로 죽은 자 가운데서 다시 살으신 예수 그리스도를 기억하라." 나의 **복음**이라고 밝히고 있읍니다. 다른 복음을 전하는 사람들이 있는데 그것은 복음이 아닙니다. 그들은 거짓을 전하는 자들입니다. 그들은 사기군입니다. 그들은 자신을 스스로 임명한 자들입니다. 그들의 말에 귀기울이지 마십시오! 나의 **복음**을 보십시오! 기독교의 진리는 정의될 수 있으며, 명제로 진술할 수 있는 진리입니다. 그 진리의 정체를 알아야만 하고 믿지 않으면 안됩니다. 하나님께서 허락하셔서 이제까지 저는 기독교 신앙의 본질이 무엇인가를 밝히기 위해 애써왔읍니다. 디모데후서 1장은 전적으로 이에 관한 것입니다. 사도 바울은 디모데에게 신앙에 관한 모든 것을 상기시켜 주고 있읍니다. 디모데후서 1장을 대할 때 이 점을 우선적으로 살펴보아야 합니다.

두번째로, 기억할 것은 기독교는 권위—사도들의 권위에 근거한다는 것입니다. 바울은 "내게 들은 바…아름다운 것을 지키라"고 말합니다. 지킬 뿐 아니라 전해야 합니다.

세번째로, 잊지 말아야 할 것은 그리스도교란 역사적 사건과 사실에 근거한다는 점입니다. 그리스도교는 "우리 구주 그리스도 예수의 나타나심으로 말미암아 나타났다"(딤후 1:10)고 바울은 말합니다. 그것은 철학이 아니며 사실에 입각한 것으로 변치 않는 것입니다. 그리스도교는 사실에 근거를 두고 있기 때문에 필연적인 것입니다. 그러나 그리스도교 신앙은 변치 않음에 반해서 우리를 변화시키고 우리의 전 시야와 모든 삶을 변화시키는 것입니다. 이에 대해 하나님께 감사해야 합니다.

그리스도교는 시간과 영원, 만물에 대해 새로운 안목을 제공합니다. 무엇보다도 우리에게 능력을 줍니다. "그러므로 네가 우리 주의 증거와 또는 주를 위하여 갇힌 자 된 나를 부끄러워 말고 오직 하나님의 능력을 좇아 복음과 함께 고난을 받으라"(딤후 1:8). 그리스도교의 능력은 우리가 임의대로 다룰 수 없읍니다. 진리를 믿을 때 "이를 인하여 내가 또 이 고난을 받되 부끄러워하지 아니함은 나의 의뢰한 자를 내가 알고 또한 나의 의탁한 것을 그 날까지 저가 능히 지키실 줄을 확신함이라"고 말할 수 있는 능력을 받게 됩니다. 진리는 우리의 영혼을 안전하게 보호합니다. 그 날에 이르기까지!

이제까지 그리스도교의 위대한 주제에 관한 도입부만을 다루어보았읍니다. 그러나 마음 속 깊이 이 가르침을 간직하리라 믿습니다. 어느 누구도 믿음의 실체를 알고 그것을 믿을 때까지는 평안과 위로, 그리고 그리스도교 신앙의 능력을 깨닫지 못할 것입니다. 그러므로 우선적으로 제기해야 될 큰 문제는 다음과 같은 것입니다—믿음이란 무엇입니까? 진리란 무엇입니까? 믿기만 하면 나를 변화시키고 세상과는 다른 방법으로 만물을 바라보게 하고 나를 괴롭히는 여러 가지 문제를 극복하는 것 이상으로 행하게 한다는 가르침의 진상은 무엇입니까?

그것은 예수 그리스도, 십자가에 달리신 그 분입니다. 하나님께서 자신의 독생자를 보내셔서 그를 믿는 자마다 멸망치 않고 영생을 얻게 하실 정도로 세상을 사랑하신 것입니다. 이 가르침이 하나님과 화해하는 길을 알게 하고 하나님만이 주실 수 있는 축복을 받아들일 수 있게 합니다.

앞으로 이와 관련된 내용을 보다 상세히 다루어보고자 합니다. 하지만 모든 것의 출발점은 여기에 있읍니다. "주 예수를 믿으라 그러면 구원을 얻게 될 것이다."

제 2 장

진실한 기독교

> 이를 인하여 내가 또 이 고난을 받되 부끄러워하지 아니함은 나의 의뢰한 자를 내가 알고 또한 나의 의탁한 것을 그 날까지 저가 능히 지키실 줄을 확신함이라(딤후 1:12).

앞서 살펴보았던 것처럼 영광스럽게 빛을 발하면서 진술된 디모데후서 1:12의 전후문맥은 대단히 중요합니다. 사도 바울은 디모데에게 편지를 쓰고 있는데, 그는 젊은 사역자였으며 바울의 제자 중 하나로 실의에 잠기기 쉬운 자이며 당면한 어려움이 있을 땐 희망을 잃어버리기 쉬웠읍니다. 디모데후서 1:12의 상황과 관련하여 그 구절을 다시 읽어 봅시다. 거기서 바울은 대단한 주장을 폅니다. 여기서의 바울은 감옥에 갇힌 사람이었으며, 여행하면서 복음전하는 위대한 일로 인해 지칠대로 지쳐 있는 사람이었읍니다. 더구나 사람들의 오해와 악의 때문에 의지할 것없는 죄수였읍니다. 그는 역대 로마 황제 가운데서 가장 변덕스러운 자였던 네로(Nero)의 죄수로 추정되는데, 언제라도 죽음에 넘기울 위험한 상태였읍니다. 그런데 바울은 그런 상황 가운데 감옥에 있었음에도 부끄러워하지 않는다고 밝히고 있읍니다. 즉, 그는 어떠한 염려에도 빠지지 않았고 실망하지도 않았으며 희망을 상실하지 않고 모든 것이 잘되리라고 믿고 있었읍니다. "내가 이 고난을 받되 부끄러워하지 아니함은 나의 의뢰한 자를 내가 알고 또한 나의 의탁한 것을 그 날까지 저가 능히 지키실 줄을 확신함이라."

이 사람 바울은 자신의 경험을 제시하고 있는 자이며, 따라서 여기서는 약간의 이론(理論)조차도 찾아보기 힘듭니다. 그리스도교는 오늘날 세상에서 가장 실제적인 것입니다. 그것은 삶의 방식입니다. 누구에게나 경험을 제공하는 것으로 여기 그리스도교가 보여주는 일례가 있읍니다. 사람은 그리스도교가 제공하는 것으로 자신을 괴롭히는 모든 것에 대한 정복자 이상의 자리를 차지할 수 있읍니다. 그리스도교의 영향에서 누락될 것은 없읍니다. 모든 것에 대한 정복자 그 이상으로 만듭니다. 감옥, 죽음, 그 어떤 것이라 할지라도!

사도 바울 자신의 경험에 대한 진술은 단지 엄청난 것에 그치는 것이 아니라 오늘의 우리에게도 물론 도전으로 다가옵니다. 오늘의 우리와 무슨 연관이 있읍니까? 어떻게 생활에 적용시키고 있읍니까? 바울의 경험이 기독교의 본질임을 알고 있읍니다. 교회에 다니는 것은 미국의 대통령이나 소련의 지도자 또는 영국의 수상에게 국가를 어떻게 이끌어야 하는지를 알리기 위함이 아닙니다. 정치나 그와 유사한 주제를 토론하기 위함도 아닙니다. 다만 인생과 생활을 다루기 위해 교회로 나옵니다. 그리스도인은 이론가가 아니며 현실주의자이며 인생의 문제와 그 싸움에 직면하고 있읍니다. 이 점이 기독교의 모든 가르침과 이론화시킨 모든 내용을 밝히는 계기가 됩니다. 그리스도교는 도움을 주고 있읍니까? 정말로 실제적입니까? 나는 실제성의 문제가 세상에서 가장 기초적인 것으로 알고 있읍니다. 이것은 토론회에서 제기될 뿐 아니라 사사로운 논쟁에서도 다루어지며 실제성을 위해 법률을 설정하기도 하고 자신의 소견을 말하기도 합니다. 그러나 전체적인 맥락은 실제성에 근거한 그 모든 것이 무엇을 산출하느냐, 그리고 과연 그것들이 만족을 주고 있느냐 하는 것입니다.

사도 바울은 실제로 역사하는 복음을 전하고 있읍니다. 그는 그것에 대한 살아 있는 삽화이자 견본이었읍니다. 하지만 그 사실이 우리와 무슨 상관이 있읍니까? 이제 우리는 스스로 다음과 같은 분명한 질문을 던져야 합니다—우리는 어디에 서 있는가? 지금 이 순간에 삶 속에서 자신을 어떻게 바라보고 있는가? 결국, 중요한 것은 인생에 대해 바울과 같은 자세를 가능케 하는 것이 무엇인지를 밝혀내는 것입니다. 바울의 경험을 공유하여 그가 디모데후서에서 말하고 있거나 그 밖의 다른 글에서 증거하는 것을 자신도 이야기할 수 있기를 원치 않습니까? 바울은 빌립보 교인들에게 그의 변함없는 자세에 대해 말했었읍니다. "…어떠한 형편에든지 자족하기를 배웠노니 내가 비천에 처할 줄도 알고 풍부에 처할 줄도 알아…내게 능력주시는 자 안에서 내가 모든 것을 할 수 있느니라"(빌 4:11~13). "이는 내게 사는 것이 그리스도니 죽는 것도 유익함이라"(빌 1:21). 이런 주장들이 바울의 훌륭한 점입니다. 모두 바울과 같이 되기를 원치 않습니까? 인생의 주인이 되고 싶지 않습니까? 세상을 지나면서 "정복자 이상으로" 살아가길 바라지 않습니까? 바울은 우리도 할 수 있다고 말합니다. 그러면 그것을 이룰 수 있는 방법은 무엇입니까?

앞서 인생의 문제와 관련하여 이 문제를 이미 고찰하기 시작했었읍니다. 바울의 자세는 그가 천성, 심리 상태, 그리고 그가 지니고 있을 수 있는 선호도에 근거한 신앙으로 해석될 수 없음을 이미 살펴보았읍니다. 복음의 영광은 기질에 구애받지 않고 능력을 행할 수 있다는 것입니다. 그리고 이를 부인하는 것은 성경과 그리스도 교회의 지나온 역사에 전적으로 배치됩니다. 오늘날의 교회에서도 다른 시대와 마찬가지로 성격과 기질 그리고 심리 상태의 다양한 결합과 변화를 상상해 볼 수 있읍니다. 하나님께 감사할 것은 바울의 경우가 그 문제에 대한 해결을 제시해 준다는 것입니다. 복음의 능력은 특정한 사람들만을 위한 희망이 아닙니다. 그것은 어느 누구에게든지 희망으로 제시됩니다. 복음으로 나오는 자면 누구든지 이 능력을 얻을 수 있읍니다.

바울의 능력은 스토아 철학을 적용했을 수도 있다는 사실에 의해서 설명되어질 수 없음을 발견했읍니다. 바울과 스토아 철학자 간에는 결정적으로 다른 점이 있읍니다. 스토아 철학은 늘 소극적이며 체념에 근거합니다. 스토아 철학에는 승리에 대한 가르침이 전혀 없읍니다. 그것은 "담력"이고 "인내"이며 "의지력"이고 "용기"입니다. 스토아 철학은 대단히 고상한 것이며 본받을 점도 있지만 뛰어난 이방인들의 정신에 지나지 않습니다. 스토아 철학자는 찬양의 의미를 깨닫지 못합니다. 바울은 감옥에서 찬양한 자이며 정복자를 능가합니다. 그가 갖고 있던 것은 스토아 철학이 아닙니다.

　사도 바울 자신도 그의 위대한 주장에 대한 설명은 오직 하나 뿐임을 알리고 있었읍니다. 그것은 그가 우리의 구세주되신 주 예수 그리스도의 복음을 믿는다는 것입니다. 바울이 죄수가 된 것은 복음을 전했기 때문이었고 죄수일지라도 복음의 능력으로 찬양하고 있었기에 모든 일이 잘 될 것이라고 말할 수 있었읍니다. 그리고 궁극적인 문제에 봉착했을 때 세상에는 진정 도움을 줄 수 있는 것이 없었읍니다. 오직 복음만이 그 일을 할 수 있읍니다. 그러므로 복음의 정체를 정확히 깨닫는 것이 중요합니다. 또한 오늘날 엄청난 혼란에 직면한 것은 복음의 정체에 관한 것입니다.

　복음의 의미에 대해서 다시금 말하고자 합니다. 현대인이나 오늘날 그리스도의 교회 바깥에 있는 많은 사람들은 대단히 불쌍한 자들입니다. 그들이 귀기울이는 것이나 읽고 있는 것의 관점에서 복음의 정체를 깨닫기란 대단히 어려운 일임에 틀림없읍니다. 그리고 이 점이 복음에 관한 모든 것을 매우 신중하게 생각해야 될 이유입니다.

　복음은 안락한 삶에 대한 가르침이 아니라는 것을 명료하게 살펴보았읍니다. 교회는 진통제를 할당하는 조제소가 아니며, 마음을 달래는 약을 분배하기 위해서만 존재하지도 않습니다. 복음은 진리를 제공하며 평안은 진리의 결과입니다. 진리를 우회할 수 없으며, 단지 원하는 것만을 얻을 수도 없읍니다. 육체적 치료를 기대하는 사람도 있고 생활의 인도하심을 비롯한 이런저런 온갖 것을 바라는 사람도 있읍니다. 하지만 그런 것들을 복음과 별개로 취득할 수는 없읍니다. 복음은 우선 믿음의 대상이며 평안이나 그렇게 고대하는 삶의 능력은 복음의 산출물이나 부산물 중 하나일 뿐입니다.

　그러므로 복음이란 무엇인가 하는 중대한 고찰로 돌아와야 합니다. 그리고 이 점이야말로 현대가 겪는 어려움입니다. 이 문제에 관해서 내가 시도하고자 하는 것은 순전히 서론적인 것입니다. 나는 도입하는 부분에 시간을 많이 할애하겠읍니다. 왜냐하면 복음에 대한 혼동을 겪는 사람들을 다루면서 나의 삶과 경험에 비추어 볼 때, 그들은 일반적으로 시초가 대단히 잘못되어 있음을 깨닫기 때문입니다. 복음의 실질성을 토론할 때 사람들은 항상 복음의 함축성에 대해 강조하려 합니다. 대부분의 사람들은 복음과 관련하여 그 접근방법이, 즉 시초가 잘못되어 있읍니다. 이는 그들이 그 외의 모든 내용에 관해서도 잘못되었음을 의미합니다.

그렇다면 문제되고 있는 것이 무엇입니까? 무엇보다도, 사람은 복음을 정의할 수 없다고 말하면서 교리와 교훈은 불필요하며, 그리스도교는 선한 감정을 주는 것에 지나지 않는다는 것에서 찾아 볼 수 있읍니다. 그 문제에 대한 바울의 답변은 "바른 말을 본받아 지키고"라고 그가 디모데에게 명하고 있는 데서 발견됩니다. 복음은 정의될 수 있읍니다. 사도 바울은 디모데후서에서 그것을 정의하고 있으며, 그 점이 이제 함께 생각하고자 하는 것입니다.

그러나 이 사실을 보다 더 진척시키기 위해서 사도행전 17장에 나타난 이야기를 다루어 보겠읍니다. 이곳에서 바울은 아덴에 있었음을 알 수 있읍니다. 그는 거기를 돌아다니면서 온 성이 우상으로 가득찬 것을 보고 아덴 사람들에게 "종교성이 많다"고 지적했읍니다. 그들은 너무나 많은 신들을 소유하고 있어서 그것들을 경배하고 있는 신전에는 여백이 거의 없을 지경이었읍니다. 바울은 "너희를 보니 종교성이 많도다." 즉, "너희는 대단히 미신적이다"라고 말하고 있읍니다.

그리고나서 그는 그들과 논증하며 토론하기 시작합니다. 아덴 사람들은 바울에게 "너의 말하는 이 새 교가 무엇인지 알 수 있겠느냐?"라고 묻습니다. 그때 바울은 조금의 어려움도 느끼지 않았읍니다. 그들은 시간을 약속하고 아레오바고에서 회동합니다. 바울은 그들에게 이 새 교가 무엇인지 알리기 시작하는데, 그가 사용한 술어가 흥미롭습니다. 그는 "내가 너희에게 알게 하노니"(I declare unto you)라고 말하고 있읍니다.

사도 바울은 자신의 교리에 대한 해석을 제시할 수 있었읍니다. 그는 결코 "너희도 알다시피 나는 놀라운 경험을 겪었으며, 내 안에는 놀라운 느낌이 있다. 나는 사랑을 발견한 것이다. 너희가 진정 사람을 알고자 하여 자신을 도외시 하려고 애쓰며, 그들에게 나아가 뒤섞여서 그들을 도우며 이해하기를 힘쓸 때 비록 견해 차가 있다 해도 너희 안에는 좋은 감정이 있음을 알고 있다. 그것이야말로 내가 전하고 있는 것이다"라고 말하지 않았읍니다. 그것은 전적으로 바울이 말하는 바가 아닙니다. 그는 창조주 하나님과 그리스도, 심판 등등에 관한 독특한 교리를 이야기하고 전하기 시작했읍니다. 그것은 가르침이며, 명확한 교리이고 진리체계이며, 바른 말씀의 틀입니다. 성경은 그런 것들로 가득차 있읍니다. 초대교회는 오랜 시대를 거친 교회와 마찬가지로 바울과 똑같은 자세를 견지하였읍니다.

내가 지금 다른 사람들을 비평함으로 만족을 얻고자 하는 것이 아닙니다. 하나님께서는 그렇게 하는 것을 금하십니다. 그러나 현대의 교사 중 일부에게는 어처구니없는 점이 있읍니다. 그들은 교리를 정의할 수 없으며, 그리스도교의 개념을 확립할 수 없고, 명제로 그것을 표현할 수 없다고 저술과 설교를 통하여 주장합니다. 더우기 사도신경이나 어떤 신앙고백을 암송하는 회중을 일정한 조건에서 인도하고 있다고 자처하는 예배 중에서도 그렇게 이야기합니다.

이 신조나 신앙고백은 무엇을 의미합니까? 그것은 진술이며 명제이고 증거에 대한 정의입니다. 그것은 그리스도교가 믿노라고 단언하는 바를 가르치며, 이에 따른 일련의 명제가 있읍니다. 그리스도교란 그런 것입니다. 초대교회의 자세도 그랬읍니다. 그렇다고 해서 사도들이 실제로 신조를 작성했다고 가르치는 것은 아닙니다. 사도들은 그렇게 하지 않았읍니다. 그러나 사도신경(Apostles Creed)이라 불리워야 마땅합니다. 사도들이 전한 가르침을 그것이 소중히 간직하고 있기 때문입니다. 사도신경은 사도들이 전한 것을 훌륭하게 요약하고 있읍니다. 믿음의 선진들은 그리스도 교회의 초창기에 함께 모여 대회의를 하였읍니다. 당시에 잘못된 가르침이 유입되고 있어서 성령의 인도하심을 받아 진리를 명제로 진술해 놓을 필요성에 직면하였기 때문입니다. 그리고 바울이 디모데후서 1장에서 말하고 있듯이 "바른 말"과 "바르지 못한 말" 사이의 차이점을 오늘날도 지적해낼 수 있읍니다. 그는 "내게 들은 바 바른 말을 본받아 지키고"라고 말합니다. 다시 말해서 "거짓된 교사의 말에 귀기울이지 말고 나의 말에 귀기울이라"고 권면하는 것입니다. 바울은 디모데후서 2장에서 "자신의 복음"(My Gospel)을 말합니다. 신조나 신앙고백은 위대한 사도인 바울이 디모데후서에서 진술해 놓은 것과 신약성경 도처에서 설정해 놓은 것을 요약하고 있거나 반복하고 있읍니다.

이제 그리스도교의 정체를 발견할 수 있다는 점을 분명히 해둡시다. 그것은 애매모호한 감정이 아니며 막연한 대상도 아닙니다. 그리스도교는 명제로 기술할 수 있고 정의내릴 수 있으며, 설정해 놓을 수 있는 대상입니다. 이는 그리스도교를 믿든지 믿지 않든지간에 누구나 알 수 있는 사실입니다. 아덴에서의 바울의 설교로 인해서 회중은 둘로, 즉 믿는 자와 믿지 않는 자로 나뉘었읍니다. 설교의 결과는 항상 그러했고 지금도 변함없읍니다.

두번째로, 문제시되고 있는 어려움은 복음을 믿지 않기 때문에 사도 바울의 경험을 소유하지 못하는 사람들이 있다는 점입니다. 더우기 그들은 복음이 실패했다고 생각하기 때문에 그리스도교를 믿지 않습니다. 복음이 실패했다는 이야기를 오늘날 얼마나 자주 듣습니까? 교회에 다닌다 할지라도 복음을 믿지 않는다면 그와 같이 내심으로 생각할 것입니다. 우리도 과거에 알지 못하였을 때 심심치 않게 복음의 실패를 말하곤 했었읍니다. 사람들은 "우리에게 그리스도교를 전하는 것이 무슨 소용이 있는가? 그리스도교는 이 세상에서 거의 이천 년 동안 존속해 왔지만 지금의 세계상황을 보라. 복음이 진실된 것이라면 세상은 현재와 같지 않았을 것이다. 복음은 실패했다"라고 지적합니다.

이것은 아주 재미있는 해석입니다. 그러나 저는 그런 점을 지적받을 때 늘 되묻습니다. "복음은 무엇을 약속하고 있는가? 복음이 실패했다고 말하고 있는데, 그렇다면 복음은 무엇을 약속하고 있다고 생각하는가?" 이 사실은 생각해 보아야 할 문제임이 확실합니다. 예수 그리스도의 복음이 실패했다고 이야기하는 사람들이 있다면 그들은 마음 속으로 복음이 제공해야 될 것에 관한 어떤 의식을 품고 있음에 틀림없읍니다. 그 의식이란 어떤 것일까요? 그들의 의식을 캐묻게 되면 다음과 같은 반응을 보입니다. "복음은 전쟁의 종말, 빈곤과 고통의 추방, 세계에 대한 개혁, 부정의 개선, 불의의 감소 등으로 인한 보다 나은 세상의 창조를 약속한다. 그것이 복음이 베푸는 것이며, 행하기로 약속한 것이다. 그러나 복음은 그것을 이루지 못했다. 현대 사회가 복음의 무능력에 대한 충분한 증거가 되지 않는가?"

하지만 그 문제에 대한 간단한 해답이 있읍니다. 복음은 그런 일들을 이루겠다고 결코 약속한 적이 없읍니다! 복음으로 말미암아 전쟁이 끝나버린다는 것을 약속하고 있는 증거란 전혀 찾아볼 수 없읍니다. 주님께서는 자신의 생애 마지막에 이르러 "난리와 난리의 소문을 듣겠으나"(And ye shall hear of wars and rumours of wars, 마 24 : 6)라고 말씀하셨읍니다. 그는 또한 "노아의 때와 같이 인자의 임함도 그러하리라"(마 24 : 37)고 말씀하셨읍니다. 예수께서 재림하실 때에 세상은 소돔과 고모라의 시대처럼 될 것입니다. 그는 전쟁을 몰아내고 세상을 바로 잡을 것을 약속하신 적이 없읍니다. 성경 어디를 뒤져보아도 그런 증거는 없읍니다. 성경이 증거하고 있지 않는 사상을 복음으로 끌어들인 것은 인간들이며 그것은 그들의 생각하는 바입니다. 사람들은 전적으로 잘못된 사상을 소유하고 있읍니다. 기독교는 복음의 약속에 대한 자기들 멋대로의 생각을 행하고 있지 않기 때문에 그들은 복음을 저버리며 결국에는 그 은혜를 경험하지 못합니다. 문제는 사람들이 그리스도교의 실체를 결코 알지 못하고 복음을 이해하지 못한다는데 있읍니다. 두번째로 문제시 되는 어려움을 해결하려면 첫번째 문제에 대한 입장으로 되돌아가야 합니다. 즉, 기독교의 정체를 발견하지 않으면 안됩니다.

이제 또다른 문제로 옮겨봅시다. 나는 지금 단순히 사람들이 지니고 있는 가장 공통적인 문제들을 점검하고 있읍니다. 세번째 문제를 지닌 사람들은 "10세기에 전파되었던 복음을 20세기의 사람들에게 생각해 보기를 요구하는 것은 터무니없는 일이다. 오늘의 우리는 과거와 같지 않은 세상에 있다는 것을 그리스도인인 당신들이 각성하고 인식해야 될 시점에 와 있다. 우리는 결국 20세기의 사람들로서 원자력 시대에 살고 있다. 그리스도인들은 지금도 전전(戰前) 시대에 살고 있을 뿐 아니라 원시적이라 할 정도이다. 그리스도인 당신들은 어디에 있는가? 그리고 어디서 살고 있는가? 새로운 사태와 그 변화, 현대의 모든 위대한 과학적 지식을 알지 못하는가? 현대인은 전적으로 지나간 시대의 사람들과 다르며, 현대의 문제 역시 과거와 전혀 다르지 않는가? 그런데 그리스도교와 같은 낡아빠진 가르침을 생각해 본들 무슨 유익이 있겠는가?"라고 항변합니다.

이런 주장에는 두 가지의 오류가 있읍니다. 첫째는 인간은 시대에 따라 차이가 있다는 것입니다. 오늘날 인간의 문제가 본질적으로 과거와는 정말 다릅니까? 현대인의 문제가 무엇이냐는 것은 굳이 밝힐 필요조차도 없읍니다. 그것은 원자분열에 관한 것도 아니며 사람을 외계로 보내는 방법에 관한 것도 아닙니다. 이러한 것들은 실로 문제도 아닙니다. 문제라면 인생이란 무엇인가, 어떻게 하면 공의롭게 살아갈 수 있는가, 자아와 성급한 기질 그리고 천박한 본능과 욕구를 조절할 수 있는 방법은 무엇인가, 인간답게 살 수는 없는가, 병고(病苦)를 당하거나 사고로 인해 치명타를 입거나 자기가 의지하던 모든 것을 잃어버리게 된다 해도 아무 염려없는 것처럼 살아가려면 어떻게 해야 하는가, 옥중에서도 기뻐할 수는 없는가 하는 것입니다. 어떻게 죽음을 맞이할 것인가 하는 문제도 있읍니다. 이러한 것은 과거에도 늘 문제시 되어왔고 지금도 마찬가지입니다. 새로운 문제란 존재치 않습니다. 무엇보다도 큰 문제는 인간이란 무엇인가, 인간은 과연 최고의 존재인가, 아니면 그를 능가하는 어떤 존재가 있는 것일까? 성경이 말하고 있듯이 인간을 능가하는 존재가 있다면 만물 중에서 가장 가치가 있다는 인간과의 관계는 무엇인가 하는 궁극적인 문제일 것입니다.

그러므로 복음을 인정하는데 겪는 세번째 어려움에는 그릇된 인식이 담겨 있읍니다. 인간의 문제는 변하지 않았읍니다! 현대인은 흥분하면서 과학과 놀라운 발견들에 대해서 말합니다. 하지만, 그것은 인간의 문제가 아닙니다. 인간은 여전히 먹고 마시며 성관계를 맺습니다. 이 사실이야말로 가장 굵직한 문제입니다. 과학의 문제는 이와 비교해 보면 애들 장난에 불과합니다. 인간의 문제는 과학에 있지 않습니다. 과학자들은 다른 대상들을 능숙하게 다룰 수 있읍니다. 그들은 중력(重力)의 문제를 정복했지만 죄의 세력에 관한 문제를 정복하지 못했읍니다. 이 점을 명심해야 합니다. 현대인은 신비한 과학용어에 대해 말하면서 흥분을 감추지 못합니다. 하지만 기본적인 문제들은 변하지 않은 채로 남아 있으며 늘 존속해 온 문제들과 절대적으로 다를 바 없읍니다. 내가 제시하고자 하는 복음도 물론 현재의 모습 그대로 변하지 않고 존속해 왔읍니다. 그러므로 1세기의 복음의 모습은 10세기 때와 다를 바 없으며, 그 본질적 성격 때문에 20세기인 오늘날에도 변함이 없읍니다.

이상의 세 가지 주요 난점들은 모두 동일한 방향을 향합니다. 사람들이 거의 모든 면에서 그릇된 길을 걷게 되는 것은 복음의 실체를 깨닫지 못하기 때문입니다. 복음의 가르침은 무엇입니까? 그것은 무엇을 약속하고 있읍니까? 무엇을 베풀고 있읍니까? 복음에 대한 요구는 복음이 베푸는 것이자 동시에 제공하는 것입니다. 그것은 복음이 약속한 것이고 실천하고 있는 것입니다. 이 사람 바울은 복음에 대한 증인입니다. 오랜 역사 속의 성도들도 증인입니다. 지금의 우리들도 불완전함에도 불구하고 오늘날 복음에 대한 살아 있는 증인이 된 것을 하나님께 감사합시다! 이것은 이론이 아니라 실제입니다. 복음이 역사하지 않았다면 저도 복음의 전파자가 되지 못했을 것입니다. 제게 있어서 설교가는 직업이 아닙니다. 직업을 원해서 제가 강단으로 나온 것이 아닙니다. 복음에 대한 사실들은 진실된, 뿐만 아니라 진실됨으로 인해 역사하게 되기 때문에 나는 복음을 전파하는 특권을 얻었읍니다. 우선, 복음이란 무엇입니까? 그것을 감지할 수 있는가 하는 근본적인 문제에 대해서 분명한 자세를 취해야 합니다. 그렇지 않으면 내용에 대한 논쟁을 하거나 특별한 문제들을 생각해 봐야 아무런 소용이 없읍니다. 앞서 복음은 감지할 수 있는 대상임을 살펴보았읍니다. 그러면 어떻게 복음을 알 수 있읍니까? 복음에 접근하려면 어떻게 해야 합니까?

그 문제에 대한 해답은 다양합니다. 사람은 누구나 다 독단적입니다. 어떤 사람이 "이것이 내가 주장하는 점이다"라고 말할 때 그는 독단적인 자세를 갖는 것입니다. 그렇게 함으로써 자신의 입장을 확고히 합니다. 하지만, 제가 복음에 관한 사실들을 말하고 있는 것은 그것이 저의 생각하는 바이기 때문이 아닙니다. 저의 입장은 전혀 개입되어 있지 않습니다. 저는 단순히 하나님의 말씀에 대한 해설자일 뿐입니다. 제가 위대한 사도의 가르침에 손상을 입히고 있다는 것이 판명된다면 무릎을 꿇고 저의 잘못된 것을 인정해야 할 것입니다. 저는 하나님의 사람 바울이 이야기한 것과 예를 든 것처럼 수 세기를 걸쳐 하나님의 사람들이 말해 온 것을 주장하며 설명하고 있을 뿐입니다.

그 근거는 무엇입니까? 이에 대해선 오직 두 가지 답변이 있읍니다. 결과적으로 사람들은 이성이나 이해력 또는 자신의 소견이나 다른 사람의 소견을 신뢰합니다. 그렇지 않으면 성경의 가르침을 하나님의 계시로 받아들입니다. 이것 이외의 입장은 존재하지 않습니다. 둘 중에 하나입니다. 보다 세밀하게 분석해 보면 자기가 생각하고 있는 것, 이해하고 있는 것, 또는 믿고 있는 것을 신뢰하거나 성경말씀에 자신을 전적으로, 절대적으로 복종시키고 있는 것입니다. 후자에 속한 사람은 "나는 무지합니다. 나에게 말씀하시며 은혜를 베풀어 주시옵소서"라고 말하면서 어린 아이처럼 성경말씀으로 나아옵니다. 사람의 입장은 이와 같이 전자와 후자 둘 중에 하나입니다.

이 두 가지 입장을 모두 검토해 보고자 합니다. 이는 처음에 말했듯이 인간의 삶 전체 뿐 아니라 죽음에까지도 영향을 미치는 것이기 때문에 그렇게 하는 것입니다. 이 문제는 모든 것을 변화시키며 사람이 어떤 최악의 상황 속에서도 승리할 수 있게 하는 것에 관련됩니다. 무엇보다도 중차대한 문제입니다. 사람은 이성에 의지하거나 아니면 계시에 복종합니다. 저는 계시에 복종해야 한다는 것을 강력히 주장합니다. 그럴 만한 여러 가지 이유가 있읍니다.

먼저 이성과 인간의 지혜의 부적절함, 나아가서 철학의 총계적인 부조리함을 제시해 보이겠읍니다. 백 년 동안 이것은 사실상의 갈등, 즉 철학과 계시 사이의 갈등이 되어왔읍니다. 성경에 관한 모든 고등비평은 인간적 철학을 기초로 합니다. 로마 교회의 모든 문제는 인간의 철학을 성경에 부가시켰다는 것입니다. 구교(舊敎)도 성경을 믿습니다. 하지만 인간의 철학을 첨가합니다. 그것은 아리스토텔레스 철학에 기원을 두고 시작하는데, 이는 성경의 가르침에 모순되는 것입니다. 그래서 저는 로마 교회의 권위를 받아들이지 않으며 성경의 권위를 받아들입니다.

왜 저는 이성이 부적절하다고 말하지 않을 수 없읍니까? 이것은 물론 커다란 과제이며 서두적인 것들만 다루어 보고자 합니다. 역사 이래로 인간의 큰 문제, 즉 문명의 큰 숙제는 지혜에 대한 연구와 추적이었읍니다. 욥은 "지혜는 어디서 얻으며 명철의 곳은 어디인고"(욥 28 : 12)라고 말하면서 오래 전에 이 문제를 제기했읍니다. 사려깊은 사람이라면 누구나 다 항상 이 문제에 도달합니다. 사고력이 뛰어나고 그것을 발휘하는 사람은 늘 인생에 대해 생각하며 되새겨보고 마침내 "오! 지혜있는 곳이 어디인가?"라고 내뱉게 됩니다. 우리가 살고 있는 시대는 지혜(wisdom)에 그다지 관심을 기울이지 않고 단지 약삭빠른 것(cleverness)에만 관심을 가질 뿐입니다. 참되게 생각하는 사람들은 약삭빠른 것에 신경을 기울이지 않고 지혜의 문제를 탐구합니다. 지혜야 말로 그들이 발견하기를 희구하는 것입니다.

지혜가 추구하는 것은 인간에 대한 이해입니다. 인간이란 무엇입니까? 인간에게 기여할 수 있는 것이나 인간이 필요로 하는 것을 생각해 보기에 앞서서 그 문제를 생각해야 합니다. 인간이 어떤 존재인 줄 알지 못한다면 어떻게 그를 만족시키겠읍니까? 인간은 동물에 지나지 않습니까? 그렇다면 그를 동물과 같이 대우해 줘야 할 것입니다. 이는 오늘날 인간을 다루는 현실입니다. 그러나 인간이 동물이 아니라 그 이상의 존재라면 그에 못지 않는 것을 필요로 할 것입니다. 인간이란 무엇입니까? 지혜는 수 세기 동안 그 문제를 해결하려고 노력해 왔읍니다. 인생이란 무엇입니까? 이 세상에서의 인생은 무엇이며 그 운명은 어떠하고 인간은 무엇을 해야 할 것입니까? 밤이 되면 행복하게 잠자리에 들며, 거울에 비친 자신의 모습을 부끄럼없이 바라보고, 어린 아이처럼 수면을 취하려면 어떻게 살아가야 합니까? 시편 기자는 적들에 둘러싸였음에도 불구하고 그렇게 살았읍니다. 그는 자신이 눕고 잠이 들며 깨어나는 것은 여호와께서 자신을 지탱해 주시기 때문이라고 고백했읍니다. 우리도 시편 기자처럼 말할 수 있을까요? 그런 삶은 지혜가 언제나 추구하고 있는 삶이며 평온한 마음을 지닌 삶입니다. 그 인생이야말로 휴식처이자 평안을 얻을 수 있는 곳입니다.

앞서 스토아 철학자들이 평안한 삶을 얻기 위해 어떻게 힘쓰는가. 그리고 그들 나름대로의 독특한 해결책—이것은 물론 진정한 해결책이 아닙니다—은 무엇인가 하는 점을 검토하였읍니다. 더우기 이것보다 훨씬 큰 문제가 있읍니다. 그것은 어떻게 죽을 것인가, 죽음 저편에는 무엇이 존재하는가 하는 것입니다. 지혜 또한 변치 않고 이 문제에 답변하기 위해 노력해 왔읍니다. 이것은 여러 세기에 걸친 철학자들의 전 연구분야입니다. 하지만 철학은 예외없이 실패했고 지금도 실패하고 있읍니다. 이는 인간이 순전(純全)한 이성을 지니고 있지 못하기 때문입니다. 인간이 순수한 이성을 지닌 존재이고 올바른 지성을 행사하는 존재라면 모든 문제를 해결했으리라 생각합니다. 그러나 인간은 그렇지 못하며 이 사실은 인간 스스로가 시인합니다.

그렇다면 문제되는 것이 무엇입니까? 우리 모두의 문제는 우리 안에 불합리한 요소가 있다는 것이며 그것이 이성보다 강하다는 것입니다. 인간은 의로운 것을 알고 있음에도 불구하고 불의를 행합니다. 인간은 불합리하며 모순투성이입니다. 어떤 사람은 불의한 짓을 하면서 "결단코 다시는 이 짓을 하지 않겠다"고 마음 속으로 다짐합니다. 그는 수치와 양심의 가책을 느끼고 있는 것입니다. 어떤 면에서 보면 솔직한 점이 있지만 불행한 것임에 틀림없습니다. 하지만 "결단코 그 짓을 다시 하지 않겠다"고 결심하면서도 다시금 불의한 짓을 저지르며 반복해서 해나갑니다. 이 얼마나 불합리한 일입니까! 바로 이것이 인간의 진면목입니다. 인간의 내부에는 자신의 마음보다 더 강한 힘이 있고, 욕구와 충동이 있으며 지각이 있습니다. 이 점이 문제가 됩니다. 사도 바울은 그 사실을 단번에 그리고 영구적으로 요약해 놓았습니다. "…원함은 내게 있으나 선을 행하는 것은 없노라 내 속 사람으로는 하나님의 법을 즐거워하되 내 지체 속에서 한 다른 법이 내 마음의 법과 싸워 내 지체 속에 있는 죄의 법 아래로 나를 사로잡아 오는 것을 보는도다"(롬 7 : 18, 22~23). 사람은 모순된 존재입니다. 불합리한 요소가 늘 자기 안에 있으며 그로 인해 자신의 모든 이성(Utopias)을 허물어뜨리고 자신의 모든 계획을 뒤집어버립니다.

  그렇다고 해서 이성의 역할을 무시하는 것은 아닙니다. 이성은 대단히 놀라운 것입니다. 저는 설교를 하면서도 논리에 어긋나는 말을 단 한 마디도 하지 않으려 합니다. 저는 청중과 실제적으로 논증하는데 최선을 다합니다. 설교할 때는 내 자신이나 특정인에 대한 이야기를 하지 않으며, 청중들에게 찬송하기를 요구하거나 선동하려 하지 않습니다. 다만 청중들에게 논증할 뿐입니다. 단연코 이성에 반하는 말을 한 마디도 하지 않으려 시도합니다. 이성은 인간에게 주신 하나님의 선물이며 인간을 동물과 구분짓는 것이라고 저는 믿습니다. 그러나 이성은 삶의 매우 중요한 순간마다 가장 결정적인 사건들과 관련될 때 도움을 주지 못합니다. 인생의 매우 놀라운 경험들은 실제로 이성과는 동떨어져 있읍니다. 이성은 사랑에 대하여 전혀 알지 못합니다. 사랑은 인간의 마음에 관한 것입니다. 세상에 알려진 위대한 철학자(reasoner) 중에 한 사람이며 17세기의 탁월한 수학자였던 파스칼(Blaise Pascal)은 "마음은 이성이 전혀 알지 못하는 나름대로의 동기를 갖고 있다"고 말했읍니다.

이 말은 참으로 정확한 지적입니다. 이성은 아주 미묘한 인간관계에 관한 것이나 지극히 귀중한 인간의 경험에 관련된 것을 이해하지 못하며 그런 문제에 있어서 도움을 주지 못합니다.

이제까지의 이성에 관한 문제를 요약해 보고 다음 단계로 나아가고자 합니다. 그 문제는 로버트 브라우닝(Robert Browning)의 훌륭한 시, "블루그램 감독의 참회"(Bishop Blougram's Apology)에서 아주 완벽하게 표현되어 있읍니다. 자기 철학과 사상으로 충만한 젊은 사람이 찾아와서 늙은 감독과 논쟁을 벌입니다. 그 젊은이는 자신의 이성으로 모든 것의 척도를 재고 평가하였읍니다. 늙은 감독은 그를 바라보고 미소지으며 말하였읍니다. "나도 한때 자네와 같은 시절이 있었네. 모든 것을 이해하고 있다고 생각했었지. 물론, 지금은 입장이 달라. 하지만 자네는 여전히 자신이 모든 것을 해결한 줄로 알고 있고 만물의 척도를 재 보았다고 생각하고 있네."

> 아무리 평안하다 해도
> 일몰(日沒)의 징조는 있기 마련,
> 꽃 종(鍾)이 들려주는 환상과
> 어떤 이의 죽음,
> 유리피데스에게서 나오던
> 합창의 종결,
> 그것은 50년 간의 희망과
> 두려움으로도 만족하나니,
> 위대한 것이란
> 아마도 그런 것.

늙은 감독은 무엇을 말하고 있읍니까? 그가 이야기하는 바는 사람이 모든 것을 완전한 지적 구조로 통찰했다고 생각하며, 현대적 용어대로 자신이 논리적인 실증주의자이고, 만사가 잘되어 간다 할지라도 갑작스럽게 일몰을 맞이하게 되며, 이론적으로 해석하거나 설명할 수 없는 사태가 발생하게 된다는 것입니다. 또한, "꽃 종이 들려주는 환상"에 감동하기도 합니다. 산 울타리 안에 있는 작은 꽃은 우리의 모든 이성으로도 행하거나 이해할 수 없는 현상을 유발합니다.

시인 워즈워드(Wordsworth)는 이와 똑같은 관점을 다른 방식으로 표현합니다. "내게 있어선 바람에 흩날리는 아주 보잘 것 없는 꽃이라 할지라도 의미깊은 눈물을 흘리게 하는 사념(思念)을 가져다준다"고 그는 말합니다. 그것은 추론할 수 없으며 논리적으로 이해하거나 설명치 못할 대상입니다. 그러나 이런 것들은 삶을 승화시키며 인생을 인생답게 인간을 인간답게 만드는 것입니다. "꽃 종이 들려주는 환상과 어떤 이의 죽음," 갑작스럽게 죽음을 맞이하는 사람들! 사람은 완전한 인생 계획을 준비하지만 사실상 그것은 뛰어난 지적 구조에 의해서 운행되는 것이 아니라 자기가 사랑하며 자기 생명보다 더 소중히 여기는 대상에 의해 움직여지는 것임을 인식하지 못합니다. 죽음을 맞이하는 사람이 있으면 누군가 홀로 남게 되며 모든 체계가 붕괴됩니다. "어떤 이의 죽음!" 그리고 "유리피데스에게서 나오던 합창의 종결." 위대한 문학작품이나 훌륭한 음악 한 곡이 주는 감동은 분석하거나 설명할 수 없지만 무언가를 제시하며 사람을 고상하게 합니다. 이성이 미치지 못하는 영역에 있는 것입니다. "마음은 이성이 전혀 알지 못하는 나름대로의 동기를 갖고 있다."

　이성에 관해서 첨언하자면, 우리 안에는 눈에 보이지 않는 것에 대한 의식이 있으며, 우리보다 더 강한 주변의 세력들에 대한 의식이 존재한다는 사실입니다. 이교(異敎)는 이로 인해서 생겨납니다. 바울이 아덴에서 발견했던 것이 바로 그런 모습입니다. 아덴이 어떤 곳인지를 망각해서는 안됩니다. 그곳은 모든 철학의 발상지였으며, 학문의 위대한 터전이었읍니다. 하지만 당시 세계에서 가장 커다란 지성인의 도시였던 아덴에서 바울을 분노케 했던 것은 그곳이 우상으로 가득차 있었다는 것입니다. 아덴의 우상에 대해선 오직 하나의 설명만이 가능합니다. 즉, 철학이 아덴 사람들을 만족시키지 못했다는 것입니다. 아덴 사람들의 경우에, 철학이란 그 논리가 진행되는 범위 안에서는 정당했읍니다. 그러나 아덴 사람들은 자기들이 이해하지 못하는 눈에 보이지 않는 요소들이 있다는 것을 느끼기 시작했읍니다. 그래서 그들은 "우리에게 영향을 미치는 알 수 없는 세력들이 존재한다. 평화의 신, 사랑의 신, 전쟁의 신 등등의 신들이 존재하고 있다"라고 생각했읍니다. 아덴 사람들은 눈에 보이지 않는 세력을 지닌 신들을 위해 신전을 건립하고 그들을 즐겁게 해주며 그들의 환심을 사고자 했읍니다. 특별히 인간이 도달할 수 없는 절대자에게 더욱 그러했읍니다. 아덴 사람들은 모든 현상의 이면에 그것을 다스리는 어떤 막강한 존재가 있으리라는 느낌을 갖고 있었읍니다. 그들은 그 존재를 "알지 못하는 신"(The Unknown God)이라고 불렀읍니다. 그들이 아무리 애를 써보아도 그에 대한 사실을 발견할 수 없었읍니다. "이 세상이 자기 지혜로 하나님을 알지 못하는고로"(고전 1:21)라고 바울이 고린도 교인들에게 설명한 경우와 같읍니다. 아덴 사람들은 최선을 다했지만 절대자가 그들을 외면했기 때문에 그에 도달할 수 없었읍니다. 마음은 적합치 못했고 이성은 미흡했읍니다. 그 점이 철학이 실패하는 이유입니다. "알지 못하는 신"이 존재하며, 규정지을 수 없고 발견할 수도 없는 요소가 있다는 것을 감지하는 지점까지만 철학을 힘입어 나아갈 수 있을 뿐입니다.

왜 사람은 하나님을 발견할 수 없읍니까? 왜 이성이 충분치 못합니까? 이 문제에 대한 해답은 양면성을 지닙니다. 우선 그것은 하나님의 존재와 속성, 즉 그의 위대함과 영광 때문입니다. 하나님을 본 사람은 아무도 없었읍니다. 주님께서도 인간이 이 땅에서 그를 보게 될 때 살지 못하리라고 말씀하셨읍니다.

> 우리 눈에 감추어진 이를 수 없는 빛 가운데에 계시며,
> 영원하시며 보이지 아니하시는
> 하나님 홀로 지혜로우심이여!
> 태고로 지극히 복되시며 영광스러우시고
> 광명함에 덮이셔서 찬송으로 둘리심이여!

하나님은 빛이시며 그에게는 전혀 어두움이 없으십니다. 인간의 마음과 이성에 대해 이야기해 본들 무슨 소용이 있읍니까? 인간의 분석과 모든 과학적 지식이 어떤 가치를 지니고 있읍니까? 그 모든 것은 쓸모 없는 일입니다.

오늘날의 세계도 이 점을 시인하고 있읍니다. 온갖 철학과 학문을 지녔던 고대 세계가 궁극적인 해결을 위해서 잡신(雜神)에게 향하지 않을 수 없었읍니다. 이와 같이 오늘날도 지식과 학문에 있어서 현대적인 세련된 교육을 받았음에도 불구하고 일요신문(Sunday papers)을 보면서 점성술이나 운수 등 보이지 않는 세력에 의존합니다. 이는 전적으로 인

간이 본래 하나님에 관한 지식에 도달할 수 없기 때문입니다. "하나님은 소멸하는 불"이시며 인간은 한정적일 뿐 아니라 타락한 존재이고 죄인입니다.

내가 밝히고 있듯이 인간이 비합리적인 것은 그의 두뇌까지도 타락했기 때문입니다. 인간은 죄로 가득찼으며 무가치하고 영적으로 무지합니다. 하지만 하나님은 영이십니다. 모든 영역이 다르기 때문에 인간은 전적으로 무기력합니다. 이성이 베풀수 있는 최선의 것이라곤 강력한 힘이나 세력 또는 어떤 영향력에 대한 의존 뿐입니다. 그러나 그것은 하나님에 관한 지식이 아닙니다. 이성은 마땅히 하나님을 아는 데로 인도해야 하지만 그렇지 못합니다. 바울은 로마서 1장에서 인간은 무능력하며 하나님께서 인간의 죄악스런 모습들을 방치해 놓으셨다고 주장합니다. 꽃을 바라볼 때 인간은 당연히 하나님을 발견해야 하지만 어느 누구도 그 사실을 이해하지 못합니다. 그것은 결코 우발적인 현상이 아니며, 완전한 형식을 갖춘 질서정연한 것입니다. 그 점이 하나님이 있다는 증거입니다. 창조주 하나님—그의 지혜와 능력, 그리고 그의 창조주되심이 나타납니다.

우리는 얼마나 무지합니까? 원리적으로도 모르고 있지 않습니까? 어떤 토론회가 다수의 과학적 인본주의자들에 의해 개최되었읍니다. 그들 가운데 한 사람은 그들 모두가 과학적 사실에 관한 것을 제외하고는 모든 면에서 의견이 맞지 않았다고 솔직히 시인했읍니다. 예를 들자면, 그들은 윤리에 있어서 의견이 일치하지 않았읍니다. 그들 모두 뛰어난 두뇌를 소유하고 있는 유능한 사람들이었지만 순수한 과학적 사실을 제외하고 모든 면에서 의견이 어긋났읍니다. 여기서 명백한 사실을 얻을 수 있읍니다. 아무리 훌륭한 머리를 갖고 있다 할지라도 확실한 사실이나 올바른 지식에 도달할 수 없다면 그들보다 못한 평범한 사람들은 어디까지 이를 수 있겠읍니까? 오늘날의 인류 그리고 이 세상에 우글거리는 대중을 위한 희망은 무엇입니까? 사람들이 전부 우수한 두뇌를 지닌 것이 아니며 누구나 다 위대한 철학자도 아니고 그렇다고 해서 대학교육의 혜택을 빠짐없이 입고 있는 것도 아닙니다. 그러나 여기 과학적 인본주의자들은 모든 조건을 갖춘 사람들입니다. 그럼에도 불구하고 그들도 모르지 않습니까! 그들은 각자 자기 나름대로 좋아하는 논리와 생각을 지니고 때문에 의견이 일치되지 않았읍니다. 그런 사람들도 합의를 이루지 못한다면 일반인들이야 말할 나위 있겠읍니까? 보통 사람들에겐 무슨 희망이 있겠읍니까? 결코 없읍니다. 구원이 인간의 이성과 이해에 의존한다면 인간들 대부분에게 있어서 희망이 없을 것입니다. 아니, 사실상 어느 누구에게도 희망은 없을 것입니다.

우리가 성경을 갖고 있는 것은 이 때문입니다. 성경은 인류에 대한 하나님의 응답입니다. "이 세상이 자기 지혜로 하나님을 알지 못하는 고로 하나님께서 전도의 미련한 것으로 믿는 자들을 구원하시기를 기뻐하셨도다"(고전 1 : 21). 하나님은 세상에서 지식과 진리 그리고 완전함과 참된 삶의 방식에 이를 수 있는 훌륭한 계기를 주셨지만 세상은 전혀 성취하지 못했읍니다. 그리스도께서 오시기 전후의 시기에 걸친 로마 제국의 부도덕함과 악행은 몸서리치게 하는 것이었읍니다. 현대세계가 급속도로 닮아가고 있는 그 시대는 헬라 철학이 꽃피우던 시절이었읍니다. 하나님께서 구원의 방법을 보내셨는데, 바울은 그것을 아덴의 학식있는 자들의 집회에서 선포하였고 그의 제자 디모데에게 편지를 쓰면서 요약하고 있읍니다. 진리가 성경에 있으며 권위도 성경에 있읍니다.

어떤 이는 "왜 성경을 믿어야 하는가?"라고 말합니다. 이 점을 말하고자 합니다. 성경은 전적으로 별개의 책입니다. 성경은 이른바 "계시"에 근거합니다. 성경의 기자는 단지 한 사람에 그치는 것이 아닌데 그들은 오늘의 우리에게 "이 말씀을 보고 나의 이야기에 귀기울여 보라. 나는 이 문제로 수 년 간 고심하면서 여러 가지 원리를 생각해 오다가 마침내 이런 결론에 이르게 되었다. 내가 그것을 너희들에게 권하노니 잘 들어봐라"고 말하지 않습니다. 기자가 한 사람에 그치는 것이 아니었읍니다. 그들이 주장하는 것은 "주의 말씀이 내게 임했다"는 것입니다. 바울의 경우를 봅시다. 왜 그가 이 복음을 전합니까? 복음은 그가 스스로 만들어낸 것입니까? 바울에 관한 이야기를 읽어보면 실제로는 정반대임을 알게 될 것입니다. 그는 그리스도와 그의 복음 그리고 교회를 미워했던 사람이며 교회를 핍박하면서 하나님을 섬기고 있다고 생각했던 사람입니다. 그런데 그는 복음을 전하고 있으며 그것을 기뻐하고 있읍니다. 바울은 어떻게 해서 그런 상태에 이르게 되었읍니까?

이에 대한 해답은 오직 한 가지 뿐입니다. 그것은 계시입니다. 그는 다메섹으로 가는 도중 영광의 주님을 뵈었고 가르침을 받았읍니다. 그리고 그는 그 가르침을 전하는데 늘 신경을 썼읍니다. 바울은 자신도 역시 받았던 것을 우선적으로 전하고 있음을 밝히고 있읍니다. 복음은 바울의 논리가 아닙니다. 성경 기자 중 어느 누구도 성경의 가르침을 자신의 논리라고 주장하지 않습니다. 그들은 가르침을 받았던 것입니다. 그 가르침은 하나님으로부터 나온 말씀입니다. 성경은 철학서적이 아니며, 사상의 집대성도 아닙니다. 그 모든 내용은 하나님에게서 비롯되어야 합니다. 인간이 아니라 하나님께서 주신 것입니다. 성경의 가르침은 주어진 것입니다.

 성경을 읽게 되면 그것이 말하고 있는 바를 깨닫게 됩니다. 성경의 가르침에서 위엄과 영광, 고상함을 발견하게 되는데 이는 어디에서도 찾아볼 수 없는 것입니다. 인간의 이성 뿐 아니라 상상력까지도 능가하는 하나님에 관한 초월적인 진리가 성경에 있읍니다. 지고한 영감을 지닌 사람이나 시인일지라도 결코 성경에 접근할 수 없읍니다. 성경은 하나님에게서 나온 계시임에 틀림없읍니다. 진리의 바로 그런 성격이 성경에 주장하는 바를 더욱 굳게 합니다.

 성경에 대한 이런 이해를 바탕으로 성경의 고상하게 하며 품위를 높이는 성격이나 영적 용량을 지닌 자가 성경을 읽을 때 느끼는 감정, 그리고 성경에 따라 자신을 평가하고 시험해 볼 때 깨닫는 부끄러움, 선하고 고상한 욕망과 보다 나은 삶을 향한 열망이 내부에서 일어나는 것 등을 생각해야 합니다. 그렇게 되면 성경에 담긴 가르침의 통일성을 깨닫게 됩니다. 성경 66권은 시대적 배경이 다른 여러 사람들에 의해서 각기 다른 시대에 쓰여졌지만 창세기부터 요한계시록에 이르기까지 통일된 하나의 커다란 중심주제를 지니고 있는데, 이는 전적으로 특정한 한 인물에 관한 것입니다. 이처럼 성경의 통일성은 모든 조건의 상이함에도 불구하고 명백히 드러납니다.

 구약의 예언에는 두드러진 사실이 있는데 이것은 매우 놀라운 주장입니다. 나사렛 예수가 탄생하기 거의 8백 년 전에 그의 관한 대부분의 주요한 사실들이 이미 예견되고 말하여진 것이 어찌 놀라운 일이 아닙니까! 그 사실들을 이사야서와 다른 예언서에서 찾아볼 수 있읍니다.

심지어 베들레헴이란 장소까지도 언급되어 있읍니다. 예수께서 은 삼십에 팔린다는 것, 나귀를 타고 예루살렘에 입성하리라는 것, 그리고 죽임을 당하지만 부활하리라는 사실 등이 상세하게 구약에 기록되어 있읍니다. 예언임에도 불구하고 세밀한 기록으로 가득차 있읍니다. 어느 누가 이 사실을 설명할 수 있겠읍니까! 이것은 성경이 계시라는 증거입니다.

강조하고픈 또 하나의 사실은 성경은 역사라는 것입니다. 성경은 이론서가 아니며 역사서이고 실제적인 책입니다. 이는 성경이 왕들과 왕손들, 결혼과 죽음 등에 대해 많은 부분을 할애하고 있는 이유입니다. 성경은 역사입니다. 유대인들과 그들에게 일어난 사건들의 역사입니다. 무엇보다도 한 사람의 중심인물, 즉 이 땅에 오셔서 사시다가 죽으시고 죽은 자들 가운데서 부활하셔서 승천하신 나사렛 예수에 관한 역사입니다. 뿐만 아니라 이것은 사실이다. 바울은 "예수와 그의 부활"을 전하였읍니다. 그는 역사적 사실들을 선포하고 그것이 담고 있는 중대성과 의미에서 나온 교리를 전하였던 것입니다. 하나님께서 허락하실진대, 이 점이 내가 밝히고자 하는 것이며 나아가서 바울의 전반적인 입장을 상기시키고 있는 것입니다. 그와 같은 입장을 근거로 성경은 역사이고 하나님이 행하신 일이며, 그의 목적에 관해서 몸소 계시하신 것이라는 사실을 믿는 것입니다.

그런데 사람들은 이 사실과는 별개로 실상 무엇을 생각하고 있읍니까? 알다시피 이것은 고수해야만 하는 사실입니다. 다른 여러 가지 면에서 결핍되었을 때 결국 이 사실을 의지합니다. 하지만 사람들은 관점을 달리하여 "그 주장은 그럴 듯하게 들립니다. 그러나 오늘의 이십 세기에도 성경은 권위가 있는가?"라고 말할 수 있을 것입니다. 그렇다면 내가 여지껏 말해 온 것에 비추어 볼 때 성경을 기록한 시대가 분명히 성취된 사건과는 전혀 무관함을 깨닫지 못하겠읍니까? 이것이 영원하신 하나님으로부터 나온 계시라면 시대가 그것과 무슨 상관이 있읍니까? 하나님이 변하셨읍니까? 시대의 변화하는 국면이 하나님께 영향을 미칩니까? 사람이 원자를 분열시키며 인력(引力)을 정복했다고 해서 하나님께 영향을 미칠 수 있읍니까? 결코 그렇지 않습니다! 성경은 인간이 그의 지식과 지혜로 목표에 도달하려고 탐색하며 노력한 결과가 아닙니다. 그것은 하나님에 의한 것입니다. 불변하시는 하나님이 자신과 자신의 모든 의도, 그리고 인간에 관해 진리를 계시하신 것입니다. 그러므로 시대는 아무런 상관이 없읍니다. 하나님이 1세기에 자신에 관해 계시하셨던 것은 당시와 마찬가지로 오늘날도 실제이며, 그 이전에 계시하신 것도 그러합니다. 하나님은 늘 동일하신 분이십니다. 그는 변치 않으십니다. 그는 빛들의 아버지로 변화는 커녕 그 조짐조차도 없는 분이십니다. 그는 영원하신 하나님입니다. 스스로 있는 자—여호와십니다. 영원부터 영원까지 존재하는 분으로 항상 계셨고 지금도 늘 계시며 앞으로도 항상 계실 분입니다. 그러므로 시대란 성경적 사실에 전혀 영향을 미치지 못함을 다시금 밝혀둡니다. 그리고 앞서 살펴보았던 것처럼 인간의 본성도 또한 변하지 않으며, 인간의 굵직한 문제들은 아직도 남아 있읍니다. 인간, 인생, 생명, 죽음, 죽음 너머 존재하는 것, 이러한 것들이 인생의 문제입니다. 그런데 인간은 그것들에 대해서 무얼 알고 있읍니까? 전혀 아는 것이 없읍니다. 하지만 사람들은 이 사실을 인정하지 않으며 오히려 알고 있는 것처럼 말합니다. 인간은 아는 것이 없읍니다.

 이제는 다음과 같은 결론을 내릴 수 있읍니다. 사람은 뒤죽박죽되어 살아갑니다. 불확실성 속에 살아가면서 모든 면에서 넘어지고, 인도해 주는 대상없이 미지의 세계를 직면합니다. 그렇지 않으면 하나님의 계시에 복종합니다. 즉, 그에 관한 모든 것에 복종하는 것입니다. 사람은 누구든지 분별하여 선택할 수 있는 위치에 있지 못합니다. 사람은 "나는 이것은 어느 정도 믿지만 다른 것은 믿지 못하겠다"라고 말할 수 없읍니다. 왜 그렇습니까? 인간은 무지하기 때문에 판단할 수 있는 자리에 있지 못하며, 평가할 수도 없읍니다. "나는 하나님이 사랑이라는 것을 믿지만 그의 진노(震怒)를 믿지 않는다"라고 말해 봐야 소용없는 일입니다. 하나님에 대하여 전혀 알지 못하는데 어떻게 분별하겠읍니까! 하나님이 사랑이심을 듣지 못했다면 그 사실을 깨닫지 못했을 것입니다. 하나님이 사랑이심을 알려주는 성경은 또한 하나님께서 죄를 미워하시며 그것을 벌하고자 하심을 가르쳐 줍니다. 인간은 성경을 전적으로 수용하거나 아니면 부정합니다. 특정한 관점들을 인정하면서 이것저것 따져볼 수는 없읍니다. 그런 자세는 오늘날의 사람들이 취하고 있는 것입니다. 그래서 복음이 남아 있지를 못하며 교회는 텅 비어 있게 됩니다. 나는 이에 놀라지 않습니다. 사단이 활기치고 있는 것이며 상황은 더 악화될 것입니다.

우리가 할 수 있는 유일한 일이 있읍니다. 그것은 우리의 전적인 무지를 인정하고 우리의 모든 이상은 순전히 공론에 지나지 않으며, 그 어떤 것도 증명할 수 없다는 것을 솔직하게 기꺼이 고백하는 것입니다. 그 이상이란 단지 말하고 생각했던 것에 불과함을 인정하지 않으면 안 됩니다. 더우기 사람들은 상호 간에 모순되며 심지어 빈번하게 자기 모순에 빠지기도 합니다. 형제 자매들이여, 우리가 해야 될 일이 오직 하나 있을 뿐입니다. 정복자를 능가하는 삶을 살고자 한다면, 감옥에서 찬송할 수 있기를 원한다면, 고난 가운데라 할지라도 얼마든지 기쁨을 소유하기를 원한다면 해야 될 유일한 일이 있는데, 그것은 성경에 자신을 복종시키며 그리스도께서 말씀하신 것처럼 "어린 아이"같이 되는 것입니다. 그는 사람이 돌이켜 어린 아이같이 되지 아니하면 하늘 나라에 들어가지 못하리라고 말씀하셨읍니다. 또한 지혜롭고 능력있는 사람인 니고데모에게 "진실로 진실로 네게 이르노니 사람이 거듭나지 아니하면 하나님 나라를 볼 수 없느니라"(요 3 : 3)고 말씀하셨읍니다. 이는 마치 그리스도께서 "너희들의 노력은 소용없는 일이다. 너희가 있는 곳에서 내가 있는 곳으로 스스로 나아올 수 없다. 너희는 다시 태어나야 하며, 근본부터 재형성되어야만 한다. 너희는 새롭게 시작하지 않으면 안 된다"라고 말씀하시는 것과 같습니다. 이 사람 바울이 다메섹으로 가는 도중 경험했던 것을 우리도 겪어야만 합니다. 그는 그리스도의 교회에 대하여 "위협과 살기가 등등하여" 여로에 올랐읍니다. 바울은 그리스도와 그에 관한 모든 것을 증오했읍니다. 그런데 그는 그리스도를 보았을 때 전적으로 무기력해져서 "주여 당신은 뉘시오니이까"(행 9 : 5)라고 말하였다. 바울은 완전히 항복한 것입니다! 그는 계시를 믿고 받아들였읍니다. 이 점이 디모데후서 1 : 13, 14에서 말하고 있는 바를 설명해 주는 사실입니다.

계시의 내용은 이러합니다. 즉, "하나님이 세상을 이처럼 사랑하사 독생자를 주셨으니 이는 저를 믿는 자마다 멸망치 않고 영생을 얻게 하려 하심이라"(요 3 : 16). 아들을 허락하시되 십자가에 죽기까지 그렇게 하신 것입니다. 인간에게 가장 필요한 것은 하나님을 아는 것이며 하나님과 화해하는 것입니다. 이는 그의 축복하심과 인도하심을 받으며, 그와 함께 거하리라는 것을 깨닫기 위함입니다. 그렇다면 어떻게 하나님을 알 수 있읍니까? 자신은 용서받을 필요가 있는 죄인이며, 인간은 누구나 다 죄인임을 인정하는 것입니다. 나아가서 자신은 무지하며 용서받아야 하지만 그것에 관해서 아무것도 할 수 없음을 고백하는 것입니다. 그러나 하나님께서 그 일을 이루셨읍니다! 이것이 바울적 확신의 의미입니다. 하나님께서 독생자를 주셔서 나무에 달린 몸으로 우리의 죄를 짊어지게 하셨읍니다. "여호와께서는 우리 무리의 죄악을 그에게 담당시키셨도다"(사 53 : 6). 우리가 나음을 입은 것은 예수님이 채찍에 맞으며 그의 육체가 으깨어지고 그의 피가 흘려졌기 때문입니다. 뿐만 아니라 갈보리 사건은 사실이며, 바울이 디모데후서 2 : 8에서 말하고 있는 것처럼 부활도 사실이기 때문입니다. 이것이 모든 축복으로 인도하는 길입니다. 이 가르침을 믿지 못한다면 결코 어떠한 축복도 깨닫지 못할 것입니다.

　이 모든 사실에 대해 뭐라고 말해야 되겠읍니까? 내가 말하고 싶은 것은 다음과 같습니다. 나는 사람들이 나의 입장에 동감하며 그런 이야기를 한 아이작 왓츠(Isaac Watts)의 입장에 동감하길 원합니다.

> 전능하신 하나님이여,
> 당신께 다함없는 영광을 돌립니다.
> 삼위이시나 분리되지 아니하시며,
> 신비스럽게도 하나이신 하나님,
> 이성이 모든 능력을 잃어버리는 곳에서
> 믿음이 힘을 얻으며
> 사랑이 높이 우러러 봅니다.

　파스칼은 "이성에 한계가 있다는 것을 깨닫게 하는 것이 이성의 최고의 업적이다"라고 말하였읍니다. "이성이 모든 능력을 잃어버리는 곳에서" 그렇다고 해서 이성의 능력을 제하여 버리는 것은 아닙니다—"믿음이 힘을 얻으며 사랑—이성이 깨닫지 못하는—이 높이 우러러 봅니다."

　회개하십시오! 자신의 무지와 죄, 과오를 인정하고 고백하며 하나님의 아들이신 주 예수 그리스도에 관한 복음의 가르침을 믿으십시오. 그러면 감옥에서라 할지라도 "그럼에도 불구하고" 부끄러워하지 아니함은 나의 의뢰한 자를 내가 알고 또한 나의 의탁한 것을 그 날까지 저가 능히 지킬실 줄을 확신함이라"고 말할 수 있는 새로운 삶을 누리기 시작할 것입니다.

복음은 영혼을 만족하게 합니다!

제 3 장

올바른 진단

> 이를 인하여 내가 또 이 고난을 받되 부끄러워하지 아니함은 나의 의뢰한 자를 내가 알고 또한 나의 의탁한 것을 그 날까지 저가 능히 지키실 줄을 확신함이라(딤후 1:12).

　바울이 디모데에게 쓴 글을 읽을 땐 복음을 위한 그의 대단한 수고와 고난으로 인해서 바울은 일찍 노쇠해 버린 사람이었다는 점을 기억해야만 합니다. 그는 당시에 알려진 문명세계의 여러 지역에 많은 교회를 세웠읍니다. 바울은 위대한 사역을 시작했지만 네로 시대의 감옥에 갇혀 위태로운 지경에 있었으며 디모데가 예감하고 있었던 것처럼 언제라도 죽음을 모면하기 어려웠읍니다. 그는 디모데의 용기를 북돋아주려고 하는데 이를 위해서 디모데에게 기운을 내라고 이야기하는 것이 아니라 복음에 관한 지적을 하고 있읍니다. 바울은 결국 "내가 전하는 것 때문에 감옥에 갇혔다는 것을 나는 인식하고 있다. 그럼에도 불구하고 나는 부끄러워하지 않노라"고 말하는 것입니다. 그는 자기 복음을 부끄러워하지 않는다는 것 뿐 아니라 자기 위치가 부끄러운 자리가 아니라는 것을 의도하고 있읍니다. 그는 전혀 어려움이 없을 뿐 아니라 불행해 하거나 근심하지도 않읍니다. 이 얼마나 역설적인 일입니까! 바울은 곡언법(曲言法)이라고 하는 대화체를 쓰고 있는데, 이는 부정어를 사용하여 강한 긍정을 나타내는 표현법입니다. 이에 대한 또다른 실례는 로마서 1 : 16에서 찾아볼 수 있읍니다. 사도 바울은 거기에서 "내가 복음을 부끄러워하지 아니하노니"(I am not ashamed of the gospel of Christ)라고 말합니다. 그가 실제로 의도하는 것은 "나는 복음을 기뻐하고 있다. 그것을 매우 자랑스럽게 여긴다" 하는 것입니다. 영어에서도 때때로 부정어를 사용하므로써 강력하게 표현합니다. 사람들은 이것이 영어의 표현형식의 특징이라고 말합니다. 즉, 최상급을 사용하지 않고도 부정어에 의해서 최상급에 속한 생각을 표현할 수 있읍니다. "나는 부끄러워하지 않는다"라고 말할 때 이것은 "나는 대단히 자랑스럽게 여긴다"는 것을 의미합니다. 그리고 사도 바울이 여기서 말하고 있는 것도 그와 같은 것입니다. 그는 "나는 근심에 빠져 있지도 않고 어려움에 처해 있지도 않으며 복음을 전하는데 있어서 올바르고 지혜롭지 못했던 것이 아닌가 하고 생각치도 않는다"라고 말합니다. 이는 역설적인 표현입니다. 바울은 "나는 대단히 행복한 상태에 있다. 왜냐하면 나의 의뢰한 자를 내가 알고 또한 나의 의뢰한 것을 그 날까지 저가 능히 지키실 줄을 확신하기 때문이다"라고 말하고 있는 것입니다.

사람으로 하여금 바울과 같은 위급한 경우를 극복할 수 있게 하는 것은 복음이라는 사실을 앞서 살펴보았읍니다. 특정한 기질이나 철학이 아니라 인식할 수 있고 정의내릴 수 있으며, 복종해야만 할 계시로서의 복음만이 그렇게 할 수 있읍니다. 바울은 결국 디모데에게 "나의 나된 것은 복음에 대한 믿음 때문이다"라고 말하고 있는 것입니다. 그는 이어서 "디모데야, 너는 네게 전하여 준 바른 말을 본받아 굳건하게 지키고 그것을 고수하며 절대적으로 확신해야만 한다. 네게 주어졌던 진리의 위탁을 있는 힘을 다해 감당하라. 그러면 모든 것이 잘될 것이다. 만약 그렇게 하지 않는다면 네가 지금 그리하고 있는 것처럼 겁을 집어먹고 두려움에 떨며 놀라게 될 것이다"라고 말하는 셈입니다. 그것이 위대한 사도의 기본적인 입장입니다. 또한 오늘날 우리의 이 복음에 대한 훌륭한 권면이 되기도 할 것입니다.

제가 복음에 대한 "훌륭한 권면"이라고 말하는 점을 유의하고 저를 오해하지 않길 바랍니다. 제가 이 자리에 서 있는 것은 교회에 대한 일종의 대리인이나 판매원처럼 일하면서 교인들의 후원을 얻어 교회를 발전시키고자 함이 아닙니다. 실제로는 정반대의 상황에 있읍니다. 제가 이 자리에 선 것은 하나님만이 주실 수 있는 축복에 관해 알리고자 함입니다. 그런 의미에서, 장소를 불문하고 누구에게나 복음이 내미는 이 위대한 선물 때문에 나는 단지 권면하고 있을 뿐입니다.

복음에는 권위가 있기 때문에 믿는다는 사실도 이미 살펴보았읍니다. 그때의 권위란 계시의 권위입니다. 궁극적인 의미에서 생각해 볼 때 성경에서 말하고 있는 것을 떠나서 하나님에 관한 지식을 얻을 수는 없읍니다. 그러므로 앞에서도 밝혔던 것처럼 인간은 이성을 신뢰하고 있든지 계시에 복종하고 있든지 하는 것입니다. 사도 바울은 그것을 "너희 중에 누구든지 이 세상에서 지혜있는 줄로 생각하거든 미련한 자가 되어라 그리하여야 지혜로운 자가 되리라"(고전 3:18)고 설명합니다. 그가 의미하는 것은 사람이 성경에 복종하게 되면 미련한 자처럼 따돌림을 받게 되리라는 것입니다. 많은 사람들은 그에게 "그런 사람이 왜 살아가고 있는가? 이 땅에 살고 있는가? 그는 책도 읽지 않는가? 과학에 대한 지식이 전혀 없단 말인가? 그는 아직도 낡아빠진 성경의 가르침을 믿고 있는가?"라고 말할 것입니다. 바울은 세상사람들이 그렇게 말하는 것을 내버려두라고 가르칩니다. 그들은 1세기에도 그런 식으로 말하고 있었읍니다. 그들에게 있어선 그것이 지혜롭게 되는 유일한 방법인 것입니다. 성경에 복종하십시오. 그러면 참된 지식을 얻게 될 것입니다. 이 세상이 자기 지혜로 하나님을 알지 못하였으며, 인생의 굵직한 근본적인 문제에 대한 인간의 지식에 있어서는 현대나 과거 1세기나 차이가 없읍니다. 성경은 아직도 유일무이한 권위를 갖고 있읍니다.

그러면 성경의 가르침은 어떻게 이루어졌읍니까? 사도들에 의해서 우리에게 주어진 이 가르침은 주 예수 그리스도께서 그들에게 주신 것이며, 그들에 의해서 전하여진 것입니다. 바울은 디모데에게 자신이 준 이 가르침을 굳건히 지키라고 말합니다. 그리고 그는 다른 서신에서 그가 전했던 것을 또한 다른 모든 사도들이 전했다고 말합니다. 사도들 사이에는 하나님과 구속에 관한 관점에 있어서 차이가 없었읍니다. 그들은 모두 똑같은 가르침을 전하고 있었읍니다. 어째서 그렇습니까? 사도들은 같은 인물에게서 가르침을 받았기 때문입니다. 그것은 바울이 디모데후서 1:8에서 "우리 주의 증거"라고 일컫는 것입니다. 이는 우리 주님에 관한 증거 곧 사도 바울에게 전하여 준 가르침을 의미합니다. 바울은 자기도 받았던 것을 우선적으로 전하고 있음을 주장합니다. 어떤 가르침이 그에게 전달되었고, 그는 그것을 사람들에게 전하였읍니다. 그는 전달하는 부서(部署)에 지나지 않았읍니다. 바울은 가르침의 원조(元祖)가 아니었읍니다. 그는 가르침을 받았으며, 그의 사도적 권위는 부활하신 주님께서 하늘로부터 주신 것입니다. 그 점이 바울을 사도로 만든 것입니다. 성령이 그에게 임하였고 성령과 능력의 나타남으로 그는 하나님의 진리를 알리고 선포하였던 것입니다.

오늘날 우리가 믿는 가르침은 그런 것입니다. 그 사실이 지금 대하는 디모데후서에서 완벽하게 요약되어져 있읍니다. 사도 바울은 여기서 아주 훌륭하게 요약된 기독교 교리를 제공해 줍니다. 사도들은 기독교 교리에 관한 개요를 아주 즐겨 제공했었읍니다. 그들은 전체적인 것을 거듭해서 말하기를 기뻐했읍니다. 사도 바울이 전도자인 디모데에게 편지를 쓰면서 복음과 구원에 관한 요체들을 그에게 상기시켜 주는 모습을 상상해 보십시오. 그가 그렇게 한 것은 전도자라 할지라도 복음의 근본적인 진리들을 잊어버릴 때 근심에 빠지게 된다는 것을 지혜롭게도 알고 있었기 때문입니다. 오늘날도 성경의 기본적인 진리에서 떠났기 때문에 문제에 휩싸이게 되는 전도자들이 많이 있읍니다. 그들은 그 사실을 깨닫지 못하고 있읍니다. 그들에게 필요한 가르침은 바울의 가르침입니다. 이는 우리들 모두에게 필요합니다.

디모데후서에서 복음에 대한 한 가지 요약을 찾아볼 수 있읍니다. 물론, 초대교회도 다양하게 요약해 놓았읍니다. 알고 있는 바와 같이 사도신경을 비롯한 훌륭한 신조들은 그리스도교의 존재에 없어서는 안될 기본적인 요소들을 제시해 주는 그리스도교 교리의 요체들입니다. 사도 바울이 디모데후서에서 요약하고 있는 것도 그와 같은 것이며, 모든 사람이 함께 생각해야만 할 내용입니다.

이 점을 강조하는 이유는 사도 바울이 개괄해 놓은 훌륭한 원리-이는 그의 모든 입장이 달려 있는 것입니다-에서 다음과 같은 사실을 추론할 수 있기 때문입니다. 곧 특수한 문제들을 갖고 시작해서 그것들을 직접적으로 다루는 것만큼 인생에 있어서 치명적(致命的)인 것은 없다는 사실입니다. 물론, 이는 인간이라면 누구나 다 본성적으로 행하려는 경향입니다. 사람은 특수한 문제들에 관심을 갖고 의문을 제기하며, 그 문제들에 관하여 또는 특별히 그것들 중 어느 하나에 관하여 논의하기를 원합니다. 사람은 흔히 "기독교가 이 문제에 대하여 뭐라고 말하는가?" 하는 식의 질문을 던집니다. 하지만 성경의 답변은 그런 자세가 치명적인 과정이라는 것입니다. 특수한 문제를 이해하려면 반드시 전체적인 맥락에 의거해서 성경을 보아야 합니다. 특정한 부분으로 시작해서는 안되며 전체적인 것을 보아야 합니다. 특수한 것은 보편적인 것에 비추어서만 이해되어집니다. 이것이 절대적으로 중요한 원리입니다. 저는 이 점에 상당한 관심을 갖고 있는데, 비록 빤히 들여다 보이는 실례를 든다 할지라도 이해하여 주길 바랍니다. 일반적인 것이나 전체적인 것을 도외시 하고 특수한 것에 지나치게 관심을 갖는 행위는 사실상 징후에만 관심을 두고 병 그 자체는 살피지 않는 의사의 행위와 같습니다. 혹자는 그것이 실제 치료상 대단히 중요한 원리라고 주장할 수도 있읍니다. 환자는 항상 징후에 관심을 갖습니다. 이는 당연한 일입니다. 환자는 병에 대한 지식이 거의 없으며 두통이라든지 하는 자기 편에서 느끼는 통증에 많은 관심을 쏟습니다. 그리고 그가 원하는 모든 것은 그 통증에서 벗어나는 것입니다. 그는 그 외의 일에는 관심이 없읍니다. 물론, 이것은 환자의 의학적 사실에 대한 무지에서 기인합니다. 징후는 병이 아니라 병으로 인해 나타날 수 있는 현상입니다. 진정 중요한 것은 징후가 아니라 병입니다.

 징후란 전문의가 병에 대한 진단을 내리는데 도움을 줄 수 있는 흥미로운 사실을 병의 종류에 대해서 제공하는 것입니다. 의학의 모든 문제는 징후의 출현에서 시작됩니다. 사람들은 어떤 징후가 나타나면 병에 걸렸음을 깨닫기 시작합니다. 그러면, 의사는 징후를 살펴보고 무엇을 해야 될지를 알아 적절한 조치를 취해보며 병명을 알아냅니다. 그리고 나서 다루어야 될 것은 발견한 병입니다. 의사는 징후를 다루어 보는 것으로 그쳐서는 안됩니다. 만약 그렇게 한다면 환자에게 심각한 잘못을 범하게 될 것이고 경우에 따라서는 그로 인하여 환자의 생명을 앗아갈 수 있읍니다. 의사는 환자에게 몰핀을 주사할 수도 있읍니다. 그러면 고통은 사라지고 완전히 나아진 듯이 보일 것입니다. 그러나 반드시 모든 것이 잘 되리라고는 볼 수 없읍니다. 그 병이 암이라면 암세포는 여전히 자라나고 있는 것입니다. 환자는 "고통이 더 심해졌어요"라고 호소합니다. 그에게 또다시 약물을 주입시켰다고 상상해 봅시다. 의사는 얼마든지 주사를 시켜줄 수 있읍니다. 그러면 환자는 그가 친절한 의사라고 생각할 것입니다. 그러나 그는 암으로 죽어가고 있는 것입니다. 의사의 임무는 주사하는데 있지 않으며, 무엇보다도 현상의 원인, 즉 징후를 낳게 된 것이 무엇인지를 밝히는데 있읍니다. 의사는 특별한 징후를 유발케 한 것의 실체를 정확하게 발견한 징후를 살펴야만 합니다. 그럴 때 그는 병을 다룰 수 있는 위치에 있게 되는 것입니다. 징후를 제거하는 것은 병을 치료하는데 부수되는 일입니다.

   그리스도교도 사실상 그와 똑같은 것입니다. 사람들이 이 점을 납득하기란 어렵습니다. 예를 하나 더 들어보겠읍니다. 의학도라 할지라도 병을 다루는데 있어서 그런 면이 문제라는 것을 깨닫기란 힘듭니다. 의학도 중 어떤 사람은 자신이 마치 의사라도 되는 것처럼 착각합니다. 그러나 그는 화학과 물리학, 생물학을 배우는 데에 가장 지루한 1년을 보내야만 합니다. 그는 내심 "이것이 무슨 소용이 있는가? 나는 환자를 다루고 싶다"고 생각합니다. 그런 후에도 의학도는 18개월 정도 환자에 관한 해부학과 생리학을 환자를 대하지 않고 배웁니다. 이는 적어도 한 번씩 거쳐야 하는 과정입니다. 지루하게 느껴지는 이 기간 동안에 신경과 혈관을 비롯한 온갖 것을 찾는 데에 면밀한 조사를 진행합니다. "이것이야말로 전적으로 시간낭비가 아닌가! 왜 나는 사람을 직접 다루지 못하며 병을 처리하지 못하는가?"라고 그는 말합니다. 하지만 그런 과정을 겪는 이유가 있읍니다. 의학도가 해부학과 생리학 등에 관한 기초지식을 갖지 못하고 생명과 의약품을 비롯한 여러 가지 것을 다루는데 있어서 그와 관련된 사실을 알지 못하며, 화학과 물리학의 중요한 원리들을 모르고 있다면 그는 바람직한 의사가 될 수 없을 것입니다. 지식적 배경을 지니고 있어야만 모든 것을 그것과 연관시킬 수 있읍니다. 의사가 해부학을 알지 못하며, 해부구조의 기능과 작용에 관해 전혀 모르고 있다면 올바르게 진단을 내릴 수도 없을 것이며, 징후를 해석할 수도 없을 것입니다. 그리스도교에 있어서도 마찬가지로 특수한 부분이나 문제에 관해 지적인 방법으로 마음을 쏟기에 앞서서 원점으로 되돌아가서 굵직한 전체적인 것을 논의해야 합니다.

이 두 가지 의학에 관한 실례는 복음이 가르치는 것과 사도 바울이 개인적 입장에서 디모데에게 가르치고 있는 것에 대한 완벽한 예증이 됩니다. 형제들이여, 인생에 관한 개별적인 문제는 전체적인 맥락에 비추어서만 이해될 수 있읍니다. 사람들은 제게 특별한 문제를 가지고 찾아와서 "이런 일은 어떻게 된 것입니까? 저런 일은 어떻게 된 것입니까? 어째서 내게 그런 일들이 생겨났읍니까?"라고 말합니다. 제가 그들에게 즉각적으로 답변한다면 영적인 의사로서 그릇된 자세일 것입니다. 또는 제게 찾아와서 "당신은 그리스도인이자 교회의 목사입니다. 저는 당신께 도움을 얻고자 합니다"라고 말합니다. 하지만 저는 그런 말들을 근거로 도움을 주지 못합니다. 내가 알아봐야 할 첫번째 사실은 상담해 오는 사람이 그리스도인 인지의 여부입니다. 만약 그리스도인이라면 그를 대하면서 도움을 줄 수 있는 방도를 즉시로 생각합니다. 그러나 그리스도인이 아니라면 그가 그리스도인이 될 때까지 결코 도움을 주지 못할 것입니다. 그의 병을 다루고 나서야 비로소 징후를 살펴볼 수 있는 것입니다. 상담해 오는 사람이 인생과 죽음, 영원에 관해서 복음이 제공하는 총체적 관점을 받아들이지 못한다면 저는 그의 특수한 문제에 대한 해답을 줄 수 없읍니다.

이것이야말로 심각한 문제입니다. 현대인들은 특별한 것들에 관심을 쏟습니다. 저는 세계가 오늘날 한 가지 주된 이유 때문에 정치적으로나 사회적으로 궁지에 몰려 있으며 도덕적인 문제를 비롯한 많은 문제를 안고 있다고 생각합니다. 다시 말하자면, 오늘날의 세계는 으뜸가는 원칙과 기본적인 선결조건을 망각하고 있는 것입니다. 나무 때문에 숲을 보지 못하고 있으며, 결과적으로 전적 그릇된 방향으로 흐르고 있읍니다. 이에 대한 예로 도덕적 비행, 이른바 청소년 범죄에 관한 전체적인 문제를 다루어보겠읍니다. 영국 국왕의 위임명령에 따라 착수된 위원회는 그 문제를 연구조사하고 있읍니다. 과거에 그들은 그것이 빈곤으로 인해 발생했다고 생각했읍니다. 그런데 이제는 풍요로움이 그 원인이라고 생각합니다. 여기서 알 수 있듯이 그들은 근본적인 문제를 고려하지 않았기 때문에 매번 시행착오를 범하는 것입니다.

먼저 제기해야 할 문제는 인간이란 무엇이냐 하는 것입니다. 사람들은 왜 비행을 저지르려 하는 것입니까? 이런 것들이 바로 근본적인 문제점입니다. 하지만 특수한 것에 치우쳐 있기 때문에 이 사실을 직시하지 못한다. 원점으로 되돌아가지 않으면 안됩니다. "무엇이 세상을 잘못되게 하는가?" 하는 문제의 해답을 구하기에 앞서서 "세상이란 무엇입니까?" 하는 문제에 직면해야만 합니다. 세상은 어디서 시작된 것입니까? 세상은 장차 어떻게 될 것입니까? 인간과 그의 처세와 비행의 문제를 해결하려면 먼저 인간이란 무엇인가 하는 질문에 서로서로 당면해야 합니다. 인간은 장차 어떻게 될 것입니까? 인간은 이 세상에서 무슨 일을 하고 있읍니까? 인생이란 무엇입니까?

제가 생각하기에는, 현대의 전체적인 비극과 현대인의 전반적인 혼란은 사람들이 너무 조급해 하고 있다는 사실에서 발생한 것으로 보입니다. 현대인은 자동판매기(penny-in-the-slot machine)와 같은 것을 얻고 싶어합니다. 거기에는 동전만 넣으면 원하는 것을 얻을 수 있으며, 아무리 절박하게 다급한 상황일지라도 원하는 것이 늘 있게 마련입니다. 그러나 모든 것을 중지하고 곰곰히 생각해 봐야 합니다! 그리고 복음은 사람들을 조급하게 만드는 그 모든 것을 초월하여 세상 가운데 있읍니다. 모든 문제에 대해서 잘 마련된 해답은 세상에 없으며 복음은 인생에 대해 조목조목 계산해 놓은 지침이 아닙니다. 하지만 복음에는 모든 것에 관한 의미심장한 통찰력이 있으며, 특별한 문제들을 전체적인 것에 비추어서 다루고 있읍니다.

제가 지금 제시하고 있는 이 사실은 사도 바울이 디모데에게 제시하고 있는 것입니다. 바울이 말하고 있는 것은 "디모데야! 으뜸가는 원리를 살펴보아라. 나와 나의 죽음, 그리고 장차 일어날 일을 생각하지 말라. 근본적인 사실들을 돌이켜 보고 주님 자신과 그가 행하시고 말씀하신 모든 것을 되새겨 보아라. 그리고 그런 것들을 간직하고 고수하라. 그러면 결코 근심하지 않게 될 것이다" 라는 것입니다. 그것만이 유일한 길입니다. 그러므로 감옥에 갇혀 죽음을 맞대고도 "그럼에도 불구하고 부끄럽지 않다. 내가 의뢰한 자를 알기 때문이다"라고 말할 수 있는 동기를 이해하려면 먼저 "인생이란 무엇인가?" 하는 커다란 질문을 던져야만 합니다. 세상이란 무엇입니까? 인간이란 무엇입니까? 그 모든 것은 무엇과 관련된 것일까요? 전체적인 것이 관련된 사실에 대해서 승복을 해야 특수한 사실의 의미를 이해할 수 있읍니다.

그러면 우선 우리들 자신이 속해 있는 이 세상과 인생이란 무엇인가 하는 문제를 살펴봅시다. 셰익스피어는 그 문제에 대해서 다음과 같이 말했읍니다.

> 모든 세상은 무대(舞臺)
> 남녀란 모두 배우일 뿐
> 그들에게는 들어오는 문과
> 나가는 문이 있으며
> 자기 순서가 되면
> 맡은 역을 연기한다.
> 막은 전부 7막.

그리고 7막을 거치고 나면 이렇게 끝을 맺습니다.

> …모든 이의 마지막 장면
> 이렇게 낯설기만 하던
> 파란많은 역사가 끝나고 나면
> 남은 것은 어린 애 같은 모습과
> 망실(忘失) 뿐
> 이도 없고, 시계(視界)도 흐려지고, 맛도 잃고
> 그 모든 것을 빼앗긴 채로.

셰익스피어의 해석은 옳은 것입니까? 인생이란 정녕 그런 것일까요? 갓난 아이로 시작해서 일곱 개의 과정을 통과하고, 뜻도 알기 힘든 상태로 끝을 맺고 나면 결국 아무것도 남는 것이 없는 그런 것이 인생입니까? 그것이 살아가는 것이며 세상이고 인간이란 말입니까? 만약 그렇다면 현재 발생하고 있는 특별한 사건들에 대한 나의 모든 답변은 그에 의거한 것입니다. 사람들은 내게 핵폭탄과 전쟁, 절도, 강탈, 비행 등에 관해 묻습니다. 하지만 셰익스피어의 표현이 사실이고 또한 그것이 오늘날 대부분의 사람들에 의해 주장되는 사실이라면 나는 총체적인 관점에 따라 해답을 내리고자 합니다. 셰익스피어에 따르면 불가피한 결과가 하나 있는데 그것은 현대의 혼란입니다. 다음과 같은 이유들 때문에 그런 결과가 초래된다고 생각합니다.

인생관에는 어떤 것이 있읍니까? 결국 분석해 보면 두 가지 관점으로 압축됩니다. 즉, 비성경적(또는 탈성경적〈脫聖經的〉) 관점과 성경적 관점이 있읍니다. 그러면 세상과 인생, 인간, 죽음 그리고 그 너머 존재하는 것 등 모든 것에 대한 굵직한 문제들을 살펴봅시다. 비성경적 관점은 당연히 사색에만 의존합니다. 순전히 생각일 뿐입니다. 사람이 말하고 사고하며 주장하는 이론이란 그런 것입니다. 앞에서도 밝혔듯이 모든 것은 이성에 근거하며 모든 것의 결국은 또한 공론입니다. 세상은 실제로 우연에 지나지 않는다고 사람들은 말합니다. 내가 이 주장을 비웃고자 하는 것은 아닙니다. 결코 그래서는 안될 것입니다. 왜냐하면 그 문제는 너무 심각한 것이기 때문입니다. 비성경적 관점에 따르면 세상은 문자 그대로 우연일 뿐이며, 순전히 우연의 일치의 소산입니다. 예를 들자면, 두 개의 행성이 있었는데, 일정한 지점을 서로 간에 아주 가깝게 스쳐 지나가다가 한 별이 다른 별의 일부분을 손상시킴으로 그 파편이 공간에 떨어져 결국 우주(cosmos)가 되었다는 이론을 익히 들어 알고 있읍니다. 이는 우연한 사건입니다. 진화론에 대해 말하더라도, 결과적으로 그것이 주장하는 것은 모든 것은 어떤 강력한 힘에 의해 설명되어진다는 것입니다. 그 힘은 인격적인 정신이 아니라 비인격적인 능력으로 이해력도 이성도 없는 것입니다. 베르그송(Bergson)은 그 현상을 "생의 비약"이라고 불렀지만 알 수 없는 힘을 가리키는 것입니다. 비성경적 관점이 의미하는 것은 이러한 것으로 모든 것은 이 힘의 작동의 결과라는 것이다. 이것이 비성경적 관점의 본질입니다. 생성과정의 끝없는 변화가 있지만 우연이 그 변화의 도달점입니다.

이와 같은 비성경적 해석들은 적절하지 못합니다. 뿐만 아니라 궁극적인 기원에 대해 설명해 주지 못하기 때문에 수용할 수 없다고 생각합니다. 저는 두 개의 행성에 관한 이야기를 들으면 그것들이 어디서 왔는지 알고 싶어집니다. 만물의 기원이 되는 기체가 존재했다는 이야기를 들을 때는 그 출처가 궁금해집니다. 사람들은 그런 의문점을 알지 못하며, 설명하지도 못합니다. 궁극적인 기원에 관한 합당한 해석이 비성경적 관점에는 없는 것입니다.

그뿐 아니라 비성경적 주장들은 현재 직면하고 있는 사실과 현상을 설명하는데 전혀 부적절합니다. 자연의 질서를 돌아보십시오. 이른바 자연법칙과 사계(四季)를 비롯한 그 놀라운 규칙성을 생각해 보십시오. 꽃과 동물에서 발견하되 형상과 모든 생태를 살펴보십시오. 조화와 완전함을 갖추고 있지 않습니까! 알 수 없는 힘이나 우연 또는 진화과정으로 설명할 수 없는 사실들입니다. 사물은 너무나 완벽하고 놀라우며 비상합니다.

모순이 없는 것으로 생각되는 또다른 면모를 주장하고자 합니다. 그것은 자연에서 발견하는 사물들에게 있는 불가사의함과 기묘함 그리고 균형입니다. 저는 인간의 눈이 창조주된 하나님이 존재한다는 것을 증명하고도 남음이 있다고 늘 주장해 왔읍니다. 섬세하고 감각적인 기관인 눈은 너무나 잘 다듬어져 있어서 사물에 닿는 대로 식별해낼 수 있으며, 조그마한 기관임에도 거의 모든 면에서 생활 전부를 지배합니다. 어찌 이를 우연이라 할 수 있읍니까? 모든 것이 너무 완벽하지 않습니까? 눈은 인간이 만들어낼 수 있는 어떤 것보다 완벽한 도구이며, 위대한 정신, 위대한 고안자(考案者) 그리고 위대한 예술가를 가늠케 합니다.

제가 주장하고 있는 것은 과학자인 제임스 진스(James Jeans)경이 인생 말년에 얻은 결론이기도 합니다. 그는 모든 것의 배후에는 위대한 정신이 있음에 틀림없으며 혹자가 말하는 것처럼 하나님은 위대한 수학자일 것이라는 결론에 이르렀다고 말했읍니다. 자연의 아무리 단순한 사실일지라도 맹목적이고 기계적이며, 비(非)지성적인 힘에 의해서 설명할 수는 없읍니다. 맹목적인 힘에 관한 사례를 찾아볼 수 있읍니다. 그것은 불이나 사태(沙汰)와 같은 것에서 발견됩니다. 그러나 그것이 낳는 결과는 무엇입니까? 질서입니까? 결코 그렇지 않습니다. 재난입니다! 이처럼 비성경적 해석은 부당합니다.

비성경적 관점에 대해 "만물에 목적이 있는가?"라고 묻게 되면 "전혀 없다"고 답변합니다. 과학적 인본주의에 근거해서 인생관을 세우며 개인적인 문제들을 해결하고자 한다면 뛰어난 과학적 인본주의자 중의 한 사람인 줄리안 헉슬리(Julian Huxley) 경의 말에 귀기울여보십시오. 그러면 그는 인생의 모든 면에 있어서 목적은 결코 존재하지 않는다는 것을 아주 솔직하게 알려줄 것입니다. 인생이란 전적으로 우연한 일이고 무슨 일이 일어날지 알 수 없으며 목적도 계획도 없다는 주장입니다.

　이것이 성경을 벗어난 인생관의 필연적인 모습입니다. 성경도 사도행전 14장에서 그런 모습을 묘사하고 있는데, 거기서 이방세계의 모습에 대한 기술을 발견합니다(문명의 도시였던 아덴에서도 그런 면모를 발견했었다). 루스드라 사람들은 잡신들을 의지했음에 분명합니다. 그들은 바울과 바나바가 기적을 행하는 것을 보았을 때 "신들이 사람의 형상으로…내려 오셨다…바나바는 쓰스라 하고 바울은 그 중에 말하는 자이므로 허메라"(행 14 : 11, 12) 하였읍니다. 루스드라 사람들은 바울과 바나바에게 경배하려고 하였읍니다. 그것이 하나님 없는 세상의 모습입니다. 모든 것은 우연이고 운명이며 행운입니다. 그리고 보이지 않는 신들이 그 모든 일의 배후에 있을 수 있읍니다. 인생이란 그러한 것들이 이룩해 놓은 모든 것입니다. 그것은 신비이고 수수께끼입니다. 목적이 있읍니까? 전혀 없읍니다. 희망은 있읍니까? 결코 있을 수 없읍니다. 만약 이 세상을 살아가면서 어려운 시기를 만나서 그것을 불운으로 간주한다면 최선을 다하거나 냉소적인 자세를 취하거나 할 것입니다. 빅토리아 시대의 대단히 유능한 사람이었던 월터 새비지 랜더(Walter Savage Landor)는 그와 같은 사상을 적용하였던 냉소적인 사람이었읍니다. 다음의 글은 그의 인생철학을 표현하고 있읍니다.

> 내가 싸웠던 것은 무(無)
> 이는 어느 것도 나의 분투(奮鬪)에 합당치 않았기 때문
> 나는 자연을 그리고
> 자연 다음으로 예술을 사랑했다
> 인생의 불 앞에서 두 손을 데웠다
> 이제 그것은 사그라들고
> 나는 떠나려 한다.

　이것은 하나님없이, 성경의 계시없이, 사도 바울이 어디에서든 전하던 "하나님의 증거"없이 인생을 살아온 자의 모습입니다. "내가 싸웠던 것은 무"—이는 왜 그렇습니까? "어느 것도 나의 분투에 합당치 않았기 때문"입니다. 여기에는 냉소가 섞인 자만심의 기미가 들어 있읍니다. 인생은 투쟁할 만한 가치가 없읍니다. 그리고 투쟁의 대상이 될

만한 값어치를 지닌 인간도 없읍니다. 인간은 무엇을 근거로 살고 있읍니까? "나는 자연을…사랑했다"―아름다운 배경입니다. 탁하고 더러운 도시에서 나와 산 정상에 오르면 한동안 저로 하여금 행복감에 젖게 하는 경험을 자연에서 얻은 시간이 있었읍니다. "나는 자연을, 자연 다음으로 예술을 사랑했다." 나로서도 예술가에게서 많은 도움을 얻으며, 예술작품을 대하는 것이 상당히 유익한 시간이라고 말하지 않을 수 없읍니다. "인생의 불 앞에서 두 손을 데웠읍니다. 이는 매우 즐거운 순간입니다. 스산한 한낮에 화롯불이 있어서 찻시간에 그 앞에 앉아 손을 데우게 된다면 누구나가 흐뭇해 할 것입니다. 그러나 불은 꺼져가고 그 사그라듦을 막을 수 없다면 이제 무엇을 해야 할 것인가? 예술가도, 자연도 꺼져가는 것을 막지 못합니다. 불이 사그라들고 있는 것처럼 인생은 늙어가고 종말이 다가옵니다. "이제 그것은 사그라들고"―그 순간 신사답게 자리를 뜨는 것이 최선일 것입니다. "나는 떠나려 한다." 그러나 어디로 가고 있는지 알지 못하며 아무런 희망도 없읍니다. 모든 것이 종말에 이르읍니다. 인생에는 무엇이 있읍니까? 안달복달할 만한 가치가 있는 것일까요?

인생에 대한 그런 태도는 냉소적인 자세를 낳을 뿐 아니라 궁극적으로는 절망과 자살을 가져옵니다. 인생은 전혀 무가치합니다. 싸울 만한 값어치가 있는 사람도 없다면 인생은 어떤 의미에서 살아갈 만한 가치도 없는 것입니다. 세상사가 잘못되고 있다면 그것과 투쟁할 이유가 없지 않습니까? 사람은 아무런 해답도 구하지 못한 채 종말에 이릅니다. 다만 어떤 두려움을 가질 뿐입니다. 곧, "어느 여행자도 그 도달지점에서 되돌아오지 못한 미지의 나라"에 대한 상상―이것이 없었더라면 "타고난 결단력"으로 인생문제를 즉시 해결할 수 있었을 것입니다. 그러나 실제로는 그렇지 못합니다.

인생을 바라보는 보편적인 관점이 있읍니다. 비성경적 관점이 아닌 성경적 관점을 살펴봅시다. 이것은 성경이 가르치는 바이고 바울이 가르쳤던 메시지이며, 또한 사울을 바울로 변화시켰던 것이기도 합니다. 이것은 인생 뿐 아니라 죽음과 그 너머에 존재하는 것과 관련지어 인간을 바라보는 철학이며, 어떠한 일이 일어난다 할지라도 인간으로 하여금 기꺼이 만족할 수 있게 합니다. 그러므로 인간은 도피하지 않으며,

찬송하고 기뻐하며 즐거워하고 정복자를 능가하며 어느 누구도 상상치 못하는 길에서 미래를 내다봅니다.

　이제 사도 바울의 위대한 가르침이자 성경 곳곳에 담겨 있는 메시지를 살펴봅시다. 바울과 바나바가 루스드라에서 겪은 사건을 보면, 그곳 사람들은 바울의 기적행함을 보고 "이 사람이 신임에 틀림없다. 그에게 제사하자"고 말합니다. 그들은 막 제사하려는 순간에 있었읍니다. 바울이 그런 행동에 대해 말한 것은 결국 다음과 같은 것입니다. "멈춰라! 제발 부탁하노니 이런 어리석은 행동을 하지 말라. 너희는 우상을 숭배해 왔기 때문에 이렇게 행하고 있다. 너희는 인생을 두려워하되 깨닫지 못하고 있다. 그래서 너희는 잡신을 만들어내고 그 우상을 통해서 인생문제를 해결하고자 한다. 사실상 너희는 자신을 숭배하고 있으되 그것을 알지 못하며 하나님을 경배하고 있다고 생각한다. 그러나 이런 일들은 허황된 것이며, 공허하고 무의미한 것이다." 바울은 루스드라 사람들에게 살아계신 하나님을 전하기 시작한 것입니다. 이것이 성경의 가르침의 전부입니다. 루스드라에서의 바울이 전하는 말을 읽어보며 복음이 현대세계에 말하고자 하는 것을 완벽하게 요약하고 있읍니다. "여러분이여 어찌하여 이러한 일을 하느냐 우리도 너희와 같은 성정을 가진 사람이라 너희에게 복음을 전하는 것은 이 헛된 일을 버리고 천지와 바다와 그 가운데 만유를 지으시고 살아계신 하나님께로 돌아오라 함이라"(행 14:15). 그는 그들에게 (살아계신) 하나님을 설명하고 있읍니다.

　이것이 성경의 가르침입니다. 성경이라 일컫는 이 책은 영혼의 안내서이며, 인생의 교과서입니다. 인간의 문제에 실제로 해답을 주는 책이 바로 성경입니다. 성경은 그 일을 어떻게 하고 있읍니까? 우선 성경의 시작이 어떻게 이루어지는지 살펴봅시다. "평안을 느끼지 못하는가?" "치료받고자 하는가?" "외로워서 친구가 필요한가?" "행복이나 기쁨을 원하는가? 따라오라!" 등등—이런 식으로 성경은 시작하지 않습니다. 그 중 어느 것도 예배의 방법이 되지 못합니다. 그것은 성경이 아닙니다. 성경은 그와 다릅니다. 문제를 지닌 인간들이 성경을 읽을 때 "태초에 하나님이"라고 시작합니다. 그것이 성경입니다. 성경은 결코 인간에게서 출발하지 않으며, 언제나 하나님으로 시작합니다. 현대

세계의 모든 문제는 인간으로 시작해서 인간으로 끝을 맺는다는데 있읍니다. 결국 현대는 혼돈과 공허로 종결됩니다. 그러나 성경의 가르침의 근본은 세상이 활동을 중지하고 하나님으로 다시 시작해야 비로소 희망이 있다는 것입니다. 왜냐하면 세상사람들은 세상을 이해하지 못하기 때문입니다. 하나님으로 시작하지 않는다면 인간과 세상의 문제는 여전히 남아 있게 될 것입니다. 세상은 어디에서 왔읍니까? 성경은 하나님이라고 말합니다. "태초에 하나님이 천지를 창조하시니라"(창 1:1).

그러나 성경은 하나님의 존재와 실재에 대해 논쟁하지 않습니다. 다만, 선포할 따름입니다. 성경은 하나님의 존재와 실재를 주장합니다. 수 세기 전의 일부 기독교 철학자들이 하나님의 존재에 관한 증거를 산출해내려고 노력했던 것으로 알고 있읍니다. 그들의 노력은 정당합니다. 그들은 이미 하나님을 믿고 있는 사람들에게 커다란 도움을 줍니다. 그러나 그렇지 못한 사람들에게 별다른 확신을 주지 못합니다. 그들의 노력은 주목할 만한 가치가 있으나 여기서는 상세히 다루지 않겠읍니다. 세상에는 많은 주장들이 있읍니다. 앞서 이미 한 가지, 즉 자연에 관한 주장으로 자연의 계획과 질서에 관한 우주론적 주장을 다루어보았읍니다. 그런데 이와는 다른 종류의 주장들이 있는데, 원인이 없는 원인(the uncaused cause)에 관한 것이 그런 것입니다. 결과란 반드시 원인이 있게 마련이며, 그 원인도 말하자면 또다른 원인의 결과입니다. 이런 식으로 계속 추적하다 보면 원인이 없는 원인에 이르게 됩니다. 그것이 바로 하나님이라는 것입니다. 누구나 인정하고 있듯이 세상에는 나쁜 것과 좋은 것 그리고 더 좋은 것(bad-good-better)이 있다는 일종의 윤리적인 주장이 있읍니다. 하지만 나쁜 것과 좋은 것 그리고 더 좋은 것은 최상의 것(best)를 시사합니다. 그것은 어디에 있읍니까? 이 세상에서, 그리고 인간에게서 찾아볼 수 없는 것입니다. 그것이 또한 하나님이라는 것입니다. 궁극적인 존재를 하나님이라 지칭합니다. 이런 주장들은 이론입니다. 철학자들이 주장해 오고 사람들이 항상 신에 대해 생각하는 사실은 성경적으로는 생소하지만 하나님이 존재한다는 증거가 됩니다. 이것이 존재론적 주장입니다. 그러나 이런 주장들에 대해 마음을 쓰지 않길 바랍니다. 제가 말하고자 하는 것은 그런 이론들이 분분하다는 것이며, 누구나가 그런 사실들을 생각해낼 수 있다는 것입니다. 그러나 존재론적 주장으로는 불충분합니다. 궁극적인 증거는 하나님 자신의 계시입니다. 그것이 성경의 입장입니다. 하나님은 자신과 관련된 사실들을 말씀하셨고, 역사 안에서 그것들이 진실됨을 증명하셨읍니다. 성경이 취하는 입장이란 그런 것입니다.

성경의 입장을 대략적으로 살펴보겠읍니다. 성경은 궁극적으로 하나님에 관한 책입니다. 사람들은 "나는 성경이 인류와 왕가, 출생과 결혼 그리고 죽음, 전쟁 등을 다룬다고 생각한다"라고 말합니다. 그 말은 전적으로 옳습니다! 하지만 그 배경에는 하나님이 존재합니다. 성경은 하나님에 관한 책이지만 많은 숙고와 연구의 결과로써 하나님에 대한 신앙에 도달했음을 주장하는 책이 아닙니다. 성경은 사색과 숙고의 결과라고 주장하는 것이 오늘날 편만해 있는 이론입니다. 그러나 그것은 순전히 이론일 뿐이며, 영적 영역에 적용된 진화론에 지나지 않습니다.

성경 기자들이 말하는 것은 하나님이 말씀하셨다는 것입니다. 그들은 자신이 도달했다고 말하지 않습니다. 하나님이 말씀하셨다고 합니다. 그리고 성경 기자들은 하나님이 그들에게 들려주신 것을 그대로 우리에게 알려줍니다. 하나님은 삼위일체의 하나님이라고 그들은 말합니다. 어떤 사람은 내게 "목사님! 이 시대에 있어서 그것은 터무니없는 얘기입니다. 내가 당신께 온 것은 걱정거리가 생겨서 도움이 필요했고 내 문제에 대한 해답을 구하고자 함입니다. 그래서 내 문제를 해결해 달라고 당신께 부탁하고 있는데, 지금 내게 삼위일체 하나님을 설교하려고 하는 것입니까?"라고 말합니다. 덧붙여 말하기를 "목사님, 지금 우리가 어디에 살고 있으며, 이 세상이 어떠한지를 알지 못합니까? 오늘날의 세계는 의자에 등을 기대고 앉아서 거룩한 삼위일체와 같은 난해한 신학에 빠져 있을 여유가 없읍니다"라고 합니다. 그러나 원래 제가 목사직을 감당하고 있음은 다음과 같은 사실들, 즉 오늘날 이 세상을 위한 유일한 희망은 삼위일체의 하나님이 존재한다는 사실이며, 이 땅이 유일한 세상이 아니고, 이 세상에 대해 우리가 알고 있는 것이 모두 다 진리가 아니며, 극히 적은 것에 지나지 않는다는 것을 밝히기 위함입니다. 이 세상 위에, 그리고 그것을 초월하여 삼위일체의 하나님—성부, 성자, 성령이 존재합니다. 뒤에 가서 이 위대한 교리를 보다 더 자세하게 설명하겠읍니다. 지금은 단지 삼위일체 교리에 대해 요약하고자 합니다. 성경의 근본적인 입장은 성부, 성자, 성령 안에 한 분 하나님이 계시다는 것입니다. 그는 우리에게 자신에 관한 것을 말씀하십니다. 하나님은 영원하고 "영원부터 영원까지" 존재하며, 영광스럽고—이것은 절대적으로 완전하다는 것을 의미합니다. 너무나 영광스럽고 완전하여서 인간이 그 사실을 인식할 수 없다는 것을 알려주십니다. 영광은 하나님의 궁극적인 속성입니다. 그것은 말로 표현하기에는 너무 신성한 것이며, 형용할 수 없는 것입니다. 하나님은 거룩하고 공의로우며 정당합니다. 하나님은 전능하신 분입니다. 그는 지혜로우며 모든 것을 통찰합니다. 그는 사랑이시며 자비와 긍휼이 풍성합니다. 하나님은 사람들에게 이 사실들을 가르치셨읍니다. 그는 자기 종들에게 와서 "이것이 전해야 될 말이다. 사람들에게 알려라. 나는 이러이러한 하나님이다"라고 말씀하셨읍니다. 하나님은 자신과 자신의 영광스러운 속성들을 계시하신 것입니다.

제가 이 점에서 특별히 관심을 갖고자 하는 한 가지 사실은 하나님은 계획과 의도를 지니고 있는 분이라는 것입니다. 바울은 이 사실을 디모데에게 증거하고 있읍니다. 그는 "그러므로 네가 우리 주의 증거와 또는 주를 위하여 갇힌 자된 나를 부끄러워 말고 오직 하나님의 능력을 좇아 복음과 함께 고난을 받으라. 하나님이 우리를 구원하사 거룩하신 부르심으로 부르심은 우리의 행위대로 하심이 아니요 오직 자기 뜻과 영원한 때 전부터 그리스도 예수 안에서 우리에게 주신 은혜대로 하심이라"(딤후 1:8,9)고 말합니다. 하나님은 자신의 뜻대로 부르십니다! 내가 보기에는 이것이 전적으로 모든 것에 대한 해결의 열쇠입니다. 즉, 우리는 뜻 밖의 사건이나 우연의 결과가 아니라는 것입니다. 그것은 "영원한 때 전부터" 삼위일체 하나님의 의도와 계획의 결과로써 존재하게 된 것입니다. 영원하신 하나님이 결정하시고 선택하셔서 세상을 창조하신 것입니다. 세상은 우연이 아닙니다. 맹목적인 힘이 개입된 결과도 아닙니다. 그것은 하나님이 만드시기로 결정했던 것입니다. "태초에 하나님이 천지를 창조하시니라." 세상의 기원은 하나님께 있읍니다.

사도 바울이 로마서 1:18 이하 에서 그런 사실을 어떻게 주장하고 있는가 살펴봅시다. "하나님의 진노가 불의로 진리를 막는 사람들의 모든 경건치 않음과 불의에 대하여 하늘로 좇아 나타나나니 이는 하나님을 알 만한 것이 저희 속에 보임이라 하나님께서 이를 저희에게 보이셨느니라. 창세로부터 그의 보이지 아니하는 것들 곧 그의 영원하신 능력과 신성이…분명히 보여 알게 되나니 그러므로 저희가 핑계치 못할지니라"(롬 1 : 18~20). 바울이 의도하는 것은 사람이 볼 수 있는 눈을 지니고 있다면 하나님의 표지(標誌)와 증거를 그의 만드신 것 가운데서 보았을 것이라는 점입니다. 하나님의 보이지 아니하는 것들, 즉 그의 능력과 신성, 창조주되심이 나타난 바 되었읍니다. 하나님의 놀라운 능력과 신기함, 그리고 조화는 언제든지 발견할 수 있도록 되어 있읍니다. 하나님이 나타나신 것입니다! 그는 태초에 모든 것을 만드셨고 역사를 시작하셨으며, 그 안에 완전한 세계와 인간을 지으셨읍니다. 그는 보이지 않는 인격적 존재인 천사를 만드셨읍니다. 하나님은 하늘과 땅, 동물, 그리고 인간 등등 모든 것을 창조하셨읍니다. 창조물은 모두 좋았고 완전했읍니다.

이 사실은 성경이 개인의 특별한 문제를 어떻게 바라보고 있는가 하는 점을 보여줍니다. 인간은 우주의 모든 기원과 더불어 시작되었읍니다. 이런 이야기를 하면 어떤 사람은 말하기를 "그 사실은 매우 놀랍게 들립니다. 그러나 내가 현재 발견하고 있는 세상의 모습과는 달라 보입니다. 지금의 세상은 완전하지 않습니다. 불완전한 것을 얼마든지 발견할 수 있읍니다. 나는 이 세상에서 다툼, 시기, 전쟁, 고통과 술취함, 불신앙 등을 봅니다. 나는 세상이 혼돈하다고 생각합니다. 그런데 당신은 하나님이 세상을 완전하게 만드셨다고 말합니다. 그렇게 말할 만한 근거가 없지 않습니까?"라고 합니다. 그러나 그렇게 말할 수 있는 근거가 분명히 있으며, 성경은 상당히 많은 근거를 제시하고 있읍니다. 하나님이 완전하게 지으시고 절대적인 자유의지를 허락한 천사들 중에 일부가 하나님으로 되고자 하는 교만한 마음에서 하나님께 반역하였다고 성경은 이야기합니다. 그들이 타락하여 전 우주에 영향을 미쳤읍니다. 그것이 사단이며, 인간의 타락을 가져오기도 했읍니다. 이에 대해 "당신은 오늘날도 그와 같은 사실들을 믿고 있읍니까?"라고 말할 수도 있을 것이다. 오늘날의 세계는 저로 하여금 그것을 믿지 않을 수 없게 만듭니다. 저는 세계가 상향하는 것이 아니라 하향하고 있다고 생각합니다. 타락과 악, 지옥, 사단 등에 관한 교리를 떼어놓고 인생을 이해할 수는 없읍니다. 성경은 인생을 담고 있으면서 설명합니다. 인생은 우연이 아닙니다. 하나님이 세상을 완벽하게 지으셨지만 사단의 존재와 오늘의 세상에 대한 그의 영향력 때문에 인생은 불완전하고 혼돈된 모습을 지니고 있읍니다.

  그러나 성경은 비단 인간의 타락과 사단의 세력에 관해 말하는 것으로 그치지 않습니다(다시금 밝혀두지만 나는 지금 이 사실을 간략하게 언급하고 있는 것입니다). 곧, 희망이 어디에 있는지를 말하고 있읍니다. 세상은 사단의 존재와 인간의 타락 때문에 어지러워졌읍니다. 그렇다면 이 세상에 희망이 있는 것입니까? 그 희망은 철학이나 정치에 있는 것입니까? 아니면, 현(現) 세계의 모습은 진화과정의 일부인 것입니까? 세상은 진화과정의 일부처럼 보이지 않으며, 희망도 없어 보입니다. 세상은 개선된 상태와 악화된 상태 또는 상향과 하향으로 순환됩니다. 일반역사를 살펴보면 이 사실을 알 수 있읍니다. 그것은 광명의 시대 다음에 반드시 어둠의 시대가 뒤따르는 끊임없는 순환입니다. 목표에 도달하려고 하지만 도달하지 못하고 다시 되돌아가는 인간의 발걸음처럼 늘 돌고 돌게 마련입니다.

  세상에는 희망이 전혀 없는 것입니까? 희망은 있읍니다. 삼위일체 하나님이 여전히 이 세상에 관심을 갖고 있으며, 사람이 우매한 가운데서 실족하여 사단의 음성에 귀를 기울이고 그의 노리개가 되었지만 하나님이 세상을 포기하지 않았다는 사실에 희망이 있읍니다. 하나님은 아직도 세상에 대해서 관심을 갖고 계십니다. 자연신론은 마치 시계제조인이 시계를 만들어 태엽을 다 감고나서 손을 놓고 그대로 내버려두는 것처럼 하나님이 우주에 대해서도 그렇게 한다고 주장합니다. 이는 절대적으로 잘못된 것입니다. 하나님은 초월적일 뿐 아니라 내재적이어서 만물과 관련을 맺고 있으며, 그 안에 포함되어 있읍니다. 더우기 성경의 주장은 하나님이 지금도 세상을 다스리고 있다는 것입니다. 하나님은 결코 세상을 저버리지 않았으며, 세상에 관심을 갖고 다스리며 세상에서 활동하고 있읍니다. 그는 자신의 섭리 가운데서 일하시되 인간의 타락 전보다 훨씬 더 제한된 방법으로 일하십니다. 성경에서 종종 발견할 수 있는 "때가 차매"라는 위대한 구절이 있읍니다. 이것은 무엇을 의미합니까?

이는 하나님이 이 세상을 위한 목적을 지니고 있다는 것을 의미합니다. 사단은 그 목적을 깨뜨리려고 하지만 성공치 못할 것입니다. 그는 잠정적으로 성과를 얻었읍니다. 하나님은 자신의 무한한 지혜 안에서 사단에게 그런 자유를 허락하셨읍니다. 저는 그 이유를 알지 못합니다. 제게 묻더라도 설명할 수 없읍니다. 그것은 하나님의 마음입니다. 하나님께서 악과 사단과 타락을 허용하셨지만 그것이 계속되도록 내버려두지 않으실 것입니다. 하나님은 아직도 세상에 관심을 두고 계시며, 개입하고 있읍니다. 이를 어떻게 알 수 있읍니까? 노아의 홍수나 갈대아 우르 지방에 이방인으로 살고 있었던 아브람을 보면 알 수 있읍니다. 하나님은 아브람에게 가서 "네 본토를 떠나라 내가 너로 말미암아 한 사람을 한 민족을 한 국가를 이루겠다 너를 통하여 온 세상에 영향을 미칠 것이며 궁극적으로 너와 네 자손을 통하여 온 세상을 구원하게 될 것이다"라고 말씀하셨읍니다. 믿음의 조상이 된 아브라함과 이 세상에서 활동하시는 하나님의 모습입니다! 이것은 아브라함이 증거하는 것입니다. 그는 자기가 어떤 사상을 지니고 있었다고 주장하지 않았읍니다. 하나님이 자기에게 찾아오셔서 부르셨다고 말합니다. 유대 민족의 기원은 아브라함입니다. 유대 민족에 관한 모든 기록은 하나님 자신과 그의 성품, 능력에 관한 위대한 계시이다. 유대 민족의 삶과 그들이 얻은 승리를 보십시오! 그들이 어떻게 해서 그것을 얻었읍니까? 그들의 군사적 용맹의 결과입니까? 그렇지 않습니다. 그들은 언제나 승리를 하나님 때문이라고 했읍니다. 유대 민족이 패배했을 땐 무엇이 문제였읍니까? 그들이 하나님을 잊었기 때문입니다. 유대 민족의 전 역사는 하나님게 의해서 이해됩니다. 또한 예언의 모든 문제가 하나님의 계시에 있음도 앞서 검토해 보았읍니다.

여기서 제가 결론짓고자 하는 것은 인생의 문제를 이해하고 해결하려 할 때, 두 가지 형태의 역사가 있음을 인식하는 것보다 더 중요한 일은 없다는 점입니다. 하나님이 허락하는 역사와 하나님이 만들어내는 역사가 있읍니다. 인간이 자신의 어리석음과 스스로 빠져든 근심 가운데서 행하는 것에 관한 역사가 있으며, 하나님의 개입에 관한 역사가 있읍니다. 하나님은 이스라엘 민족을 통해 행동하셨고 그들에게 대적하는 민족들을 간섭하셨읍니다. 결국 때가 차매 복되신 분, "구세주 예수 그리스도"를 보내셨읍니다. 바울은 그리스도에 관해 언급하고 있으며 디모데에게 그 분을 바라보라고 촉구합니다. 하나님은 이 세상에 독생자를 보내셨읍니다. 이것이 하나님의 모습이며 역사입니다.

성경기록에 따르면 이 두 개의 역사는 계속되다가 종말에 이르러 결국 합쳐지리라고 가르칩니다. 세계는 우연이 아니며 우연으로 시작하지도 않았고, 우연으로 끝나지도 않을 것입니다. 전쟁이 세상의 종말을 가져오지 않을 것입니다. 확언합니다. 이는 성경의 예언입니다. 저는 그리스도의 모든 것을 여기에 겁니다. 세상은 수소폭탄이나 원자탄이 빚어내는 결과로 인해서 끝나게 되지 않을 것입니다. 하나님이 세상의 종말을 가져옵니다. 세상의 종말은 사도 바울이 말한 "그 날"에 이르러 비로소 오게 될 것입니다. "나의 의뢰한 자를 내가 알고 또한 나의 의탁한 것을 그 날까지 저가 능히 지키실 줄을 확신함이라"(딤후 1 : 12). 이 구절에서의 "그 날"이 종말입니다. 세상을 시작하신 하나님이 종결지으실 것입니다. 그는 완전하고 영광스럽게 마치실 것입니다. 사람이나 동물이나 전 우주에 있어서 죽음이 종말은 아닙니다. 전 우주가 본래 완전함으로 회복되는 놀라운 갱신이 있게 될 것이며, 하나님은 만물 위에 그리고 만물 안에 있게 될 것입니다.

이 사실이 제가 말하고자 하는 것입니다. 이 모든 것에 비추어 특별한 문제를 이해해야 합니다. 건강을 잃었읍니까? 근심에 빠져 있읍니까? 사랑하는 사람을 잃었읍니까? 지금 자신의 특별한 문제가 무엇입니까? 만족스러운 해답을 얻고자 한다면 그 문제를 종말론적 상황에 적용시켜 보십시오! 그리고 그 상황으로 인해 하나님께 감사하십시오! 현재의 것이 유일한 생명은 아니며, 유일한 세계도 아닙니다. 죽음이 종말은 아닙니다. 하나님이 모든 것을 다스리십니다. "하나님은 살아계십니다!" 살아계신 하나님, 진실하신 하나님, 유일하신 하나님—모든 것은 그의 손 아래에 있읍니다. 위대한 능력의 사도였던 바울이 로마서 8 : 18에서 "생각건대 현재의 고난은 장차 우리에게 나타날 영광과 족히 비교할 수 없도다"라고 말했던 것처럼 지금의 우리도 확신을 갖고 이런 고백을 할 수 있어야 합니다. 그러나 성경의 가르침을 받아들이고 모든 진리를 인정해야 바울과 같은 확신에 이를 수 있읍니다. 성부, 성자, 성령에 관한 말씀을 전적으로 믿지 않는다면 복음에서 어떤 유익도 얻을 수 없읍니다. 삼위일체 하나님이 세상과 인간 그리고 만물을 지으시고, 지금도 피조물에 대해 관여하고 있음을 인정해야 복음의 혜택을 누릴 수 있읍니다. 이것을 제외하면 오늘날 저의 삶의 능력이 될 만한 것은 없읍니다. 하나님의 이름이여, 찬양을 받으소서! 하나님이 세상을 지극히 사랑하셔서 자기의 독생자를 보내시되 십자가에 달려 죽기까지 허락하셨읍니다. 이는 누구든지 그리스도를 믿는 자마다 멸망치 않고 영생을 얻게 하심입니다. 하나님은 그리스도 안에서 그리고 그로 말미암아 세상과 화해하셨읍니다. 이 사실에 비추어서 모든 문제를 해결하고 응답받을 수 있읍니다. 결정적인 문제는 "복음을 믿고 있느냐?"는 것입니다. 자신에게 근거를 두고 시작하지 마십시오. 자신에게 근거를 두고 시작하려면 하나님께 비추어서 그렇게 하십시오. 하나님으로 시작하며 그 분 아래에서 자신을 바라보고 모든 계시를 믿는다면 영혼의 평화와 안식을 찾게 될 것이고 여지껏 꿈꾸지도 못했던 응답을 얻게 될 것입니다. 인생을 견실하고 총체적으로 바라보게 될 것이고, 나아가서 죽음을 통하여 그 너머에 있는 영생과 영원한 영광을 보게 될 것입니다. 복음을 믿으십시오! 바른 말을 본받아 지키십시오! 그러면 위대한 사도였던 바울과 연합할 수 있게 될 것이며, 어떠한 상황에 처하든지 "**그럼에도 불구하고** 부끄러워하지 아니함은 나의 의뢰한 자를 내가 알고 또한 나의 의탁한 것을 그 날까지 저가 능히 지키실 줄을 확신함이라"고 고백할 수 있을 것입니다.

제 4 장

인간의 실상

> 이를 인하여 내가 또 이 고난을 받되 부끄러워하지 아니함은 나의 의뢰한 자를 내가 알고 또한 나의 의탁한 것을 그 날까지 저가 능히 지키실 줄을 확신함이라(딤후 1 : 12).

　디모데후서 1 : 12의 위대한 선언을 다시 살펴볼 때, 이 구절에 대한 이해를 깊게 하려면 6절에서 14절에 이르는 전체적인 상황을 기억하는 것이 중요합니다. 바울은 감옥에 있었지만 결코 실망하거나 불행해 하지 않고 오히려 기쁨과 희열로 가득차 있읍니다. 이 구절을 계속해서 다루는 것은 이것이 그리스도교 가르침의 본질이라고 여기기 때문입니다. 그리스도교의 가르침은 삶의 능력을 제공하는 것입니다. 그것은 이론적인 것이 아니며 허공에 뜬 철학도 아닙니다. 온 세상에서 그리스도교의 가르침, 곧 복음보다 더 실제적인 것은 없읍니다. 그것은 인생에 대한 이론적인 관점이 아닙니다. 그리스도교에 있어서 위대한 점은 복음이 실제로 커다란 능력이 됨을 보여주므로 가치있는 삶을 영위할 수 있게 하며, 복음을 힘입어 사도 바울이 정복자 이상으로 되었던 것처럼 오늘의 우리도 그렇게 될 수 있게 한다는데 있읍니다. 복음은 인생을 바라볼 뿐만 아니라 죽음과 영생을 바라보며 승리할 수 있게 하는 능력입니다. 그것은 아무리 어둡고 경직된 때라 할지라도 인생을 직시하며 "그럼에도 불구하고 부끄러워하지 않노라"고 말할 수 있게 하는 가르침입니다.

그리고 제가 이 복음을 전하고 있는 것은 그것이 하늘 아래서 오늘날 가장 실제적인 것이기 때문입니다. 복음은 실생활과 소원(疏遠)하고 현재의 생활에 적용할 수 없으며 비현실적이라는 것이 사람들의 생각입니다. 이 점에서 주장하고 싶은 것은 살아가는 데에 복음을 빼놓고 도움을 줄 만한 것이 전혀 없다는 사실입니다. 우리는 세상에 살면서 모든 것이 파괴적임을 깨닫습니다. 그것이 사람들에게 복음에 귀기울이도록 내가 권면하는 이유입니다. 그리고 사도 바울의 개인적 경험의 형태 속에서 복음을 발견합니다. 문제는—다시 말하는 것이지만—어떻게 하면 우리도 그처럼 살 수 있느냐 하는 것입니다. 우리는 사도 바울의 방식대로 살고 있읍니까? 이 세상에서 정복자 이상의 위치를 차지하고 인생을 지배하며 승리의 삶을 살고 있읍니까? 아니면 질질 끌려가며 상처를 입고 괴로와하면서 가까스로 서 있는 것일까요? 궁극적으로 절망의 철학에 지나지 않는 스토아주의 부류의 철학에 몰두해 있지 않읍니까? 또는 "먹고 마시고 즐기자! 내일이면 죽을 것이다"라고 말하는 많은 사람들처럼 생각하기를 전적으로 중지하며 인생의 싸움을 포기하고 있지 않읍니까? 근심하는 것이, 책을 읽거나 생각하는 것이 무슨 소용이 있읍니까? 위인들도 해답을 발견하지 못했읍니다. 인생문제의 해답을 얻은 자 누구입니까? "시간을 낭비하지 말고 최대한 활용하라!" "할 수 있는 한 장미꽃을 모으라!" 등등의 사고방식—이는 어떤 면에서 사고의 부재(不在)입니다—으로 돌아서는 사람들이 오늘날 부지기수입니다.

이에 깨달아야만 할 분명한 사실은 "그럼에도 불구하고"라는 영광스러운 고백을 했던 바울과 같은 인간형(人間型)을 가능케 하는 것이 무엇이냐 하는 것입니다. 어떻게 그런 고백을 할 수 있었는지를 본문의 상황에서 바울 자신이 정확하게 알려주고 있으며, 여지껏 그 사실을 밝히고자 노력해 왔읍니다. 그리고 그의 위대한 확신에 대한 몇 가지 이유를 생각해 보았읍니다. 바울의 경우는 기질의 문제가 아니며 그의 복음은 20세기와도 여전히 연관됨을 발견했읍니다. 또한 이 복음이 유일한 것이며, 성경에 기록된 것을 떠나서 아무것도 알 수 없다는 점도 밝혀보았읍니다. 물론, 성경에 반대하는 입장을 취하면서 세상사람들이 하는 것같이 성경에 반대하는 이유를 밝힐 수도 있읍니다. 그러나 인간에게 무슨 권위가 있읍니까? 그들을 인정할 수 있는 근거와 증거가 무엇입니까? 전혀 없읍니다. 성경에 기록된 것을 떠나서 하나님에 대해 결코 알 수 없읍니다. 자연은 하나님에 관한 많은 사실을 보여주지만 하나님을 깨닫기에는 불충분합니다. 자연은 인간을 인격적인 하나님, 사랑과 자비와 궁휼에 넘치는 하나님께로 이끌지 못합니다. 하나님은 인간 모두가 필요로 하는 대상입니다. 역사 가운데서 하나님의 표지를 추적하지만 발견하는 것은 단지 알 수 없는 힘일 뿐이입니다. 성경이 담고 있는 사실을 떠나서 하나님에 대한 지식을 얻을 수 없읍니다. 이런 사실들을 앞서 확인하였읍니다. 우리는 성경의 가르침에 복종하지 않으면 안됩니다. 무엇보다 그 가르침을 받아들이지 않는다면 혜택을 얻을 수 없기 때문입니다.

이 사실은 또 하나의 아주 중요한 점을 일깨워줍니다. 즉, 그리스도교는 복음을 믿지 않는 자들에게 베풀 것이 아무것도 없다는 점입니다. 이것은 오늘날 대다수의 사람들이 오해하고 있는 면입니다. 사람들은 "그리스도교의 복음이 이천 년 동안 전파되었다. 그러나 세상을 보라! 나아진 것이 없지 않은가!"라고 말합니다. 그들은 그것이 결정적인 쟁점이라고 생각합니다. 물론, 그 쟁점은 전체적인 관점을 놓치고 있읍니다. 체스터톤(G. K. Chesterton)은 "세상은 그리스도교의 가르침을 시험해 본 적도 없으며, 그렇다고 해서 그 가르침을 미흡하게 발견한 것도 아니다. 그리스도교의 가르침을 어렵게 깨달았으되 시험해 보지 않았다"라고 말했읍니다. 이는 세상사람들의 맹점을 완벽하게 지적합니다. 세상은 그리스도교를 시도해 본 적이 없읍니다. 사람들은 의회의 조례를 적용시켜 세상을 변화시키듯이 그리스도교의 가르침도 그러하다고 생각하는 모양입니다. 그리스도교는 그러한 일을 이루겠다고 결코 주장하지 않읍니다. 그런 종류의 말은 신약성경 전체를 통틀어 봐도 전혀 찾아볼 수 없읍니다. 성경에서 발견한 대로 복음을 대해야 합니다. 평화와 기쁨, 삶에 대한 지배와 환경에 대한 승리를 얻으려면 복음을 전체의 모습 그대로 믿어야 하며, 복음을 존재하게 한 복되신 인격, 예수 그리스도를 믿어야 합니다. 복음의 중심적 가르침을 믿지 않는다면 그리스도교로부터 아무런 유익을 얻을 수 없읍니다. 평화와 기쁨, 승리와 같이 경험적으로 임하는 모든 사실들은 복음에 대한 중심적 의탁의 결과입니다.

그러므로 복음의 가르침을 믿지 않는다면 어떤 축복도 누릴 수 없다는 사실에 이르게 됩니다. 그러면 복음의 가르침은 무엇에 관한 것입니까? 이 문제를 알려면 성경의 가르침 뿐 아니라 성경적 방법에도 복종해야 함을 앞서 다뤄보았읍니다. 성경은 우리가 전체적인 진리를 깨닫기를 원합니다. 개인의 특별한 문제나 세상의 특수한 문제로 시작하기에 앞서서 세상의 현재 모습을 파악하고 성경이 세상에 대해 말하고 있는 것입니다. 즉, 세상에 대한 올바른 해석은 하나 뿐인데, 그것은 하나님이 세상을 창조하셨다는 것임을 확신해야만 합니다. 세상은 뜻밖의 사건도 아니며 우연의 결과도 아닙니다. 세상은 우발적인 것이 아니라 태초에 하나님이 창조하신 것입니다. 그는 창조하실 뿐 아니라 다스리시고 유지하시며 개입하십니다. 하나님은 계획과 의도를 갖고 세상 가운데서 활동하십니다. "하나님이 우리를 구원하사 거룩하신 부르심으로 부르심은 우리의 행위대로 하심이 아니요 오직 자기 뜻과 영원한 때 전부터 그리스도 예수 안에서 우리에게 주신 은혜대로 하심이라"(딤후 1:9).

여기서 세상과 뭇 인생에 대한 성경적 관점을 발견합니다. 하나님은 역사과정을 시작하셨고, 그것을 다스리고 계시며, 장차 종결지으실 것입니다. 이것이 성경의 가르침입니다. 그리고 하나님은 위대한 목적을 갖고 있읍니다. 한번더 강조하고자 하는 것은 이 사실이 인간이 이룰 수 있는 가장 감격적인 발견이라는 것입니다. 인생과 세상에는 목적이 있으며 "굉음과 격노로 가득찬 백치 같은 무의미한 존재"가 들려주는 이야기가 아닙니다. 인생은 실제적이고 중대합니다. 무덤이 그 목표는 아닙니다. 전 우주는 목적을 갖고 있으며, 하나님의 의도가 모든 것의 배후에 존재합니다. 이것이 으뜸가는 기본적 입장입니다.

이어서 등장하는 중요한 문제는 "인간이란 무엇인가?" 하는 것으로 여겨집니다. 전 우주가 의도와 목적, 목표를 지닌 것이고, 그것이 자신의 위대한 뜻을 이루고 있는 하나님의 손 안에 있는 것이라면 그 가운데서 인간은 어느 위치를 차지하고 있는 것일까요? 인간의 실상을 알기 전까지 인간문제의 숙고에 있어서 논점이나 목적을 찾을 수 없다는 것은 상식적으로 생각해 봐도 알 수 있는 일입니다. 인간이 안고 있는 문제에 대한 해결은 분명히 인간관에 의해 결정되어질 것입니다. 그런데 여기에 현대의 비극이 있읍니다. 즉, 사람들은 근본적인 문제를 소홀히 하고 있읍니다. 현대는 행동주의 시대입니다. 사람들은 모두 분주하게 뛰어다니면서 이런저런 특별한 문제를 해결하려고 하지만 "인간이란 무엇인가" 하는 커다란 문제를 결코 직시하지 않습니다. 인간은 이 세상에서 무엇을 하고 있는 것일까요? 그는 어디서 왔읍니까? 인간의 존재에는 어떤 중심점이 있읍니까? 분명히 이런 것들은 당장에 생각해야 할 중대한 문제들입니다. 사도 바울은 디모데후서에서 대단히 명쾌한 방법으로 그 문제를 다루고 있읍니다. 나는 이를 밝히고자 합니다. 그리고 이것은 성경의 커다란 가르침 중에 하나입니다. 성경은 인간에 대한 진실을 알려줍니다. 성경에 따라 인간에 대한 진실을 이해하게 되면 인간에게 일어나는 사건들과 인간이 구원받을 수 있는 유일한 길을 비추어 볼 수 있게 될 것입니다.

고대 헬라 철학자들은 인간이란 무엇인가 하는 질문을 던졌읍니다. 그들은 지혜롭고 유능한 사람들이었으며, 깊게 사색하는 사람들이었읍니다. 그들은 인생과 그에 따르는 환경을 심사숙고하면서 지혜의 본질은 "자기 자신을 아는 것"이라는 결론에 이르렀읍니다. 그들은 "자기 자신을 아는 것"이 인간의 중대하고 가장 큰 문제라고 말했읍니다. 많은 사람들은 실상 자신을 어떻게 생각합니까? 물론, 사람들은 자신을 안다고 생각하지만 그렇지 못합니다. 사람들은 자신에 대해 정직하지 못하며 스스로 멋진 자화상을 그려내면서 자신을 변호하고 있지만 사실상 자기 자신을 알지 못하고 있읍니다. 인간들의 대부분의 근심은 이 사실에서 기인합니다. 헬라인들은 "자신을 아는 것"에서 출발해야만 한다고 말했읍니다. 하지만 문제는 어떻게 그 일을 하느냐 하는 것입니다. 인간이 어떻게 자신을 알 수 있읍니까? 이 일을 시도해 본 적이 있읍니까? 만약 시도하려고 한다면 자기 자신을 아는 것이 끔찍한 문제임을 발견하게 될 것입니다.

현대세계에는 자신을 이해하고, 인간이란 무엇인가 하는 문제를 해결하기 위한 인간 편에서의 시도가 무성합니다. 나는 다양한 현대의 널리 보급되어 있는 이론들을 지루하게 언급하고 싶지 않습니다. 이는 누구나 잘 알고 있기 때문입니다. 그러나 오늘날 만연하고 있는 것 중에 하나는 인간은 생물학적 존재라는 것입니다. 인간의 신비스런 육체와 내분비선(內分泌腺) 등에 관한 발견과 그 외의 여러 가지 생물학적 발견들이 생명에 있어서 치명적이라는 주장입니다. 덧붙여 말하고 싶은 것은 이 주장은 1세기 전의 과학자들이 절대적인 확신을 갖고 불필요한 잔여기관(殘餘器官)이라고 여겨, 잊고 지내던 것들에 대한 발견입니다. 오늘날의 과학자들은 자신이 발견한 것들이 생명에 있어서 본질적인 것으로 생각합니다. 더우기 사람들은 극단으로 치우쳐서 인간의 존재는 갑상선(甲狀腺), 뇌하수체(腦下垂體), 부신(副腎) 등 다양한 기관의 균형있는 활동의 결과라고 주장하고 있읍니다.

보다 철학적인 인간관도 있는데, 그것은 변증법적인 힘의 상호 작용의 결과로서의 인간을 말하고 있읍니다. 인간의 존재란 수요와 공급, 정치세력 등의 결과라는 이론입니다. 그리고 인간을 그가 자라난 환경과 특수한 사회적 배경에 의해 설명하려는 사회적 인간관도 있읍니다. 때로는 인간의 존재를 결정하는 것은 지리적 환경, 심지어는 기후라고 믿는 사람들도 있읍니다. 그들은 인간이 적도에 가까이 가면 갈수록 보다 부드럽고 유순해지며 감정적으로 되는 반면에, 적도에서 멀어지면 멀어질수록 보다 더 강직해지고 지성적이며 반항적이고 감정이 무디어진다고 말합니다. 그러므로 이 주장은 사람이 태어나고 성장한 위도의 지역에 모든 문제가 걸려 있다고 보는 것입니다. 이런 인간관들이 움직이지 않는 듯하면서도 진지하게 제창되고 있읍니다.

인간의 정체에 관한 또 하나의 인기있는 해석은 심리학적 인간관입니다. 프로이드가 그 시조입니다. 심리학적 인간관은 소설을 지배하고 범죄의 취급에도 영향을 미쳐서 감옥에까지 침투하며 교육을 포함한 거의 모든 영역을 다스리고 있읍니다. 이 인간관은 인간을 본능에 의해서 바라봅니다. 그것을 주장하는 사람들에게 있어서 인간이란 충동과 욕구의 뭉치이며, 그의 내면에 있는 정력의 집합일 뿐입니다.

과연 이런 인간관들이 만족할 만한 것인지 의심럽습니다. 물론, 많은 인간관들은 상호간에 모순되고 배타적입니다. 개중에 낙천적인 것도 있고, 비관적인 것도 있읍니다. 인간에게 희망이 없다는 결론에 도달한 사람들도 있읍니다. 그들은 자기 인생의 목적도 알지 못하고 어떤 결말을 예상치 못하며 역사와 인간의 종말을 깨닫지 못합니다. 위대한 역사가들 중의 일부는 역사의 노선이나 목표 등 일정한 방향으로 움직이는 것을 전혀 깨닫지 못함을 고백합니다. 그들은 "모든 피조물이 향하고 있는 미래의 하나님에 의한 유일한 사건"을 믿지 않습니다. 그들은 말하기를, "역사는 순환 속에서 돌고 있으며, 모든 것은 우연일 뿐이다" 라고 합니다.

이 모든 인간관에 있어서 다소간 공통적인 것은 인간은 실제로 동물에 지나지 않는다는 사상입니다. 그들이 인간은 이상적인 동물이라고 말하고 인간의 뇌는 그 어떤 동물보다 훨씬 더 발달됐다는 사실에 대해 크게 강조하고 있지만 그들에게 있어서 인간은 단지 동물에 지나지 않습니다. 인간이 동물생활의 가장 고등한 형태를 지니고 있다 해도 인간은 동물에 속하는 것입니다. 그것이 인간에 대해 생각할 수밖에 없는 사실입니다. 진실로 이 모든 다양한 이론들은 그런 공통분모로 환원할 수 있읍니다. 그러나 그 이론들이 정녕 만족을 줍니까? 이 해석들이 적절한 것일까요? 그것들은 진실로 우리가 갖고 있는 인간에 대한 지식에 걸맞게 인간을 설명하고 있읍니까? 우리 자신을 바라본다 할지라도 우리 자신에 대해 알고 있는 대로 인간을 설명해 줍니까?

더우기 그 이론들은 인간에게서 보여지는 엄청난 모순에 대해 설명하고 있읍니까? 인간이란—특히, 현대인에게 있어서—얼마나 모순된 존재입니까! 인간이 오늘날만큼 성품상의 모순을 여실히 드러내 보인 적은 없었읍니다. 인간의 어떤 일면은 위대하고 고상하며 훌륭하게 보이지만 또다른 일면을 보면 협소하고 천박하며, 무지하고 추하게 느껴집니다. 그리고 이 양면성은 전적인 사실입니다. 인간은 모순된 존재입니다. 우리가 살고 있는 세기를 보면 전반적인 것을 아주 분명하게 알 수 있읍니다. 한편으로는 현대인이 이룩한 외관적인 성과, 즉 놀라운 과학적 발견과 발달이 있읍니다. 금세기는 놀랄 만한 시대이며 인간은 자신의 능력과 지력의 위대함을 나타내 보이고 있읍니다. 그러나 금세기는 또한 부켄발트*를 위시한 여러 정치범 수용소의 시대임을 기억해

---

*)부켄발트는 동독 Thuringia 주 중부 Weimar 근처에 있는 나찌스의 포로수용소로서 학대와 폭행으로 유명합니다—역자주.

야 합니다. 금세기는 핵폭탄과 역사상 유례가 없는 가장 끔찍했던 양대전(兩大戰)의 시대입니다. 탐욕과 불신, 추악함과 부정함, 그리고 강탈과 비행의 시대입니다. 이것이 금세기의 모습이자 인간의 모습입니다. 위대함과 협소함, 지혜로움과 어리석음 등의 모순이 유별나게 혼합되어 있읍니다. 모순의 핵은 인간의 마음에 있으며 그 어떤 해석으로도 그것을 설명할 수 없읍니다.

셰익스피어는 인간에 대해 "인간이란 얼마나 훌륭한 예술작품인가! 고귀한 이성, 무한한 능력, 두드러지고 탁월한 형식과 감정, 천사와 같은 행위, 신에 버금가는 이해력…" 인간은 굉장한 존재입니다. 이것이 인간에 대한 셰익스피어의 입장입니다. 그러나 이 입장이 전적으로 올바른 것입니까? 진실로 인간이란 그런 존재입니까? "인간이란 얼마나 훌륭한 예술작품인가! 고귀한 이성!" 이 모습이 오늘날 인간의 모습입니까? 오늘날 대부분의 사람들이 소비하는 시간에 대해 어떻게 생각합니까? 그들은 인생과 죽음, 영원과 같은 굵직한 문제나 뭇 인간문제를 생각하는데 시간을 투자하고 있읍니까? "고귀한 이성!"—이에 걸맞는 존재입니까? "무한한 능력!"—인간은 오늘날 이런 면모를 보여주고 있읍니까? "두드러지고 탁월한 형식과 감정, 천사와 같은 행위, 신에 버금가는 이해력…"—인간은 이런 자신들을 나타내고 있읍니까? 이것은 인간의 부분적인 모습입니다. 공정하게 평가하자면 셰익스피어는 인간의 일면만을 나타내고 어리석은 존재로서의 인간의 모습을 다소간에 눈감아버린 것입니다. 그는 인간의 양면성을 알고 있었으며, 그 양면성은 늘 인간에게 내재해 있읍니다. 인간을 올바르고 정확하게 묘사하려면 총체적으로 묘사해야 하며 양면성에 적절한 비중을 두어야 합니다.

그래서 이제 인간에 대한 성경적 입장을 제시하고자 합니다. 사도 바울은 디모데후서에서 아주 재미있는 문구로 그것을 나타내고 있읍니다. 성경으로 돌아와서 그의 위대한 말을 들어봅시다. "이를 인하여 내가 또 이 고난을 받되 부끄러워하지 아니함은 나의 의뢰한 자를 내가 알고 또한 나의 의탁한 것을 그 날까지 저가 능히 지키실 줄을 확신함이라." 바울이 주님께 맡긴 것은 무엇입니까? 인간에 대한 성경적 가르침의 전부가 이 문제에 관한 답변에 있읍니다. 바울이 의탁한 것은 성경이 영혼이라 부르는 것입니다. 사도 바울은 "나는 감옥에 있지만 부끄럽지도 않고 근심하지도 않으며, 번민하지도 않는다"라고 말합니다. 왜 그렇습니까? "나는 나의 영혼과 그것의 안녕을 그리스도의 장중에 맡겼으며, 그가 그것을 안전하게 지키실 줄을 알고 있기 때문이다. 사람이 내게 무엇을 하든지간에 나의 영혼은 평안하다"라고 바울은 증거하고 있읍니다. 그가 그리스도에게 의탁한 것, 즉 영혼 때문입니다.

영혼은 인간을 인간답게 만드는 존재입니다. 이것이 그를 동물과 구별되게 하는 것입니다. 쥴리안 헉슬리(Juliam Huxley) 경의 조부이며, 알더스 헉슬리(Aldous Huxliy)의 형인 헉슬리(T. H. Huxley) 는 아주 재미있는 말을 했읍니다. 그는 그리스도인이 아니었으며 찰스 다윈의 대단한 지지자로 다원의 가르침을 어느 누구보다도 웅변적으로 선전했읍니다. 그런데도 그는 "인간과 가장 발달한 동물 사이에는 크나큰 간격, 즉 측량할 수 없고 실제로도 무한한 격차가 존재한다"라고 말했읍니다. 이는 성경이 인간에 대해 항시 말하고 있는 것을 정확하게 표현합니다.

그렇다면 인간을 그처럼 구별되게 하는 것은 무엇일까요? 인간은 하나님이 자기 형상으로 만든 피조물이라는 사실입니다. 하나님은 동물을 만드셨읍니다. 그러나 하나님 형상으로 만든 것은 아닙니다. 인간은 본질적으로 동물과 구별됩니다. 그는 결코 동물이 될 수 없으며, 언제까지나 인간입니다. 인간이 지닌 지적, 도덕적, 종교적 성품이 이를 증명합니다. 인간은 지적인 능력 뿐 아니라 자성(自省)할 수 있는 능력도 지녔읍니다. 그는 자신을 바라보고 분석하며 자신에 대해 이야기할 줄 압니다. 동물은 그렇지 못합니다. 인간은 하나님 자신 안에 있는 지적인 능력을 부여받았읍니다. 하나님이 인간에게 지적인 힘과 능력을 주신 것입니다.

하나님은 인간에게 도덕적인 성품도 주셨읍니다. 물론, 인간도 개를 훈련시켜서 해도 좋은 것과 해서는 안될 것을 구별하게 할 수 있읍니다. 다른 여러 가지 동물에게 하는 것처럼 개에게도 보기에 좋은 행실을 가르칠 수 있읍니다. 그러나 결코 동물을 도덕적 존재로 만들 수는 없읍니다. 동물은 본능적으로 행동합니다. 금지사항을 행하면 벌을 받는다는 것을 배워 알게 될 때 짐승도 금지사항을 지킵니다. 파블로프(Pavlov)는 이 사실을 통찰했으며, 과학자를 비롯한 많은 사람들은 인간을 "파블로프의 개" 처럼 다루려 하고 있읍니다. 그러나 제가 주장하고자 하는 점은 동물을 도덕적 존재로 결코 만들 수 없다는 것입니다. 동물에게 도덕적 성품을 심어줄 수 없으며, 도덕적으로 반성하고 판단하며 결단할 수 있는 능력을 부여할 수 없읍니다.

인간은 무엇보다도 종교적 자질을 소유하고 있읍니다. 어떤 사람은 "인간은 예배하는 동물이다"라고 말합니다. 그러나 나는 인간이 예배하는 것은 그가 인간이기 때문에 그렇다고 주장 합니다. "인간은 예배하는 동물"이 아닙니다. 인간은 영원한 것에 대한 의식을 갖고 있읍니다. 모든 인간에게는 하나님에 대한 의식, 즉 초월적인 존재에 대한 의식이 있읍니다. 특별히 고고학자들과 인류학자들은 반박할 수 없는 증거자료를 제시함으로 아무리 원시적인 족속이라 할지라도 지고한 신에 대한 의식이 있었음을 증명해 보였읍니다. 원시인 중에는 정령숭배자들도 있었으며, 예컨대 나무에 있는 영들에게 예배하기도 했읍니다. 그들 중에는 우상숭배자도 있었읍니다. 아무리 원시적이라고 해도 그들은 모두 위대하고 절대적이며 지고한 신에 대한 의식이 있었읍니다. 그것은 인간본성에 내재해 있는 것입니다. 인간은 이처럼 종교적인 특성을 갖고 있읍니다.

인간은 하나님의 형상으로 만들어졌기 때문에 지적, 도덕적, 종교적 성품을 지니고 있다고 성경은 이야기합니다. 인간을 인간답게 만드는 것은 하나님의 형상이라는 특성 때문입니다. 이것을 다른 말로 표현하자면 인간은 영과 혼과 육으로 되어 있다고 할 수 있읍니다. 어떤 사람들은 인간은 영혼과 육체로 되어 있다고 주장합니다. 혼은 영혼의 일부라는 것입니다. 지금 이 시점에서 그 문제에 관해 논란하고 싶지는 않습니다. 여기서 내가 말하고자 하는 것은 인간은 자신의 특성 중에 동물적인 부분 즉, 육체를 지니고 있다는 것입니다. 육체는 동물의 특성과 매우 유사합니다. 그러나 인간을 인간답게 만드는 것은 육체적인 면이 아닙니다. 인간이 지니고 있는 힘과 능력은 자기를 반성하고 타인과 의사소통을 할 수 있게 할 뿐만 아니라 계시하는 분 안에 존재하는 것, 즉 영적인 요소를 갖고 있어서 무엇보다 하나님과 교제하고 있읍니다. 롱펠로우(Longfellow)는 "너는 흙이니 흙으로 돌아갈 것이라고 말한 것은 영혼에 대한 것이 아니다"라고 말했읍니다. 인간의 영혼은 "보다 풍성한 영기(靈氣), 보다 신성한 호흡"을 갈망합니다. 전도서가 기록하고 있듯이 하나님께서 인간의 마음에 영원한 것을 두었다고 말하는 것은 영혼에 관한 것입니다. 인간이 세상보다 더 큼을 알게 되거나 초월적인 존재에 대해 생각하는 것도 영혼 때문입니다.

영혼이 인간을 인간답게 만든다는 것을 거듭 강조합니다. 인간의 육체라는 동물적 모습 이면에는 눈에 보이지 않고 만질 수 없으나 누구나 깨닫는 또다른 모습이 있읍니다. 인간은 자신의 존재를 벗어나서 자신에 대해 생각할 수 없읍니다. 자신이 죽음을 맞이하면 자기 존재도 종말을 고할 것이라고 생각하거나 주장할 수 있읍니다. 하지만 스스로 그 사실을 믿거나 심지어는 상상조차 하지 않습니다. 왜냐하면 인간은 불멸의 존재이며 죽기 위해 만들어지지 않았다는 것을 암시해 주는 실체가 인간에게 있기 때문입니다. 이처럼 소멸되지 않은 요소가 인간에게 있읍니다. 이것이 성경적 가르침의 본질입니다. 디모데후서에서 사도 바울이 말하는 것은 "나의 현재 상태는 이렇다. 하지만 나는 그럼에도 불구하고(nevertheless) 라고 말할 수 있다. 왜냐하면 나의 영혼이 안전하다는 것을 알고 있기 때문이다. 그들이 내 육체에 대해 무슨 짓을 한다 해도 내 영혼을 건드릴 수는 없을 것이다"라는 것입니다. 여기서 보여지는 확신을 바울에게 주었던 것은 자신이 영혼을 소유한 존재임을 깨닫고 있다는 사실입니다.

물론 이것은 사도 바울에게만 국한되지 않습니다. 바울은 그의 주인이자 우리의 구세주되신 주 예수 그리스도에게서 이런 가르침을 받았을 뿐입니다. 예수님도 사람이 온 세상을 얻고 자기 영혼을 잃으면 아무 유익이 없다고 말씀하셨읍니다. 그는 비유를 들어 어떤 부자에 관한 이야기(눅 12 : 16~21)를 전해 주셨읍니다. 부자는 너무 재산이 많고 크게 번영해서 그의 성공은 그에게 있어서 처치하기 곤란할 정도였으며, 그의 곳간 또한 소유물을 쌓아두기엔 너무 비좁았읍니다. 그래서 그는 "내가 곡식을 쌓아둘 곳이 없으니 어찌할꼬…내곳간을 헐고 더 크게 짓고 내 모든 곡식과 물건을 거기 쌓아두리라 또 내가 내 영혼에게 이르되 영혼아 여러 해 쓸 물건을 많이 쌓아두었으니 평안히 쉬고 먹고 마시고 즐거워하자 하리라"고 말합니다. 그러나 하나님은 그에게 "어리석은 자여 오늘 밤에 네 영혼을 도로 찾으리니 그러면 네 예비한 것이 뉘

것이 되겠느냐?"라고 이르십니다. 부자는 영혼을 잊고 있었읍니다. 주님은 항상 이것을 가르치셨읍니다. 그는 또한 부자와 나사로의 비유에서 영혼의 문제를 지적하셨읍니다. 그 이야기에서 부자의 오류는 그가 영혼을 소유하고 있음을 잊고 지냈다는 것입니다. 이것은 전적으로 성경의 교훈입니다. 성경은 하나님의 형상으로 창조된 인간으로 시작합니다. 인간은 동물 이상의 존재이고 하나님과 영원을 사모할 수 있는 능력을 지닌 산 영혼을 소유하고 있읍니다. 이것이 인간의 본질이고 인간을 인간답게 하는 것입니다.

나는 현대세계가 근심과 혼란 속에서 절망과 무기력함으로 가득찬 모습을 지니고 있는 데에 별로 놀라지 않습니다. 현대인은 인간의 실상을 알지 못합니다. 현대인이 인간의 실상을 알지 못하는데 부조리한 것을 어찌 알겠읍니까? 더우기 자신에 대한 전체적인 인식이 잘못되어 있으면서 사물의 질서를 어찌 올바르게 잡을 수 있겠읍니까? 현대인의 문제에 대한 해결이 우선적인 것이긴 하지만 근본적인 사실을 계속해서 다루어 나가겠읍니다.

인간은 본래 이 세상에서 어떤 행동양식과 존재양식을 지도록 계획된 것일까요? 이것은 현세대에 매우 촉급한 문제라고 생각합니다. 인간은 이 땅에 무엇을 위해 있는 것일까요? 인간은 단순히 동물에 불과한 것일까요? 인간은 먹고 마시며, 성(性)을 즐기기 위해 이 세상에 있는 것입니까? 인간의 존재목적이 그것입니까? 그것이 인간다운 삶입니까? 결코 그렇지 않습니다. 성경은 하나님의 모상(模相)으로 만들어진 인간은 만물의 영장이 되며 이 세상에서의 하나님의 대리인이 되도록 의도되었다고 말합니다. 그것이 하나님께서 인간에게 모든 동물의 이름을 짓는 특권을 주신 이유입니다. 인간은 동물을 다스리도록 계획되었읍니다. 오늘날 인간이 어느 정도 그 사명을 수행하고 있음을 볼 수 있지만 그와 동시에 인간의 현재의 모습으로 인하여 오히려 동물의 영향을 받고 있읍니다. 오늘날에는 "인간의 지배와 인간의 노예화"라는 영속적인 갈등이 존재합니다. 그러나 인간은 본래 만물의 영장이 되어 다스리면서 하나님의 영광을 위해 살아가도록 계획되었읍니다. 웨스트민스터 신앙고백 소요리문답서(the Shorter Catechism of The Westminster Confession)에 있는 위대한 문답을 인용해 보겠습니다. 첫번째 질문은 "인간의 으뜸가는 목적은 무엇인가?" 하는 것입니다. 그에 대한 답변은 "하나님을 영화롭게 하고 그를 영원히 즐거워하는 것이다"라고 되어 있읍니다. 그것이 본래 인간이 행하도록 계획된 것입니다. 인간은 그것을 행하고 있읍니까?

이제 다음 문제로 나아가 봅시다. 이 세상에서 인간의 행복을 결정하기 위해 본래 계획된 것은 무엇입니까? 우리는 모두 행복해지기를 원합니다. 불행을 좋아하거나 기뻐하는 사람은 아무도 없읍니다. 인간은 행복하게 살면서 지상의 열매를 기뻐하고 풍성한 삶을 누리며 흡족한 상태에 거하도록 계획되었읍니다. 하나님은 인간을 만드시고 그를 "에덴 동산"(Paradise)이라 불리우는 장소에 두셨읍니다. 그것이 하나님의 계획이었읍니다. 그렇다면 인간의 행복을 결정하는 요소는 무엇입니까? 현대인과 현대적 문제에 대한 성경적 진단의 본질과 근원은 하나님의 계획에 있읍니다. 인간의 행복은 결단코 환경에 따라 결정되도록 의도되지 않았읍니다. 이 점은 흔히 우리 모두가 범하기 쉬운 치명적인 잘못입니다. 사람들은 환경이 행복을 결정한다고 생각합니다. 대부분의 사람들은 앞에서 인용한 어리석은 부자처럼 인간을 행복하게 만드는 것은 많은 재화(財貨)를 소유하는데 있다고 생각하면서 행복을 물질로 사려합니다. 그러나 결코 그럴 수는 없읍니다. 쾌락을 살 수는 있지만 행복을 살 수는 없읍니다. 우리가 설사 백만장자가 된다 해도 불행하기는 마찬가지입니다. 왜냐하면 행복을 살 수는 없기 때문입니다. 잘 알려진 백만장자 가운데 한 사람은 정직하게도 자기가 인생에게 크게 실패했음을 인정했읍니다. 나는 그가 이미 다섯 번을 결혼 했지만 행복한 결혼 생활이 무엇인지 알지 못하리라고 생각합니다. 그는 세상에서 가장 부요한 사람임에도 그렇습니다. 결코 행복을 돈으로 살 수 없읍니다. 돈은 쓸모가 많지만 이 세상에서의 인간의 행복은 돈이나 물질, 소유물에 의해 결정되지 않습니다. 인간은 자신의 실상으로 인해서 그와는 다른 영역에서만 행복해질 수 있읍니다. 그가 환경을 의지하는 한 불행해질 것입니다.

오늘날 사람들이 악화일로에 있는 것은 이 때문입니다. 그들은 핵폭탄을 없애고 전쟁을 종결지을 수 있다면, 감옥을 제거하고 새로운 처방을 내릴 수 있다면, 누구나 다 교육을 잘 받는다면, 많은 재물을 소유하고 술과 춤과 성을 맘껏 즐길 수 있다면 완벽하게 행복해질 것이라고 생각합니다. 그러나 행복이 이루어진 적은 없었읍니다. 왜 그렇습니까? 환경은 대개 인간을 적대하기 때문입니다. 인간의 행복은 오직 한 가지 사실 곧 하나님과의 관계에 달려 있읍니다. 하나님과의 관계는 행복의 유일한 조건입니다. 탁월한 철학자이기도 했던 성 어거스틴은 평안과 행복과 안식을 얻기 위해 철학을 비롯한 온갖 것을 시도해 보다가 마침내 오랜 끝에 그 사실을 깨닫게 되었읍니다―"당신은 당신을 위해 우리를 만들었읍니다. 당신 안에 안식을 얻을 때까지 우리 영혼은 안식을 누릴 수 없읍니다." 인간은 어디서도 안식을 얻을 수 없읍니다. 영혼이 있음을 알고 그것을 만드신 하나님께로 돌아오지 않으면 안됩니다. 인간은 그를 위해 만들어졌으며, 그를 위해 계획되었고 그와 교제해야 합니다. 나침반의 바늘이 북쪽을 가리키는 것처럼 우리도 하나님을 향할 때까지 결코 안식에 이를 수 없읍니다. 하나님을 향하는 데서 안식을 누릴 수 있으며, 이것 외에 그 어디에서도 안식을 누릴 수 없읍니다.

이 모든 것이 인간에 관한 기본적인 가정이라면, 왜 인간은 오늘날과 같은 모습을 지니고 있으며, 이 세상에서의 삶이 왜 현재의 상태로 악화되었느냐 하는 문제가 불가피하게 제기됩니다. 오늘날의 많은 문제와 근심, 불안과 염려, 그리고 다양한 형태의 쾌락 속에서 평안과 안식, 만족을 찾으려는 떠들썩한 노력이 왜 존재하는 것일까요? 무엇이 잘못되었읍니까? 확실히 이는 중대한 문제입니다. 내가 사도 바울처럼 어떤 일이 일어난다 해도 "그럼에도 불구하고"라고 고백하면서 이 세상을 살아갈 수 있다면, 감옥에서도 그리고 죽음과 내게 관련된 모든 것의 종국에 직면해서도 기뻐할 수 있다면 오늘날의 심각한 문제들에 대한 답변, 곧 그 문제들에 대한 각각의 독특한 해답을 알고 있어야 합니다. 잘못된 것이 무엇입니까? 인생은 왜 오늘날과 같은 모습을 지녔읍니까? 복음을 전파함으로 옥에 갇힌 인간은 어째서 그런 것일까요? 전쟁과 전쟁의 소문은 왜 들려옵니까? 부정(不正)은 왜 생길까요? 서약은 왜 파기되는 것일까요? 순진무구한 어린 아이들이 괴로와하고, 조그마한 가슴에 상처를 입으며, 부모의 사랑도 맛보지 못하고 어른들의 이기심에 의해 학대당하면서 이리저리 내던져지는 것은 왜 그런 것일까요? 이 모든 사태는 왜 존재하는 것일까요? 이에 대한 올바른 해석은 오직 하나 뿐입니다. 그것은 시종일관된 성경의 해석입니다. 인간은 하나님의 형상으로 창조되었으되 하나님께 반역하고 교만해졌읍니다. 인간은 하나님처럼 되고 싶어서 고의적으로 하나님을 거부하고 그의 계명을 깨뜨렸으며, 자기 멋대로 행했읍니다. 그 결과로 타락하게 된 것입니다.

이로 인해서 인간은 하나님의 모습을 잃어버리고 하나님과의 교제에서 떠났으며 더 이상 하나님을 알지 못하고 하나님의 축복도 받을 수 없게 되었읍니다. 인간은 하나님께 등을 돌리고 자기를 하나님으로 여기는 자기 중심적 존재가 되었읍니다. 인간은 스스로를 자율적 존재라고 생각하고 자기가 필요로 하는 모든 것을 자기 안에 소유하고 있으며, 자신은 우주의 중심이고 인생과 우주의 모든 것을 설계할 수 있는 존재라고 생각하기에 이르렀읍니다. 그러나 실제로는 그렇지 못함을 발견합니다. 이는 왜 그런 것입니까? 그에 대한 해답은 간단합니다. 즉, 인간은 균형을 상실한 것입니다.

인간이 균형을 상실했다는 의도는 다음과 같습니다. 알고 있는 바와 같이 인간은 영과 혼과 육으로 되어 있으며, 하나님이 인간을 만드셨기 때문에 영을 소유하고 있으며, 육체를 다스릴 수 있는 이성적인 정신도 갖고 있읍니다. 육체는 본능과 욕구를 지닙니다. 육체적인 의미에서 인간이 본능을 느낄 수 없다면 그는 완전한 인간이 될 수 없읍니다. 예컨대, 성을 죄악시 하는 사상은 전적으로 비성경적입니다. 과거에 성 그자체가 죄악이라고 가르쳤던 자들은 성경도 그리스도교도 모르고 있었던 것입니다. 잘못된 신앙으로 가르쳤던 것입니다. 하나님은 본능을 지닌 존재로서의 인간을 만드셨으며, 본능에는 잘못된 것이 없읍니다. 그렇다면 무엇이 잘못되었읍니까?

인간이 애초에 완전하게 만들어졌을 때에는 본능을 통제할 수 있었읍니다. 본능은 인간의 예속물이었고, 인간은 본능을 사용하여 자신을 만족시키고 최고도로 하나님의 영광에 부합하였읍니다. 인간은 균형을 이루었고 전적으로 행복했읍니다. 그는 지금과는 다른 영역에 살고 있었으며, 그의 삶에는 균형과 조화가 있었읍니다. 그러나 인간이 하나님께 불순종한 순간 하나님과의 관계를 잃었읍니다. 무엇보다도 최고의 기능을 하는 영이 죽고 활동할 수 없게 되었읍니다. 바울은 에베소서 2：1 에서 "너희의 허물과 죄로 죽었던 너희를 살리셨도다"라고 말합니다. 이는 인간이 영적으로 죽고 하나님을 알지 못하며 하나님의 존재를 인식하지 못하고 따라서 하나님과 교제하며 살지 못함을 의미합니다. 인간의 영이 생명을 잃음으로 인간은 균형을 잃게 되었읍니다. 오늘날의 인간은 영과 이성적인 정신에 의해 다스림을 받지 않습니다. 인간은 탐욕과 욕구의 다스림을 받을 뿐입니다. "육체와 마음의 원하는 것을 하며 … 본질상 진노의 자녀이었더니"(엡 2：3)라는 사도 바울의 글은 탐욕이 육체에 그치지 않고 마음에도 적합치 못함을 가리킵니다. 전 세계가 오늘날의 현상을 띠게 된 것은 탐욕과 욕구 때문이라는 것을 깨닫지 못하십니까？ 인간은 자신을 자율적이고 독립된 존재라고 주장합니다. 그는 하나님과 그의 법을 인정하지 않습니다. 그는 자기가 원하는 대로 살면서 "이것은 나의 권리이다. 왜 나는 자신을 표현해서는 안되는가？ 내가 원하는 것을 왜 소유할 수 없는가？"라고 주장합니다. 그러나 문제는 사람들 각자가 그와 같은 주장을 하고 있다는 것입니다. 그래서 사람에게는 질투와 악의, 증오, 경쟁의식과 갈등, 분쟁 등이 있으며, 경우에 따라서는 국가 간의 전쟁이 발생하기도 합니다. 세계가 가진 자와 못가진 자, 또는 자유진영과 공산진영으로 나뉜 것도 모두 다 똑같은 이유에서 비롯됩니다. 이는 전적으로 인간이 하나님을 떠나 짐승만도 못하게 행동하고 있다는 사실에서 나온 결과입니다. 인간은 매우 사단적인데, 이는 동물보다 심각한 것이며 앞으로 어느 동물이라 할지라도 그에 미치지는 못할 것입니다. 인간이 사단적으로 된 것은 자신의 균형을 상실했기 때문입니다. 육체에게 있는 온갖 탐욕과 욕정, 욕구는 통제되어야 하지만 인간은 오히려 그것을 즐거워하고 있읍니다. 또한 인간은 그로 말미암아 최고의 것, 곧 이성적인 정신과 영을 괴롭히며 파멸시키고 있읍니다.

그러므로 이 세상은 시행착오와 수치 실의와 불행으로 가득찬 상태입니다. 그리고 이것이 세상에 대한 유일한 해석입니다.

이제 다음 문제를 제기할 차례입니다. 여지껏 제기된 문제들은 모두 논리적으로 연결되는 것입니다. 혹자는 "당신이 우리에게 세상이 오늘날처럼 된 이유를 설명했다고 생각합니다. 그러면 한 가지 더 알고 싶은 것이 있읍니다. 인간의 운명은 어찌 되는 겁니까?"라고 말하기도 합니다. 이것은 엄청난 문제입니다. 인간은 동물에 지나지 않고 인생에는 아무런 목표도 없으며, 죽음이 인생의 끝이라는 것이 사실입니까? 만약 그런 입장을 취한다면 거기서 논리적으로 추론할 수 있는 것은 인생이 적대적일 때 인생에서 벗어나는 것이 최선의 방책이라는 것입니다. 자살을 시도하십시오! 뭐하러 인내하며 살아갑니까? 상반된 목적을 지니고 있으면서도 고해(苦海)에 대항하여 싸우려는 이유는 무엇입니까? 인생은 살아갈만한 가치가 있읍니까? 투쟁할 만한 가치가 있읍니까? 가슴아파 할 만한 값어치가 있읍니까? 음울한 시대와 고대 헬라 시대의 많은 위대한 철학자들 그리고 역사상의 많은 사람들은 자살을 감행했었읍니다. 그 자세는 매우 논리적인 것입니다. 그러나 알다시피 죽음이 끝은 아닙니다. 인간은 소멸하지 않는 영혼을 육체 안에 갖고 있읍니다. 사도 바울은 "나의 의뢰한 자를 내가 알고 또한 나의 의탁한 것을 그 날까지 저가 능히 지키실 줄을 확신함이라"고 말하고 있읍니다.

바울이 "그 날"이라고 말함은 세상의 종말 또는 역사의 종말에 관해 언급하고 있는 것입니다. 이것은 온 인류에 대한 하나님의 최후심판입니다. 사도 바울은 자기 영혼과 생명, 죽음, "그 날" 그리고 인생 너머에 존재하는 것 등을 근거로 살았읍니다. 그리고 이는 또한 성경 전편에 깔려 있는 입장이기도 합니다. 인간은 동물이 아니라 살아 있는 영혼이고 죽음이 인생의 종말은 아닙니다. 한 번 죽는 것은 인간에게 정해진 바지만 죽은 뒤에는 반드시 심판이 존재합니다. 그리고 심판 후에는 영원한 길이 있읍니다. 영혼은 소멸되지 않습니다. 영원한 길에는 두 가지 가능성이 있읍니다. 하나는 말할 수 없는 축복과 행복, 기쁨의 길이요, 다른 하나는 불행과 절망, 돌이킬 수 없는 자책으로 매워진 길입니다.

형제들이여, 이것이 이 세상에서 인생을 어떻게 바라보고 어떻게 살아가며 어떻게 극복해내느냐를 결정하는 내용입니다. 인간이 영혼을 소유하고 있음을 알지 못합니까? 영혼은 사라지지 않으며 하나님 앞에 서야만 하고 육체 가운데서 이루어진 행위에 대해 설명해야 함을 깨닫지 못합니까? 이것은 신약성경의 가르침입니다. 주님께서 "하나님이 이르시되 어리석은 자여 오늘 밤에 네 영혼을 도로 찾으리니"(눅 12 : 20)라는 말씀을 통해 이를 가르치셨읍니다. 이 사실이 필연적으로 인간의 삶의 양식을 결정하리라는 것을 알 수 있지 않습니까? 인간이 영혼을 소유하고 있음을 발견하게 된다면 더 이상 먹는 것과 마시는 것, 성과 이른바 세상이 주는 쾌락을 위해 살려 하지 않을 것입니다. 생각하기를 거부하면서 "먹고 마시고 즐기자! 내일이면 죽으리라"고 말하지도 않을 것입니다. "이 생이 끝은 아니다. 나는 계속해서 존재할 것이다. 나는 지각할 수 있으며, 사리를 분별할 줄 아는 존재이다. 창조주 앞에 서서 그 분이 주신 힘과 능력에 따라 맡겨진 청지기직에 대해 그 분께 말씀드려야만 한다. 그 분께 무엇이라고 말할 것인가?"라고 생각하게 될 것입니다. 모든 삶은 이 문제에 관한 관점에 의해 결정되고 변화됩니다.

　이러한 성경적 관점에 따라 마지막으로 생각해 볼 것이 있읍니다. 영혼의 존재와 관련된 사실들에 비추어 인간에게 어떤 위로와 소망이 있읍니까? 거칠은 세상을 살면서 우리는 무엇을 할 수 있읍니까? 그것이 이제 던져야 할 질문입니다. 이 문제에 관해 교리적으로 해석하고자 합니다. 즉, 성경의 가르침은 인간 스스로 그것에 관해 아무것도 할 수 없으며, 그의 모든 노력은 실망으로 판명될 것이라고 합니다. 사람들은 "그러나 이런 가르침은 순전히 비관주의이다. 우리는 세상을 보다 더 좋은 곳으로 만들기 위해 노력하고 있으며, 여론을 환기시키려 하고 있다. 이 세상에서 전쟁을 종식시켜야만 한다"라고 말할 수도 있읍니다. 사람들은 오래 전부터 이것을 시도해 왔으며, 백방으로 노력해 왔읍니다. 문명의 역사는 세상을 바로 잡아보려는 인간의 노력에 관한 역사이기도 합니다. 인간은 포착하기 어려운 행복을 늘 추구해 왔으나 지금까지 그것을 얻지 못하고 있읍니다. 인간은 평화를 발견하지 못했읍니다. 그렇다고 해서 역사와 문명의 위대한 발자취를 경멸해선 안됩니다. 그것은 고귀하고 놀라운 것입니다. 지력(知力), 사고력 등 인간이 가지고 있는 모든 것을 동원한 노력은 정치를 비롯한 각 방면에서 이루어져왔읍니다. 그러나 그것이 세계를 어디에 갖다 놓았읍니까? 대차대조표를 작성해야 될 시기가 되지 않았읍니까?

　왜 인간의 노력은 언제나 실패로 끝났읍니까? 왜 모든 위대한 문명들은 허사가 되었읍니까? 그리스도인이 아닌 과학자라 할지라도 현대가 문명과 세계역사의 마지막 시기가 될 것이라고 서슴없이 예견하는 이유는 무엇일까요? 뭐가 잘못되었읍니까? 왜 우리의 모든 노력은 수포로 돌아갑니까? 인간이 최선을 다하여 노력해 놓은 것을 뒤쫓아 와서 마침내 무익한 것으로 돌려놓고 마는 치명적 존재는 무엇입니까? 그 정체불명의 존재가 인간이 자신을 구원할 만한 것이 인간에게 없음을 알려주지 않습니까? 인간은 최선을 다했지만 언제나 실패로 끝났읍니다. 노력은 장엄했지만 그럼에도 불구하고 결과는 실패였읍니다. 구원을 이루는 것은 "호흡하는 인간"에게 있지 않으며, 세상의 위대한 종교라는 것에도 있지 않읍니다. 그것들은 모두 희망이 없읍니다. 여러 가지 종교를 연구해 보십시오. 그러면 희망이 없음을 알게 될 것입니다. 그것들이 줄 수 있는 유일한 희망은 이 세상에서 벗어나 죽어 마침내는 궁극적이고 절대적인 경지, 곧 열반(Nirvana)에 몰입하는 것입니다. 인간의 개성은 상실됩니다. 어떤 이는 "인간의 유일한 희망은 일련의 환생(還生)에 있다"고 말합니다. 인간이 형상을 바꾸어 다시 태어난다는 것입니다. 공자는 "과거를 돌아보고 네 선조들을 공경하라. 위대한 것은 과거이며, 과거로 돌아가기를 힘써야 한다"라고 주장합니다. 이런 종교들은 모두 완전히 깊은 절망 속에 빠져 있읍니다.

 이런 현상은 왜 생길까요? 그것들은 인간에게 있는 중심적인 모순을 다룰 수 없기 때문에 결국에는 절망에 이르고 마는 것입니다. 모든 인간의 문제는 궁극적으로 "만물보다 거짓되고 심히 부패한 것은 마음이라 누가 능히 이를 알리요마는"(렘 17:9)이라는 예레미야의 말에 담긴 인간적 사실에서 시작됩니다. 인간은 자신을 알지 못합니다. 그는 자신에게 치우쳐 있읍니다. 인간은 언제든지 실제 모습보다 더 좋게 나타내 보일 수 있읍니다. 그는 다른 이를 비판하면서 동일한 관점에서 자기를 방어하기도 합니다. 인간은 정직하지 못합니다. 인간은 자신이 편견을 지닌 증인이며 어리석은 자임을 알고 있읍니다. 예레미야가 던진 질문을 다시 봅시다ー"누가 능히 인간의 마음을 알 수 있겠는가?"

 예레미야의 질문에 대한 답변은 인간의 마음을 알고 있는 분이 오직 한 분만 계시다는 것입니다. 그것은 "나 여호와는 심장을 살피며 폐부를 시험하고"(렘 17:10)라는 말씀에 나타납니다. 그러므로 우리는 이 사실로 되돌아와야 합니다. 사도 바울의 말에 의하면 인간에게 필요한 것은 **구원받는 것**입니다. 그는 "하나님이 우리를 구원하사 거룩하신 부르심으로 부르심은"(딤후 1 : 9)이라고 말합니다. 인간은 구원을 받아야 할 존재입니다. 인간은 스스로 평화와 안식을 얻을 수 없으며, 살아가면서 최악의 상황에 직면했을 때 "그럼에도 불구하고 부끄러워하지 않노라"고 스스로는 결단코 고백할 수 없읍니다. 인간은 자신으로부터 구원받아야 하며, 환경의 노예 상태, 세상, 육체, 사단 등등 이 모든 것으로부터 구원받아야 합니다. 이는 하나님으로 말미암고, 하나님께로 돌아가며, 하나님의 영광을 위한 구원입니다. 인간은 하나님의 팔 안에서 그의 안식과 평화를 찾을 수 있읍니다.

이런 일이 어떻게 가능합니까? "나의 의뢰한 자를 내가 알고"라는 말씀에 그 모든 것이 있읍니다. 사도 바울은 "… 사망을 폐하시고 복음으로써 생명과 썩지 아니할 것을 드러내신"(딤후 1 : 10) 우리 구주 그리스도 예수에 관해 말합니다. 여기에 해답이 있읍니다. 모든 것은 이것에 입각해야 합니다. 인간은 자신과 자신의 궁극적 무능함과 무기력함을 인식하고 자기가 처한 곳에서 주님께 부르짖을 때 비로소 희망이 있읍니다. 그러면 주님께서 그에게 귀를 기울이실 것입니다. 하늘에서 오셔서 이 땅에 사시다가 십자가에서 죽으시고 부활하신 주님 — 그 분이 그의 외침을 들어주실 것입니다. 주님은 자기에게 나아오는 자를 결코 내어쫓지 않겠다고 말씀하셨읍니다. 주님은 지금도 서서 비극과 수치, 불행과 실패로 점철된 세상을 향해 "수고하고 무거운 짐진 자들아 다 내게로 오라 내가 너희를 쉬게 하리라"(마 11 : 28)고 외치고 계십니다. 그가 이 세상에 오심은 사람들로 하여금 생명을 얻고 더 풍성하게 얻도록 하기 위함입니다. 주님께서 주신 생명을 소유하게 되면 죽음에 직면했을 때라 할지라도 강건한 사도처럼 "내게 사는 것이 그리스도니 죽는 것도 유익함이라"고 말할 수 있게 될 것입니다. 왜냐하면 "그리스도와 함께 있는 것이 더욱 좋은 일임을" 알게 되기 때문입니다(빌 1 : 21, 23).

   사람들이 나를 근심케 하고 괴롭힌다 할지라도
   나를 얽어매사 당신 품으로 인도하소서.

이것이 해답입니다. 옛 찬송가에서 노래하고 있는 것처럼 "평안하다. 예수의 팔 안에서 평안하다."

계속해서 주 예수 그리스도에 대해 보다 상세하게 이야기하고자 합니다. 하나님은 세상을 포기하지 않으셨읍니다. 하나님이 세상을, 곧 반역하고 죄많으며 자기 중심적인 인간을 너무나 사랑하셔서 독생자를 보내주셨읍니다. 이는 누구든지 그를 믿는 자마다 멸망치 않고 영생을 얻게 하시기 위함입니다. 더우기 이것은 우리에게 어떠한 일이 일어난다 해도 "내가…부끄러워하지 아니함은 나의 의뢰한 자를 내가 알고 또한 나의 의탁한 것을 그 날까지 저가 능히 지키실 줄을 확신함이라"고 말할 수 있게 하기 위함입니다. 형제여, 이 길만이 유일한 희망입니다.

제5장

그리스도 우리의 구세주

> 이를 인하여 내가 또 이 고난을 받되 부끄러워하지 아니함은 나의 의뢰한 자를 내가 알고 또한 나의 의탁한 것을 그 날까지 저가 능히 지키실 줄을 확신함이라(딤후 1:12).

인류의 절망적인 국면에 대한 유일한 해답은 구원 뿐임을 살펴보았읍니다. 우리 스스로는 아무것도 할 수 없지만 하나님이 우리를 구원하셨읍니다. 바울의 경우는 전적으로 그가 복음을 믿었기 때문에 감옥에 갇히거나 죽음에 직면했을 때라 할지라도 바울다운 삶을 살 수 있었고, 바울다운 처신을 할 수 있었던 것입니다.

그것은 어느 누구에게나 어느 때이든지 적용되는 복음이며, 단 하나밖에 없는 복음입니다. 사도 바울은 갈라디아 교인들에게 "그러나 우리나 혹 하늘로부터 온 천사라도 우리가 너희에게 전한 복음 외에 다른 복음을 전하면 저주를 받을지어다"(갈 1:8)라고 말합니다. 그리고 그는 디모데에게 "너는 그리스도 예수 안에 믿음과 사랑으로써 내게 들은 바 바른 말을 본받아 지키고"라고 권면합니다(여기서 딤후 1:6~14의 전 문맥을 염두에 둘 것을 다시금 당부합니다). 디모데후서 2:8을 보면 바울은 "나의 복음과 같이 다윗의 씨로 죽은 자 가운데서 다시 살으신 예수 그리스도를 기억하라"고 말합니다. 그가 "나의 복음"이라 말함은 유일한 복음임을 의미하고 있읍니다.

　다른 사도들도 사실상 바울과 같은 복음을 전하고 있었읍니다. 바울은 그 사실을 갈라디아 교인들과 고린도 교인들에게 설명하는데 고심했었읍니다. 사도들 간에는 아무런 분쟁이 없었읍니다. 베드로가 한 순간 정도(正道)에서 벗어났지만 바울은 그가 공통된 신앙에서 떠나고 있음을 일깨워주어 그를 돌이켰읍니다.*) 공통된 구원과 공통된 신앙, 곧 "성도들에게 단번에 영원히 전달되는 신앙"이 존재합니다. 신앙이 단번에 영원히 전달된다면 신앙의 역사(役事)가 20세기에 발생한다 해서 이 땅에서 문제될 것이 무엇이 있겠읍니까? 신앙은 하나님의 계시입니다. 인간의 이성의 산물도 아니며, 인간이 발견한 것도 아닙니다. 사도 바울이 말하고 있듯이 하나님이 신앙을 계시하신 것입니다. "하나님이 우리를 구원하사 거룩하신 부르심으로 부르심은 우리의 행위대로 하심이 아니요 아직 자기 뜻과 영원한 때 전부터 그리스도 예수 안에서 우리에게 주신 은혜대로 하심이라"― 신앙이란 이런 것입니다! 그것은 단번에 영원히 나타난 바 되었읍니다.

　복음은 오직 하나만 존재합니다. 이 세상이 얼마나 오랫 동안 지속될 것입니까? 모를 일입니다. 그러나 세상이 천 년을 지속한다 해도 새로운 복음은 나타나지 않을 것이며, 새로운 복음에 대한 필요성도 존재치 않을 것입니다. 현대인은 새로운 메시지를 필요로 한다는 사상은 복음에 대한 전면적인 부정으로 인해 생겨난 것입니다. 현대인 ― 그는 누구입니까? 그에 앞서 살아갔던 모든 사람보다도 더 나은 존재입니까? 보다 도덕적인 존재입니까? 그는 결코 간음을 행하지 않습니까? 술에 취하지 않습니까? 핵폭탄을 만들 정도로 광기어린 존재가 아닙니까? 현대인은 새로운 메시지를 필요로 할 정도로 놀라운 존재입니까? 과연 그렇습니까?

　문제는 여전히 삶과 죽음, 심판대에서 하나님을 대하는 것, 영원에 대한 의식 등에 관련된 것입니다. 그것이 문제이며, 복음은 그에 대한 해답을 갖고 있읍니다. 성경에는 그 문제에 관해 불확실한 구석이 전혀 없음을 하나님께 감사합니다. 나는 성경에서 깨달은 것을 떠나 설교할

＊) 갈 2:11~21 참조 ― 역자주.

것을 전혀 찾지 못합니다. 바울은 디모데에게 "바른 말을 본받아 지키고"라고 말합니다. 여기서 "바른 말"이 내가 의지하고 있는 유일한 말씀이며, 바울이 본문에서 설명하고 있는 내용입니다. 더우기 다시금 강조하고자 하는 점은 복음을 온전히 믿을 때 비로소 평안과 위로 그리고 힘과 능력을 얻게 된다는 것입니다. 그리스도교 신앙의 교리를 믿지 않는다면 복음이 베푸는 그 어떤 혜택도 누릴 수 없읍니다.

또 하나의 현대적인 오류가 있읍니다. 젊었을 때 한 지방의 설교자(a local preacher)로 있으면서 경력을 쌓아 유명하게 된 한 사람을 알고 있읍니다. 그가 지방 설교자의 위치를 벗어나 있을 때 그의 신앙에 대한 질문을 받은 적이 있었읍니다. 그는 "나는 아직도 그리스도교 윤리를 고수합니다. 하지만 더 이상 그리스도교 교리를 믿지는 않습니다"라고 대답했읍니다. 그는 교리를 믿지 않았읍니다. 그러기에는 너무 영악해졌고 유명한 인물이 된 것이었읍니다. "하지만 나는 아직도 그리스도교 윤리를 고수합니다" – 이것이 그의 유일한 답변일 뿐입니다. 그리스도교 교리를 믿지 않으며 교리를 믿는 데서 나오는 능력을 소유하지 않는다면 어느 누구도 그리스도교 윤리를 실천할 수 없읍니다. 그것은 불가능한 일입니다.

현대세계가 지금의 상태로 되어버린 것은 우리의 어리석은 선조들이 19세기 중반에 그리스도교 교리를 부정하고도 그리스도교의 모든 혜택을 고수할 수 있을 것이라고 생각하기 시작했기 때문입니다. 과학은 1859년에 그 목소리 – 다윈의 "종의 기원"(Origin of Species)을 중심으로 한 그에 따르는 모든 이론 – 를 높이기 시작했읍니다. 사람들은 "물론 우리는 기적이나 동정녀 탄생 그리고 그리스도에 의해 이루어진 이적 등을 결코 믿지 않습니다. 우리가 현재 소유하고 있는 지식으로 그런 것들을 믿을 수는 없지만 그리스도교의 혜택을 누리길 원한다"라고 말했읍니다. 우리의 20세기는 교리를 포기한다면 그리스도교의 혜택을 소유할 수 없음을 증명하고 있읍니다. 우리가 교리를 따르려 하지 않는다면 그 혜택을 누린다는 것은 불가능합니다. 왜냐하면 그리스도교의 모든 혜택은 교리에서 나오기 때문입니다. 그리스도교적 삶은 신앙의 결과입니다. 그리스도교의 교리와 윤리는 뗄 수 없도록 함께 결합되어 있어서 결코 분리시킬 수 없읍니다.

사도 바울은 디모데후서에서 그것을 밝히고 있읍니다. 그는 "확신하고 있음"을 말합니다. 그것이 그가 부끄러워하지 않는 이유입니다. 바울은 "나의 나된 것은 내가 믿고 있는 진리를 확신하기 때문이다"라고 말하는 것입니다. 그러므로 복음의 진리를 믿는 것은 필수적입니다. 경험의 내용을 알려면 무엇보다 경험을 해야 합니다. 물론, 잘못된 경험을 소유할 수 있는 가능성을 부인하지는 않겠읍니다. 우리에게 경험을 제공하는 많은 매개체가 있읍니다. 나는 그리스도교 과학이라 할지라도 일시적인 행복을 제공한다고 생각합니다. 그것이 죽음을 앞둔 자에게 도움을 줄 수 있다고 생각지 않습니다. 그러나 당분간은 사람으로 하여금 편안하게 할 수 있을 것입니다. 다른 많은 종파들도 그와 동일한 역할을 할 수 있을 것입니다. 약품이나 알코올도 역시 그럴 수 있읍니다. 이처럼 많은 것들이 우리에게 일시적인 기쁨을 줄 수 있읍니다.

그러나 우리의 관심은 찰나적인 행복에 관한 것이 아니라 삶과 죽음 그리고 영원에 관한 것입니다. 이런 점에서 신앙만이 우리에게 도움을 줄 수 있는 것입니다. 그러므로 교리를 믿지 않으면 안됩니다. 그것이 바울이 디모데에게 권면하고 있는 점입니다. 바울은 "디모데야, 네가 현재의 상태에 이르게 된 것은 교리에 대해 명확치 못했기 때문이다. 너는 이 모든 상황이 바울인 나에게 달려 있다고 생각함에 틀림없다. 그러나 그렇지 않다. 그것은 하나님의 능력에 달려 있다. 나를 바라보지 말고 교리와 네 신앙의 근거를 돌아보라. 네가 진리에 대한 분명한 자세를 갖지 못한다면 올바르게 되지 못할 것이며, 승리하지도 못하리라"고 말하고 있는 것입니다. 나도 지금 우리의 시대에서 바울과 똑같은 말을 하지 않을 수 없읍니다.

성경적 진리에 대해 분명해지려면 우리의 문제로 시작해서는 안되고 먼저 하나님을 알아야만 합니다. 그는 세상을 창조하시고 다스리시며 세상에 대한 목적을 지니고 계십니다. 그리고 앞서 인간을 살펴보았을 때 그가 동물이 아님을 밝혔읍니다. 인간은 하나님의 형상으로 만들어진 살아 있는 영혼으로 하나님을 위한 존재이고, 하나님과 교제하며 영원한 것을 사모하도록 만들어진 존재입니다.

그러나 현실적으로 근심에 싸인 인간의 모습이 역력합니다. 이는 이 세상의 신인 사단, 곧 인간을 꾀어 하나님께 반역케 하는 악한 세력 때문에 그러한 것입니다. 여기에 인간의 위치가 있읍니다. 인간은 사단에 의해 정복되어서 압제당하고 있는 것입니다. 아무리 인간이 그와 싸우려 한다 해도 이겨낼 수 없읍니다. 문명의 전 역사는 악과 사단에 대한 인간의 투쟁의 발자취입니다. 그렇다고 해서 인간이 이룩해 놓은 자랑스런 것들을 격하시키고자 하는 의도는 전혀 없읍니다. 헬라의 철학이나 시를 경멸하는 사람은 어리석은 자입니다. 그것은 고귀한 노력이었읍니다. 그러나 실패하고 말았읍니다. 위대한 문명들을 생각해 보십시오. 가령 아테네를 방문해 보십시오. 무엇을 보게 됩니까? 그리이스인이 지녔던 영광을 보게 될 것입니다. 그러나 그것은 과거이지 현재가 아닙니다. 모든 문명은 그와 똑같은 종말을 맞이했읍니다. 문명은 성공한 적이 없으며, 진실로 성공치도 못할 것입니다. 어떤 이론과 생각, 철학과 문명이라 할지라도 인간의 문제를 풀지 못할 것입니다. 물론, 세상의 종교들도 마찬가지입니다.

　그렇다면 희망은 없습니까? 희망은 있읍니다. 그것은 복음에 포함된 모든 관점에 있읍니다. 나는 지금까지 이 문제에 관해 소극적인 측면에서 살펴보았읍니다. 어느 누구도 그리스도께 나아오지 않고 못배길 상황에 이르기 전까지는 결코 그리스도께 나아오지 않습니다. 나도 역시 그리스도께 나아오지 않을 수 없을 때에 이르러서야 비로소 그에게 나아왔읍니다. 인간은 모두 자긍하며, 스스로 만족해 하고 자기 확신에 차 있읍니다. 스스로 모든 것을 할 수 있다고 생각합니다. 인간은 비참한 실패를 맛보고 티끌에 버려져 자신이 티끌 가운데 있음과 인생의 영광이 죽어버렸음을 깨달았을 때야 비로소 붉게 타오르는 황혼녘에 인생이란 다함이 없음을 알게 됩니다. 이것은 인간에게 있어서 희망이자 축복입니다. 인간은 완전한 절망과 무기력함을 깨달을 때 복음에 귀기울일 준비를 합니다. 바울이 디모데에게 상기시켜 주는 것도 그런 것입니다. 다음으로 주시할 것은 **복음은 전적으로 한 인격에서 출발하고 그를 중심으로 한다**는 것입니다. 바울이 부끄러워하지 않는 이유는 무엇입니까? 이는 자신이 의뢰하는 자를 알고 있기 때문입니다. 바울은 그 분을 홀로 내버려두지 않고 쉬지 않고 그 분에 대해 말하고 있읍니다. 디모데후서 1 : 9에서 "하나님이 우리를 구원하사 거룩하신 부르심으로 부르심은 우리의 행위대로 하심이 아니요 오직 자기 뜻과 영원한 때 전부터 그리스도 예수 안에서 우리에게 주신 은혜대로 하심이라"고 말합니다. 예수 그리스도! 바울이 의뢰했던 그 분! 그는 예나 지금이나 변치 않는 분이십니다.

그리고 이 사람 바울을 바울답게 만든 것은 무엇입니까? 어떻게 그가 감옥에 있으면서도 기뻐할 수 있었을까요? 죽음에 당면해서도 그는 어떻게 해서 미소지을 수 있었을까요? 그가 박해 가운데서도 즐거워할 수 있는 근거는 무엇입니까? 이에 대한 해답은 오직 하나 뿐입니다. 즉, 바울은 한 인격을 만난 것입니다. 그는 복되신 주를 뵈온 것입니다. 바울이 그를 만나기 전까지는 사울이라 불리웠읍니다. 사울은 스스로 만족해 하는 유대인이었지만 불행하고 기쁨이 없었읍니다. 독선적인 사울은 늘 긴장하며 조심해야만 했기에 진정으로 행복해질 수 없었읍니다. 우리도 역시 도덕적이고 종교적인 생활을 통해서 자신을 구원하려 한다면 결코 행복을 알지 못하게 될 것입니다. 종교나 윤리에 의해 어느 누구도 행복해질 수 없읍니다. 그러한 것은 우리를 예의 바르고 자제적으로 만들지만 행복하게 하지는 못합니다. 종교나 윤리는 인간으로 하여금 찬송할 수 있게 하지 못합니다. 그것들은 모두 침울한 것입니다. 또한 그 점이 타종교와 그리스도교 사이의 차이점을 결코 소홀히 해서는 안될 이유입니다. 인간으로 하여금 찬송케 하는 것은 오직 그리스도교 뿐입니다.

이 사람 바울이 찬송할 수 있는 근거는 무엇입니까? 그는 도처에서 이야기하고 있지만 그의 일화를 돌이켜봅시다. 그것은 그가 다메섹으로 가는 도중에 일어난 일이었읍니다. 당시에 사울이라 불리웠던 그는 교회에 대해 위협과 살기가 등등하여 가고 있었읍니다. 그때에 하늘에서 빛이 비추면서 복되신 얼굴을 보았고, "사울아 사울아 네가 어찌하여 나를 핍박하느냐" 하는 음성을 들었읍니다. 바울은 그 분이 영광의 주님인 것을 깨달았읍니다. 그는 예수 그리스도를 만나 그를 알게 된 것입니다. 그래서 그의 전 삶이 변화되었읍니다. 그는 새 사람이 되어 새로운 인생을 시작했읍니다. 디모데후서에서 바울은 감옥에 갇혀 인생의 종말에 직면했지만 기뻐하고 있읍니다. 왜 그렇습니까? 바울은 다메섹으로 가는 도중에 만난 주님을 알고 있으며, 그를 앎으로 모든 것이 흡족했기 때문입니다.

그리스도교의 모든 것은 복되신 그리스도의 인격에 근거합니다. 나는 인간의 부정적인 면모를 들추어내고 싶지 않지만 어쩔 수 없는 일입니다. 나는 나의 청지기직에 대해 하나님께 설명해야만 합니다. 모든 설교가 중에 가장 위대한 자인 바울은 "우리 모두 그리스도의 심판대 앞에 드러날 것임에 틀림없다. 그리고 선악 간에 육체 가운데서 이루어진 행위에 대해 설명해야만 한다. 그러므로 우리는 주님을 두려워하는 마음이 있기 때문에 사람들을 설득시키려 한다"라고 말하는 것입니다. 내가 비록 연약하고 무가치하지만 바울이 이룬 그 일을 해야만 하는 것입니다. 우리는 할 수 있는 한 신속하고도 빈번하게 대중 전달매체를 통하여 의사를 전달할 수 있는 세계에 살면서 중요한 것은 예수 그리스도의 가르침이고, 그리스도교란 예수님의 가르침을 취하여 그것을 실천에 옮기며 예수님을 본받기 위해 최선을 다하는 것이라고 알고 있읍니다. 그러나 사도 바울은 여기서 그런 이해는 잘못된 것임을 밝히고 있읍니다. "하나님이 우리를 구원하사 거룩하신 부르심으로 부르심은 우리의 **행위대로** 하심이 아니요." 즉, 우리에게 우선적으로 중요한 것은 주 예수 그리스도의 가르침이 아니라 "내가 의뢰하는 인격 그 자체"라는 것입니다. 사도 바울은 "내가 감옥에서도 기뻐할 수 있는 것은 예수님의 가르침을 들은 이후에 그것을 실천에 옮기기 위해 최선을 다했기 때문이다. 나는 이제 나의 발자취를 회고한다"라고 말하지 않습니다. 오히려 그는 "나의 의뢰한 자를 내가 알고 또한 나의 의탁한 것을 그 날까지 저가 능히 지키실 줄을 확신함이라"고 고백합니다. 중요한 것은 "그 분"입니다. 예수 그리스도 – 그가 전부입니다.

형제들이여, 이 진리는 오늘날도 마찬가지입니다. 저는 지금 산상수훈을 실천하라고 권면하거나 그리스도를 좇으라고 말하고 싶지 않습니다. 그것은 부수적인 일입니다. 제가 우선적으로 묻고자 하는 것은 "그리스도를 알고 있는가? 주 예수 그리스도를 만났는가? 자신의 믿음이 그 분 안에 있는가?" 하는 것입니다. 진정 "나의 의뢰한 자를 내가 알고 또한 나의 의탁한 것을 그 날까지 저가 능히 지키실 줄을 절대적으로 확신한다"라고 말할 수 있읍니까? 그러므로 제가 지금 권하고 싶은 것은 그리스도를 자기 앞에 모셔두라는 것입니다. 그리고 이것이 바울이 디모데에게 행하라고 일깨워준 것입니다.

디모데는 설교자이고 복음전도자이긴 했지만, 사도 바울은 그에게 그리스도교 신앙의 요소들을 알려주면서 그를 기초적인 원리로 돌이켜야만 했었읍니다. 저도 역시 그와 똑같은 일을 하고자 하는데 그렇게 하는 것이 조금도 어색하지 않습니다. 오늘날 교회와 국가의 모든 문제는 으뜸가는 원리들을 잊고 있는 데서 기인함을 나는 갈수록 확신합니다. 사람들은 그리스도교의 정체를 알고 있다고 생각하지만 실상은 그렇지 못합니다. 그들이 정작 알고 있었다면 현상태에 이르지 않았을 것입니다. 그리스도교란 예수 그리스도라는 인격이며 그에 관한 사실들입니다.

그러면 그리스도교의 실제에 관련된 사실들은 무엇입니까? 사도 바울은 우리 앞에 그것을 제시합니다. 우선 "예수," "그리스도 예수," 또는 "예수 그리스도"로 시작해야 합니다. 사도 바울이 현재의 모습을 지니게 된 것은 한 인격을 만났기 때문인데, 그 인격의 이름은 예수, 곧 나사렛 예수입니다. 그는 인간입니다. 그가 아기로 베들레헴에서 태어날 때 그 몸이 구유에 누워있었읍니다. 사람들은 그의 이름을 예수라 불렀읍니다. 우리는 지금 이 사람을 살펴보고 있는데 그에 대해 명확하지 않으면 안됩니다. 왜냐하면 우리의 모든 위치가 예수라 불리우는 사람의 인격에 근거하고 있기 때문입니다. 그러나 중대한 문제는 여기에 있읍니다. 곧, "예수는 단지 인간에 지나지 않는가? 그는 세상에 알려졌던 자 중 가장 위대한 종교교사이자 도덕적 본보기에 불과한 존재가 아닌가?" 하는 것입니다. 예수는 고작 그런 존재입니까?

사도 바울이 예수에 대해 말하고 있는 바를 주시해 봅시다. 그는 "이제는 우리 구주 그리스도 예수의 **나타나심으로 나타났으니**"(딤후 1:10)라고 말합니다. 예수가 누구이든지간에 그는 "나타났다"고 일컬어질 수 있는 자입니다. 일반적으로 사람들에 관해 그들이 이 세상에 "나타났다"고 말할 수 있습니까? 가령, 한 아이가 가정에서 태어났을 때 "나타났다"고 말합니까? 물론 그렇게 말하지 않습니다. 아이가 태어났다고 말합니다. 그것이 올바른 표현입니다. 그러나 예수는 나타난 바 된 자입니다. 현현(顯現, Epiphany)입니다! 그것이 의미하는 것은 그가 나타나기 전에 존재했다는 것입니다. 다시 말하자면, 그가 베일에 가려 있다가 돌연히 베일이 젖혀지면서 모습을 드러낸 것입니다.

이것이 그리스도교의 본질적 가르침 중 일부입니다. 디모데후서 1:10을 앞의 구절과 연결시켜야 합니다. "하나님이 우리를 구원하사 거룩하신 부르심으로 부르심은 우리의 행위대로 하심이 아니요 오직 자기 뜻과 영원한 때 전부터 그리스도 예수 안에서 우리에게 주신 은혜대로 하심이라 이제는 우리 구주 그리스도 예수의 나타나심으로 말미암아 나타났으니" — 이것이 그리스도교의 본질입니다. 이 말씀은 이 세상이 하나님의 것일 뿐 아니라 하나님이 여전히 이 세상에 대한 관심을 갖고 계시며 관련을 맺고 계심을 알려줍니다. 하지만 보다 더 중요한 것은 세상이 시작되기 전에 하나님께서 세상을 구원하려는 위대한 목적과 계획을 품고 계셨다는 것입니다. 이것이 이 세상이 깨닫지 못하는 것입니다. 우리는 정치인들의 입술에 매달려 있읍니다. 그리고 정치인들은 위대한 철학자들이 의도하는 바에 감명을 받고, 문명이 늘 그래왔듯이 상황을 조금이라도 더 개선시키기 위해 노력합니다. 하지만 반드시 알아야 할 것은 하나님이 이 세상에 대한 목적과 계획을 지니고 계시며, 그 계획은 세상이 시작되기 전부터 존재했다는 것입니다. 그것은 하나님의 마음 속에 있었으며 예수 그리스도의 나타나심으로 나타나게 되었읍니다.

　이것은 신약성경 전체의 가르침입니다. 뿐만 아니라 구약성경의 가르침이기도 합니다. 구약성경은 전체적으로 하나님이 에덴 동산에서 타락한 인간들에게 약속하신 것의 실현을 예견하고 있읍니다. 인간이 타락했을 때, 하나님은 "내가 너로 여자와 원수가 되게 하고 너의 후손도 여자의 후손과 원수가 되게 하리니 여자의 후손은 네 머리를 상하게 할 것이요"(창 3:15)라고 말씀하셨읍니다. 이는 악과 죄와 사단 그리고 음부에 대한 정복을 가리키는 것이며, 하나님은 이 약속을 이루고 계십니다.

　구약성경 전체는 이 약속의 성취를 바라보고 있읍니다. 이것은 구약성경의 놀라운 점입니다. 신약성경의 시점에서 구약성경을 검토하게 된다면 하나님의 나타난 바된 목적이 점진적으로 진행되어 옴을 깨닫게 될 것입니다. 하나님은 그 약속을 반복하십니다. 하나님은 아브람이라 불리우는 자를 우상을 숭배하는 데서 택하셔서 자기 백성의 한 사람으로 전환시키십니다. 그는 "내가 너로 큰 민족을 이루겠다"고 언약하시면서 그 언약을 점차적으로 이루십니다. 하나님이 그렇게 언약하심은 아브람으로 말미암아 뱀의 머리를 상하게 할 여자의 후손을 오게 하시기 위함입니다. 하나님은 아브람에게 "나와서 하늘의 별을 셀 수 있나 봐라. 바닷가의 모래를 셀수 있나 보라. 네 자손이 그와 같을 것이다. 너와 네 자손으로 인하여 천하만민이 복을 얻을 것이니라"하고 동일한 언약을 반복하셨읍니다. 구약의 백성들은 이것을 바라보았으며, 그 약속은 계속되고 있읍니다.

하나님의 언약은 구약성경에서 거의 끊임없이 반복됩니다. 위대한 입법자였고 이스라엘 백성을 애굽의 속박과 포로 상태에서 건져내어 그들을 가나안 땅으로 이끌었던 모세를 봅시다. 하나님은 그에게 장막의 배치에 대해 가르치셨고, 드려야 할 희생제물에 대해 말씀하셨읍니다. 피가 드려져야 하며 희생제물은 하나님께 드려져야만 합니다. 왜 그렇습니까? 이는 하나님이 하시고자 하는 일을 예표하고 있기 때문입니다. 어린 양은 아침 저녁으로 죽임을 당해야 했읍니다. 모세 때의 제사의식은 계속되어져 성전에서도 반복되고 다듬어졌읍니다.

시편이나 예언서를 볼 때도 동일한 사실을 발견할 수 있읍니다. 가장 뛰어난 예언자 중에 하나인 이사야 — 그는 때때로 복음적인 예언자(the evangelical prophet)라 불리웁니다 — 는 이스라엘 백성에게 나아와 하나님이 자기 백성에게 평안하라고 말씀하셨음을 일깨워주었읍니다. 그 이유는 무엇입니까? 한 크신 분이 오고 있기 때문입니다. "골짜기마다 돋우어지며 산마다 작은 산마다 낮아지며 고르지 않은 곳이 평탄케 되며 여호와의 영광이 나타나고 모든 육체가 그것을 함께 보리라"(사 40:4, 5). "평안하라 그 분이 오고 있다!" — 이것이 모든 예언자들의 메시지였읍니다. 그들은 모두 이 능력 많은 구원자의 임재를 기대하고 있었읍니다. 인간은 죄와 사단의 노예 상태에 빠져 있읍니다. 인간은 무기력하여서 아무것도 할 수 없으며, 율법을 지킬 수도 없고, 실패 뿐입니다. 그러나 구원자가 오고 있으며, 예언자들은 그를 기대하고 있읍니다.

그리고 신약성경에 이르러 놀라운 진술을 발견하게 됩니다. "때가 차매 하나님이 그 아들을 보내사 여자에게서 나게 하시고 율법 아래 나게 하신 것은 율법 아래 있는 자들을 속량하시고 우리로 아들의 명분을 얻게 하려 하심이라"(갈 4 : 4,5). 여기서 "때가 차매"라는 표현에 유의하기 바랍니다. 하나님의 목적은 창세 전부터 존재했었읍니다. 그리고 이 말씀에 나타난 것이 그의 목적이고 계획입니다. 이전까지는 준비기간이었지만 이제는 때가 된 것입니다. 때가 찬 것입니다! 때가 완전하여져 구원자가 임하였읍니다. "하나님이 그 아들을 보내사 여자에게서 나게 하시고 율법 아래 나게 하신 것은 율법 아래 있는 자들을 속량하시고 우리로 아들의 명분을 얻게 하려 하심이라."

이것은 위대한 사건입니다! "우리 구주 그리스도 예수의 나타나심으로 말미암아 나타났으니." 베들레헴 구유에 누운 그 아기는 하나님의 아들, 곧 그의 영원하신 아들일 뿐입니다. "태초에 말씀이 계시니라 이 말씀이 하나님과 함께 계셨으니 이 말씀은 곧 하나님이시니라 … 만물이 그로 말미암아 지은 바 되었으니 지은 것이 하나도 그가 없이는 된 것이 없느니라"(요 1 : 1,3). 그는 하나님의 영원하신 말씀입니다. 하지만 주목해야 할 것은 "말씀이 육신이 되어 우리 가운데 거하셨다"(요 1 : 14)는 사실입니다. 베들레헴의 그 아기는 "육화(肉化)된 말씀"입니다. 그는 하나님의 영원하신 아들인데 "나타난 바"된 것입니다. 그는 역사와 세상에 들어오셨고 인간성을 취하셨읍니다. 육화되셨고 인성과 신성을 함께 지니셨읍니다. "나타나심"이라는 표현에 모든 비밀이 담겨져 있읍니다.

그러므로 동정녀 탄생을 믿기 전까지는 그리스도의 평안과 위로에 대해 전혀 깨달을 수 없읍니다. 나사렛 예수는 인간이 아닙니다. 심지어는 완전한 인간도 아닙니다. 그는 신인(神人, God-Man)입니다. "성령으로 잉태하사 동정녀 마리아의 몸에서 나신" 분입니다. 여기에 바울의 신앙과 초대교회의 신앙, 그리고 오랜 세기를 달려온 교회의 신앙이 있읍니다. 현대인은 그것을 믿지 않습니다. 그들은 지옥을 선택한 것입니다. 동정녀 탄생은 제가 현대인에게 말해야만 하는 전부입니다. 예수는 인간을 구원하기 위해 인간이 되시기도 하셨지만 여전히 하나님이십니다. 그리고 사람들이 자기 영혼의 병을 깨닫고 하나님의 법의 영적 특성과 자신의 도덕적 영적 무능함을 인식한다면 동정녀 탄생을 믿는데 별 어려움이 없을 것입니다.

하나님의 형상을 따라 완전하게 만들어진 첫 사람 아담이라 할지라도 범죄하고 타락했읍니다. 하나님은 또다른 완전한 사람을 만드심으로 세상을 구원할 수 없었읍니다. 완전한 사람이라도 타락했읍니다. 타락한 인간은 자신을 구원할 수 없지만 완전한 인간은 홀로 사단에게 대항하여 설 수 없읍니다. 인간은 더 많은 것을 필요로 하는데, 그것이 "나타나심"으로 임하였읍니다. 성자(聖子) 하나님이 하늘에서 지상으로 내려오신 것입니다 —"하나님이 세상을 이처럼 사랑하사 독생자를 주셨으니." 그는 여자의 후손입니다. 그는 이 땅에서 혈연의 아버지를 두지 않았읍니다. 성령으로 잉태된 것입니다. 오랫 동안 고대되며 예언되었던 자는 바로 예수이십니다. 그로 인하여 세례 요한의 아버지 사가랴에게 좋은 소식이 전달되었읍니다. 또한 천사장 가브리엘이 말한 것도 그에 대해서였읍니다. 천사가 그의 어머니 마리아에게 찾아와 "은혜를 받은 자여 주께서 너와 함께 하시도다 여자 중에 네가 복이 있도다"라고 말하였읍니다. 마리아는 두려웠읍니다. "천사가 일러 가로되 마리아여 무서워말라 네가 하나님께 은혜를 얻었느니라 보라 네가 수태하여 아들을 낳으리니 그 이름을 예수라 하라 저가 큰 자가 되고 지극히 높으신 이의 아들이라 일컬을 것이요 주 하나님께서 그 조상 다윗의 위를 저에게 주시리니 영원히 야곱의 집에 왕노릇 하실 것이며 그 나라가 무궁하리라 마리아가 천사에게 말하되 나는 사내를 알지 못하니 어찌 이 일이 있으리이까 천사가 대답하여 가로되 성령이 네게 임하시고 지극히 높으신 이의 능력이 너를 덮으시리니 이러므로 나실 바 거룩한 자는…"(눅 1 : 30~35).

이는 단순한 인간이 아니라 육신을 입으신 하나님이십니다. 예수는 한 인격 안에 두 가지 성품을 지니신 분이십니다. 그는 완전한 하나님이자 완전한 인간이십니다. 그가 나타난 것입니다! 이것이 그리스도교의 중심 메시지입니다. 우리에게 필요한 것은 어떤 위대한 메시지나 가르침이 아니라 우리를 죄에서 건져낼 만큼 강하고 우리를 속량하여 구원할 수 있는 존재이십니다. 바로 예수가 그런 분이십니다. 그가 "나타나셨다!" 그는 하늘에서 오신 하나님, 영광의 성자 하나님이십니다. 그가 이 땅에 임하셨읍니다! "우리 구주 그리스도 예수의 나타나심"입니다.

그러므로 예수 그리스도에게 시선을 집중해야 합니다. 바울은 그에 관한 모든 것을 정확하게 요약하고 있읍니다. 바울은 "이 사람을 보라. 나의 나된 것은 내가 그를 만나서 그를 알고 그가 나의 의탁한 것을 지키실 줄을 알고 있기 때문이다"라고 말하는 것입니다. 만물은 예수 그리스도를 의존하고 있읍니다. 그러나 그는 아기로 태어나 구유에 누워 있었읍니다. 그의 삶을 추적해 보고 그의 가르침을 들어볼 때 그는 바리새인의 학교에 다닌 적이 없었읍니다. 그는 목수로 성장했읍니다. 그가 가르치기를 시작했을 때 사람들은 그에 대해서 "그 가르치는 것이 권세있는 자와 같고 바리새인이나 서기관들과 같지 않다"라고 말하였읍니다. 예수를 잡으러 갔던 군인들은 돌아와서 말하기를, "그 사람의 말하는 것처럼 말한 사람은 이때까지 없었읍니다. 그래서 우리는 그를 잡을 수 없었읍니다"라고 했읍니다. 그들의 말은 결국 "그에게는 알 수 없는 힘이 있읍니다. 권세가 있읍니다" 하는 것입니다. "그 사람의 말하는 것처럼 말한 사람은 이때까지 없었읍니다" 하는 이야기를 지금도 들어본 적이 있읍니까?

 예수 그리스도 자신이 증거하고 있는 것을 살펴봅시다. "옛 사람에게 말한 바 … 너희가 들었으나 나는 너희에게 이르노니," "내가 곧 길이요 진리요 생명이니 나로 말미암지 않고는 아버지께로 올 자가 없느니라." "아브라함이 나기 전부터 내가 있느니라," "내가 온 것은" 등입니다. 그의 증거는 언제나 동일한 것입니다. 즉, "내가 태어났다"는 것이 아니라 "내가 왔다"는 것입니다. 예수 그리스도는 세상에 오신 분이십니다. 또한 그의 날개로 치료함을 받으며 의의 태양이 떠오르리라는 약속의 성취이기도 합니다. 그의 증거는 "내가 왔다"는 것입니다. 이번에 예수 그리스도의 요구하는 바를 살펴봅시다. 그는 일상적인 직업에 종사하는 자들에게로 가서 "나를 따르라"고 주저하지 않고 말합니다. 그리고 그들은 그대로 했읍니다. 이런 식의 전적인 충성과 항복을 요구하는 이 사람은 누구입니까? 자신을 따로 떼어놓고 "자신의 존재"(I am)를 말하는 그는 누구입니까? 여기에 중대한 문제가 있읍니다.

 다시 증거가 되는 것으로 그의 이적 행함을 봅시다. 이적은 그에 관한 메시지의 본질적인 부분입니다. 요한복음서를 보면 이적은 주님의 징표이며, 그가 이적을 행함은 그의 정체에 관한 지식을 백성들에게 주기 위함이고 백성들이 그를 믿지 않았을 때 그것을 증거로 사용했음을 알 수 있읍니다. 주님은 백성들이 그를 믿지 못할 때면 행한 것을 보고 믿으라고 말씀하셨읍니다. 옥에 갇혀 건강이 악화되므로 인해서 연약해진 세례 요한이 예수에 대해 근심하면서 그의 두 제자를 예수께 보내어 "오실 그이가 당신이오니까 우리가 다 이를 기다리오리이까" 하고 물었읍니다. 예수께서 대답하시기를, "너희가 가서 듣고 보는 것을 요한에게 고하되 소경이 보며 앉은뱅이가 걸으며 문둥이가 깨끗함을 받으며 귀머거리가 들으며 죽은 자가 살아나며 가난한 자에게 복음이 전파된다 하라"고 하셨읍니다(마 11 : 4~5). 그는 이적을 행했고, 사람들은 놀라 말하기를 "우리가 오늘 기이한 일을 보는도다 이것이 어찌 됨이뇨"라고 하였읍니다. 그들은 두려워했으며, 그의 제자들조차도 경악해 마지 않았읍니다. 기적이 이루어진 것입니다. 그렇다면 이 사람은 누구입니까?

예수 그리스도는 완전하고 죄없는 삶을 살았읍니다. 그는 광야에 있으면서 40일 간 사단의 유혹을 받았지만 범죄치 않았읍니다. 그는 죽음을 눈 앞에 두고 "누가 나를 죄로 책잡겠느냐?"라고 말씀하셨읍니다. 사람들은 그렇게 할 수 없었읍니다. 그들은 그를 죄로 책잡으려 해보았지만 완전히 실패했읍니다. 예수님은 사단과 악과 온갖 유혹을 이겨내신 분이십니다. 그러나 그가 지나간 모든 발자취를 돌이켜볼 때 모순이 있는 듯이 보일 수도 있읍니다. 예수님은 물결을 명하여 잠잠케 했으며 광풍을 잠들게 했읍니다. 또한 절름발이를 고치사 사슴마냥 뛸 수 있게 했으며, 죽은 자라 할지라도 살리셨읍니다. 이와 반면에 그는 매우 연약해 보이는 가운데 체포되어 사형선고를 받고 십자가에 못 박혀 인간으로서 당할 수 있는 가장 수치스럽고 불명예스러운 죽음을 당하셨읍니다. 예수님은 무기력하게 죽어갔으며 그의 대적들은 귀청이 떨어질 정도로 웃고 조롱하며 즐거워하였읍니다. 예수님을 반대하던 자들은 그를 죽여 제거시켜버렸읍니다. 그들은 십자가가 그의 마지막이라고 생각했읍니다. 그들은 그의 육체를 십자가에서 내려 무덤에 묻고 바위로 봉하고나서 군인들을 보내어 무덤을 지키게 했읍니다. 그것이 나사렛 예수의 최후인 듯했읍니다.

그러나 그게 아니었읍니다! 디모데후서에서 사도 바울이 아주 특별하게 디모데에게 상기시켜 주고 있는 사실은 "이제는 우리 구주 그리스도 예수의 나타나심으로 말미암아 나타났으니 저는 사망을 폐하시고 복음으로써 생명과 썩지 아니할 것을 드러내신지라" 하는 것입니다. 이것이 예수 그리스도에 관한 메시지이고 그가 이루신 일입니다. 그는 무덤에서 부활하여 승리하셨읍니다.

형제들이여! 바울의 모든 것은 이 사실에 의지합니다. 사도행전의 전반부를 보면 성도들이 전했던 것은 "예수와 부활"임을 알 수 있읍니다. 왜 부활을 전했읍니까? 예수의 그리스도되심을 최종적으로 증명하는 것이 부활이기 때문입니다. 제자들도 부활을 볼 때까지는 흔들렸었읍니다. 그들에게 끝내 확신을 주었던 것은 부활이었읍니다. 또한 바울도 그가 성결의 영을 따라 죽은 자로부터의 부활로 말미암아 능력으로 하나님의 아들이심을 증거하였다고 말합니다. 만약 예수님이 부활하지 않으셨다면 구세주가 될 수 없었을 것입니다. 하지만 그는 사망을 폐하셨읍니다. 예수님은 그것을 취소하시고 심판대 밖으로 던져 붕괴시키셨읍니다. 그와 동시에 생명과 썩지 아니할 것을 드러내셨읍니다. 그의 복음을 통하여 생명과 부패하지 않는 것이 찾아든 것입니다. 이것이 바로 기독교의 가르침입니다. 사도행전 13:16~41의 비시디아 안디옥에서 행한 바울의 설교에서도 이는 명백하게 나타납니다. 그 설교는 디모데후서 1:10에 대한 완벽한 설명이기도 합니다. 거기서 그는 이스라엘 백성이 잡아다 죽여서 무덤에 가두어 놓은 예수에 대해 전하고 있읍니다. 하지만 하나님이 그를 살리셨다는 것입니다. 그러면 예수님에 관한 모든 사실이 의미하는 바는 무엇일까요?

이제 정리해 보고자 합니다. 물론 예수님에 관한 사실들을 더욱 더 상세하게 더듬어 나가야 하겠지만 지금까지 밝힌 내용들은 그리스도교 교리를 완벽하게 요약하고 있읍니다. 그리스도교 교리는 예수님에 관한 사실들을 믿으며 확신하고, 바울처럼 살다가 죽기로 작정하는 사람에 관한 것입니다. 그런 자에게 그 모든 사실들이 의미가 있읍니다. 그리스도교 교리는 예수님이 누구라는 것을, 곧 그는 하나님의 아들이라는 것을 알려줍니다. 바울이 비시디아 안디옥의 설교에서 주장하고 있듯이, 다윗은 위대한 인물이었읍니다. 그러나 그가 죽어 그의 육체는 썩어버렸읍니다. 바로 여기 죽어서도 육체가 썩음을 당하지 않은 자가 있읍니다. 그는 죽은 자 가운데서 살아나온 최초의 사람이며, 부활의 첫

열매입니다. 그는 누구입니까? 하나님의 아들이심을 증명합니다. 또한 그에 관한 모든 사실, 곧 그의 오심, 동정녀 탄생, "나타나심" 전 인격, 삶, 가르침, 이적, 부활 등이 그가 하나님의 아들이심을 드러냅니다. 예수님은 오로지 성자 하나님이심에 틀림없읍니다.

예수님은 이 세상에서 무엇을 하셨읍니까? "하나님이 세상을 이처럼 사랑하사 독생자를 주셨으니 이는 저를 믿는 자마다 멸망치 않고 영생을 얻게 하려 하심이라" 성경은 말합니다. 예수님 자신도 "인자의 온 것은 잃어버린 자를 찾아 구원하려 함이니라"(눅 19 : 10)고 증거하셨읍니다. 그가 오심은 구원을 얻는 방법에 관해 알려주기 위함이 아니라 몸소 우리를 구원하기 위함입니다. 그래서 그는 영광의 보좌에서 이 땅으로 내려오셔서 십자가로 나아가셨고, 무덤에 묻힌 바 되었으며, 죽음에서 부활하신 것입니다. 예수님은 우리를 구원하기 위해 이 모든 일을 이루셔야만 했읍니다.

그리고 예수님은 무엇을 보여주셨읍니까? 우선, 그는 인간이 되어야 할 바를 보여주셨읍니다. 그는 우리가 있는 이 세상에 오셨읍니다. 몸소 오신 것입니다. 우리가 경험하는 것과 같은 문제와 시련을 겪으셨읍니다. 그는 모든 면에서 우리와 똑같이 유혹을 받으셨읍니다. 그러나 죄가 없으십니다. 예수님은 커다란 집이나 궁전에서 호화롭게 살지 않으셨읍니다. 그는 가난한 생활을 하셨으며, 보통사람들처럼 평범하게 사시면서 시달림과 괴로움을 당하셨읍니다. 그는 현장 속에서도 세상의 추함과 악함 그리고 죄악을 자기 눈으로 보셨읍니다. 세상의 모든 것을 겪으셨읍니다. 그러나 예수님은 인간이 어떻게 살아야 할지를 보여주셨읍니다. 인간이 세상의 영향을 받지 아니하며 세상에 의해 변색되지 않고 조금도 더럽혀지지도 않으면서 세상의 모든 것을 거쳐나갈 수 있는 방법을 보여주셨읍니다. 우리가 예수님을 바라볼 때는 완전한 인간다움을 발견합니다. 그는 태초에 의도되었던 것처럼 하나님과 교제하며, 이 세상을 거쳐나간 분이십니다. 예수님은 인간이 마땅히 되어야 할 바를 보여주십니다.

그러나 감사하게도 예수님의 발자취는 이에 그치지 않습니다. 만약 완전한 인간의 모습을 나타낸 것이 예수님의 전부라면 그것은 오늘날 우리들에게 가장 커다란 정죄가 될 것입니다. 세상에서 가장 어리석은 것이 있다면 예수님을 본받기로 작정하는 것입니다. 자기 자신도 만족시키지 못하면서 어찌 그를 본받겠읍니까? 그것은 무모한 짓이며 불가능한 것입니다. 예수님은 인간일 뿐 아니라 하나님이십니다. 죄가 없으시고 흠이 없으시며 완전하십니다. 하지만 그게 전부는 아닙니다. 그는 왜 오셨읍니까? 단지 인간이 마땅히 될 바를 알려주기 위해서만 온 것은 아닙니다. 예수님은 우리의 적들을 정복하기 위해 오셨읍니다. 인간은 살아가면서 왜 실패합니까? 그것은 인간의 연약함과 사단의 세력 때문입니다. 인간은 왜 범죄합니까? 유혹과 악의 세력 때문입니다. 인간은 왜 죽음을 두려워합니까? 인간은 천성적으로 죽음을 두려워합니다. 다만 두려워하지 않은 체 할 뿐입니다. 때때로 어린 아이처럼 휘파람을 불면서 어둠 속을 용기있게 걷기도 합니다. 그러나 모든 인류는 죽음의 공포에 속박되어 있읍니다.

그런 이유 때문에 사도 바울은 고린도 교인들에게 "사망의 쏘는 것은 죄"(고전 15:56)라고 말합니다. 죽음에 대해 근심하는 것은 죄 때문입니다. 죄가 없었다면 인간은 죽음을 두려워하지 않았을 것입니다. 그러나 죄가 존재하고 인간은 죽음이 끝이 아니라 심판대에서 하나님을 만나게 될 것이라는 의식을 갖고 있읍니다. 인간은 자신이 죄인임을 알고 있으며, 그래서 두려워합니다. "사망의 쏘는 것은 죄요 죄의 권능은 율법이라." 인간은 무가치함과 심판을 의식하고 있는데 이러한 것들은 인간의 적들입니다. 그리스도는 그것들을 모두 정복하기 위해 오셨으며, 감사하게도 그 일을 성취하셨읍니다. 그는 죄없는 삶을 사셨으며, 어떠한 악이나 죄라 할지라도 그에게 영향을 미칠 수 없었읍니다. 사단에 대해서는 어떠합니까? 사단은 사십 일 동안 광야에 있는 그를 시험하였읍니다. 사단은 예수님에게 질문을 퍼부었고 그를 사로잡아 실족케 하려 하였읍니다. "네가 만일 하나님의 아들이어든 나타내보라"고 사단은 꾀었읍니다. 그러나 예수님은 "사단아 물러가라," 또는 "주 너의 하나님을 시험치 말라"고 응답하셨읍니다. 예수님은 성경을 인용함으로 사단을 물리쳤읍니다. 그는 죄와 악, 그리고 유혹과 사단을 이겨내셨읍니다.

그러나 마지막 적은 두려운 낫을 지닌 죽음입니다. 우리는 시시각각으로 죽음에 가까이 나아갑니다. 죽음은 세상에 있으면서 모든 인간을 패배시킵니다. 아무리 강하고 위대한 사람일지라도 죽음을 이겨내진 못합니다. 그런 자라 해도 노쇠해 가는 것을 볼 수 있지 않습니까? 위대한 사람들도 일종의 미성년 상태(未成年 狀態)인 제2의 어린 시절로 되돌아갑니다. 그들도 뭇사람처럼 죽어가고 있는 것입니다. 최후의 적인 죽음은 모든 사람을 멸망시킵니다. 인간이 이 세상에서 행복하게 살면서 승리의 생활을 하며 정복자 이상으로 되려면 사단과 죄와 유혹을 이겨내야 할 뿐 아니라 죽음을 이겨내어 그것을 꿰뚫어 보며 죽음에 직면해서도 미소지을 수 있어야 합니다. 그리고 죽음 너머에 있는 것을 바라보아야 합니다. 인간이 그렇게 할 수 있는 유일한 방법이 있읍니다. 그것은 이 사람 예수 그리스도를 통해서입니다. 그는 무엇을 이루었읍니까?

흠정역 성경 — 역자주, 영국 왕 제임스(James) 1세의 명령에 따라 1611년에 번역된 영역 성경, 로이드 존스 목사는 이것에서 성경본문을 취하며 설교하고 있다 — 은 디모데후서 1:10의 의미를 만족스럽지 못하게 표현하고 있읍니다. 그것은 실로 다음과 같이 번역되어야 마땅합니다. "우리 구주 그리스도 예수의 나타나심으로 말미암아 나타났으니 저는 한편으로는 사망을 취소하시고 — 사망을 붕괴시켜 따로 떼어내시고 — 다른 한편으로는 생명과 썩지 아니할 것을 드러내신지라." 이것이 예수님이 이루신 일입니다. 그는 마지막 원수를 이겨내셨읍니다. 죽음을 극복하시고 그 쏘는 것을 제거하셨읍니다. 그는 죽음이 종말이 아님을 확증하셨읍니다. 예수님은 죽음을 향해 돌아서서 지금도 "사망아, 너의 쏘는 것이 어디냐? 무덤아, 너의 이김이 어디냐?"라고 말씀하고 계십니다. 그는 죽음을 취소하신 것입니다. 그는 최후의 적까지 정복하셨읍니다.

다른 한편으로 예수님은 생명과 썩지 아니할 것을 드러내셨읍니다. 예수 그리스도의 부활하심은 죽음이 끝이 아니라는 절대적인 증거입니다. 그것은 단순한 생명도 일상적인 세계도 아닙니다. 부활의 존재는 별개의 영역이고 생명입니다. 썩지 아니할 별개의 세계입니다. 거기에는 흠이란 없읍니다. 부활은 순수하고 썩지 아니하며, 영광스럽고 절대적입니다. 그리고 예수님은 우리에게 그것을 맛볼 수 있게 하십니다. 그러므로 저는 예수님과 그에 관한 사실을 알고 있기 때문에 부활이 단순한 생명이나 단순한 세계가 아님을 알고 있읍니다. 저는 인간에게 죽임을 당한다 해도 그것이 끝이 아님을 알고 있읍니다. 사도 바울이 "내게 있어서 사는 것이 그리스도니 죽는 것도 유익이라"고 깨달은 것을 저도 그리스도 예수에게서 깨닫습니다. 그것은 그리스도와 함께 있는 것이 훨씬 더 좋다는 것을 의미합니다. 그리스도는 죽음을 극복하셨읍니다. 그는 다른 세계에 있읍니다. 그는 가려진 것 저편으로 갔으며, 영광 중에 있읍니다. 그리고 저도 그와 함께 있을 것입니다. 그것이 사도 바울의 신앙입니다. 그는 "내가 부끄러워하지 아니함은 내가 의뢰하는 자를 알고 그가 죄와 사단 그리고 음부와 무덤을 정복한 줄을 알고 있기 때문이다. 주님은 모든 것을 이겨냈으며, 나의 영혼은 그가 안전하게 지키시는 것 가운데에 있다. 나의 모든 원수들을 이겨내신 그는 영원한 영광 가운데 있는 자신에게로 이끄실 것이다"라고 말합니다.

그와 동시에 바울은 하나님께 완전한 복종의 삶을 사신 그리스도가 또다른 적, 즉 율법을 물리치신 것을 알고 있었읍니다. "사망의 쏘는 것은 죄요 죄의 권능은 율법이라." 율법은 하나님의 거룩한 성품이자 죄에 대해 그의 싫어하는 바입니다. 제가 어찌 하나님께 의로울 수 있읍니까? 율법이 저를 정죄합니다. 제가 어찌 율법을 지킬 수 있읍니까? 그렇게 하지 못합니다. 그러나 주님은 율법을 지키신 분이십니다. 그는 나를 위해 율법을 완전하게 지키셨읍니다. "하나님이 그 아들을 보내사 여자에게서 나게 하시고 율법 아래 나게 하신 것은 율법 아래 있는 사람을 속량하시고" 예수님은 실제적이고 완전한 복종의 삶으로 그리고 갈보리 언덕 십자가에서 그 일을 이루셨읍니다. 그는 하나님의 거룩한 법이 저의 죄와 허물, 악행에 대해 행하는 형벌을 짊어지셨읍니다. 그는 모든 것을 이루셨읍니다. 저에게 필요한 모든 것을 대신해서 이루셨읍니다. 저를 내리누르고 패배케 하는 모든 것을 오직 예수 그리스도만이 정복하신 것입니다. 그는 하나님이자 인간으로서 그 일을 성취하셨읍니다. 이것이 "우리 구주 예수 그리스도의 나타나심"입니다.

형제들이여, 삶과 죽음의 오직 하나의 길은 예수 그리스도를 알고 그를 의뢰하는 것입니다. 저는 제가 의뢰하는 자를 압니다. 그는 하나님이자 인간이십니다. 그는 영원한 영광의 보좌를 떠나 동정녀 마리아에게서 태어나시고, 이적을 행하는 능력으로 자신의 하나님되심을 증명하시고 나타내 보이셨읍니다. 그가 십자가에 죽으심은 인간을 용서하시기 위함입니다. 그는 인간에게 예비되어진 맞아야 할 채찍을 대신 해서 맞으셨읍니다. 자기 영혼을 죄에 대한 제물로 삼았읍니다. 그는 완벽한 방법으로 인간을 대신했으며, 거룩한 하나님과 거룩한 율법의 요구를 완전하게 만족시켰읍니다. 그는 말 그대로 육체 가운데에 무덤에서 부활하셨읍니다. 그러나 부활의 몸은 인간의 것과 똑같다 할지라도 변화되고 영광스러워진 몸이었읍니다. 이는 문자 그대로의 육체적 부활이며 이것을 떠나서 복음은 존재할 수 없읍니다. 육체적 부활을 떠나면 그가 사망을 이기심은 허사입니다. 또한 육체적 부활과 무관하게 그가 하나님의 아들일 수는 없읍니다. 현대 과학이 뭐라고 할지라도 예수님의 육체적 부활은 사실입니다. 그는 예루살렘 감람 산에서 오순절이 되기 열흘 전에 모인 제자들이 보는 앞에서 하늘로 올라가셨읍니다. 제자들은 그가 하늘로 오르는 것을 목격했읍니다. 그는 오순절에 성령을 보내셨읍니다. 그는 다시 오셔서 자기를 믿는 모든 자들을 영접하시고, 온 세상을 의로 심판하며 그의 영원한 나라를 세우실 것입니다. 이 모든 것이 제가 믿는 바입니다. 저는 제가 의뢰하는 자를 압니다.

> 나의 믿음을 오직 그에게만 맡겼네
> 그는 나의 허물을 위해 죽으사 대속하셨네.
> 이제 나의 영혼과 그것의 영원한 안녕을 주님께 맡기니
> 그가 나의 의탁한 것을 그 날까지 능히 지키실 줄을 확신한다네.

형제들이여, 주님을 아십니까? 그를 믿으십니까? 그에 관한 이 증거를 믿으십니까? 사도 바울은 "우리 주의 증거와 나를 부끄러워 말라"고 가르칩니다. 하나님과 그의 아들의 의견보다 인간들의 의견에 더 많은 관심을 갖고 있지 않습니까? 조롱과 비웃음을 두려워하지 않습니까? "한 인격 안에 두 개의 성품이 있다는 것을 믿소? 정말로 기적을 믿는다고 말할 수 있겠소?"라고 말할 것입니다. 그러나 그들의 말이 무슨 상관이 있읍니까! 그들은 사는 것이 아니며 인생과 자신을 알지 못하고 있읍니다. 그들의 죽음은 평안에 있지 않습니다. 주님의 심판을 준비하지 않고 있읍니다.

제6장
하나님의 변치 않는 목적

> 이를 인하여 내가 또 이 고난을 받되 부끄러워하지 아니함은 나의 의뢰한 자를 내가 알고 또한 나의 의탁한 것을 그 날까지 저가 능히 지키실 줄을 확신함이라(딤후 1:12).

사도 바울이 자기의 신앙을 진술하는 도전적인 주장을 계속해서 살펴보고 있읍니다. 이번에는 디모데후서 1:6~14에서, 그가 디모데에게 하나님의 위대한 목적을 일깨워주고 있음을 상기해 보고자 합니다. 앞서 인생과 세상에는 목적이 있으며, 하나님은 이 모든 것의 배후에 계심을 살펴보았읍니다. 하나님은 모든 것을 창조하셨고 또한 유지하십니다. 그는 조물주이시며 통제자이십니다. 하나님은 역사를 시작하셨고, 또한 종말지으실 것입니다. 성부, 성자, 성령의 세 인격 안에 계시는 하나님의 목적은 인간을 구원하는 것입니다. 바로 여기에 사도 바울을 지탱하는 신앙이 있읍니다.

이 위대한 목적은 "영원한 때 전부터 그리스도 예수 안에서 우리에게 주신" 것입니다. 이것은 나에게 큰 위로가 됩니다. 하나님을 바라보고 그가 세상을 지으시기 전에 구속이라는 위대한 목적을 갖고 계셨다는 것을 깨닫는다는 것이 얼마나 놀라운 축복인가! 담대하게 창세 전의 하나님의 목적에 대해 읽는다는 것은 매우 흐뭇한 일입니다. 우리는 자신의 조그마한 일상과 문제들에 대해 너무 자극을 받아서는 안됩니다. 영원한 것과 영광스런 하나님의 축복과 목적을 바라보십시오. 그리고 그것은 특별히 그리스도 예수 안에서 준 바 된 것입니다. "이제는 우리 구주 그리스도 예수의 나타나심으로 말미암아 나타났으니." 또한 하나님의 아들이 세상에 오심도 다루어 보았읍니다. 예수님은 하나님의 아들이십니다. 인간이기도 하지만 하나님도 되십니다. 그는 죽음을 포함한 모든 적들을 정복하셨으며, 영광의 날에 오셔서 그의 모든 원수들에 대한 승리를 거두시고 그의 영광스런 영원한 왕국을 시작하실 것입니다.

그러나 이 사실은 그에 그치지 않습니다. 그것이 전부가 아닙니다. 아들이 나타나서 이 세상에서 그의 일을 수행했으며, 성부 하나님의 목적을 실제적이고 사실적으로 이루었읍니다. 그 모든 일들을 다 하신 후에 그는 하늘로 올라가 하나님의 우편에 영원한 영광 가운데에 앉으셨읍니다. 그러나 그것으로 끝나는 게 아닙니다. 그보다 더한 것이 있읍니다. 문제는 이것입니다. 곧, 이 모든 것이 어떻게 우리에게 임합니까? 그것이 어떻게 바울과 디모데에게 임했읍니까? 어떻게 해서 어느 누구에게나 임할 수 있읍니까? 이번 장은 그 문제를 완전하게 해결하고자 합니다. 그러나 우리가 살펴보지 않으면 안될 또다른 커다란 사건이 있읍니다.

내가 강조하려고 하는 점은 그리스도교의 구원은 역사에 근거한다는 것입니다. 이것은 근본적인 점이지만 오늘날 상당히 많은 사람들이 여기에서 벗어나 있읍니다. 사람들은 철학과 관념 그리고 사상에 아주 익숙해 있읍니다. 그들은 자기들을 매료시킬 수 있는 구원에 대한 관념이나 사상을 원한다고 말합니다. 그러나 그런 것은 기독교가 아닙니다. 기독교는 하나님이 그의 목적을 실현하시는 것입니다. 세례 요한의 아버지 사가랴는 그것을 선포하고 있읍니다. "주 이스라엘의 하나님이여 그 백성을 돌아보사 속량하시며"(눅 1 : 68). 성경은 하나님의 행동에 관한 책입니다. 우리의 모든 구원은 사상이 아닙니다. 이것은 세상의 역사에서 하나님이 취하신 행동에 달려 있읍니다. 그것이 우리가 구원을 확신할 수 있는 이유입니다. 사상은 변모하며, 잘못된 것으로 판명되면 새로운 것이 등장합니다. 그러나 성경은 역사적 사건들입니다. 그

중 몇 가지 예를 들어보겠읍니다. 하나님은 세상을 만드셨읍니다. 그리고 이스라엘 백성의 역사에도 개입하셨읍니다. 하나님은 그들을 애굽의 포로 상태에서 건져내셨고, 또다른 곳에 포로로 보내셨으며, 다시 돌이키셨읍니다. 때가 차매 하나님은 그의 아들을 보내사 여자에게서 나게 하시고 율법 아래에서 나게 하셨읍니다. 그리고 하나님의 아들이신 나사렛 예수에 관한 역사적 사건으로 나타난 일이 있는데 그것은 부활입니다. 이것은 사실입니다. 어떤 생각이 아니라 엄연한 사실입니다. 그렇기 때문에 성경은 예수의 부활하신 모습과 그 모습을 보았던 사람들에 대해 상세하게 설명하고 있는 것입니다. 사도 바울은 부활하신 예수님을 보았던 사람들을 고린도전서 15장에서 일일히 나열하고 있읍니다. 그들은 특별히 선택된 증인들입니다. 그 모든 것들은 사실입니다.

다음으로 살펴볼 사실은 오순절날입니다. 그것은 오늘날 성령강림주일이라 기념하는 것입니다. 성령강림주일이란 무엇입니까? 그것은 사도행전 2장에 기록된 예루살렘에서 일어난 놀라운 사건에 대한 기념일입니다. 예루살렘 사람들은 놀라서 "이 말하는 사람이 다 갈릴리 사람이 아니냐 우리가 우리 각 사람의 난 곳 방언으로 듣게 되는 것이 어찜이뇨"(행 2:7~8)라고 말하였읍니다. 그들이 들은 것은 "하나님의 놀라운 역사(役事) 였읍니다. 그것은 여지껏 내가 이야기해 온 것입니다. 지금도 오순절날을 지킵니다. 그러면 그 날에 무슨 일이 일어났읍니까? 그 날에 주님의 제자들은 다락방에 모여 열흘 동안 있으면서 늘 해오던 것처럼 기도하며, 주님이 약속하셨던 것을 기다렸읍니다. "홀연히 급하고 강한 바람 같은 소리가 있었고" 뒤이어 사도행전 2장에 기록된 놀라운 일들이 나타났읍니다. 이것은 무엇입니까? 복되신 거룩한 삼위일체의 세번째 인격이신 성령이 초대교회에 임하신 것입니다. 성령은 세상이 시작되기 전에 계획되었던 하나님의 목적을 진행시키기 위해 임하셨읍니다. 성자는 이 세상에 오셔서 그의 사역을 이루셨으며, 성령은 그 일을 계속하도록 보내심을 받았읍니다. 이것은 역사적 사실입니다.

내가 주장하고 싶은 위대하고 엄청난 사실은 예수님의 탄생, 십자가에서 그의 죽음, 영광스런 부활, 승천하심 등에 관한 것입니다. 예수님을 따르는 자들에게 성령이 임하신 것과 그에 수반되는 놀라운 일들은 분명 보여진 것들이며, 역사적 사실들입니다. 그 일들은 절대적으로 새로운 것의 시작이며, 또한 이는 사람들이 예루살렘과 각처에 있는 그리스도인들에게 반응했던 이유입니다. 사람들은 실제로 나타나는 사건들에 직면했었습니다. 베드로를 비롯한 다른 사도들의 경우를 봅시다. 그들은 뭐하는 자들이었습니까? 그들은 평범한 사람들이었으며 무식하고 배우지 못한 사람들이었습니다. 베드로는 어부였습니다. 사도들 중 몇 사람도 역시 그러했습니다. 그들은 결코 교육을 받지 못했으며, 뛰어난 이해력과 철학적 통찰력을 지닌 자들이 아니었습니다. 그들은 지극히 평범한 직업을 가진 사람들이었고 누구나 그들의 면모를 알고 있었습니다. 그러나 이들은 제자들의 무리에 섞여 알지 못하는 방언을 말하며 영광과 기쁨의 성령으로 충만하여 권세를 갖고 말하는 자들로 돌연히 나타났습니다. 사람들은 그들 주위에 모여 "이것이 어찌 된 일이뇨"라고 말하였습니다. 이것은 실제로 나타난 일입니다.

사도들의 변화와 그들의 전하는 것, 그들에게 주어진 능력으로 이적을 행하고 놀라운 일들을 이루는 것 등은 하나님의 위대한 목적의 일부입니다. 이는 복음이 전파되어 사람들이 그것을 듣고 믿으며 초대교회의 일원이 되게 하기 위함이었습니다. 복음이 전파될 때 다소 사람 사울이라 알려졌던 바울도 복음을 들었습니다. 그러나 그는 그것을 좋아하지 않았고 오히려 대적했습니다. 그는 그렇게 하는 반면에 불행했었습니다. 그러나 그가 복음을 전파하게 되었습니다. 어찌 된 일입니까? 바울은 디모데에서 그렇게 된 연유를 일깨워주고 있습니다. 오순절날 예루살렘에서 일어난 사건의 의미는 무엇입니까? 그리스도의 교회에 성령이 강림한 의미는 무엇입니까? 오직 하나의 답변이 있을 뿐입니다. 그것은 하나님의 목적이 수행되고 있다는 것입니다. 성령은 그 목적을 진행하고 적용시키며 확장하기 위해 보내심을 받았습니다. 그는 하나님의 목적이 지금도 계속 이루어지고 있으며, 최종적으로 완성될 때까지 그침없이 진행될 것임을 알려줍니다. 사도 바울이 디모데에게 이처럼 쓸 수 있는 것도 하나님의 목적 때문입니다. 어느 누구도 삶과 죽음 그리고 승리하는 생활방식에 대해 바울과 같은 태도를 개인적인 경험으로써 지닐 수는 없습니다. 오직 이 모든 사실들을 믿을 때에 가능한 일입니다.

이런 이해를 바탕으로 오순절의 의미를 살펴봅시다. 현 시점에서 순전히 교리적이거나 신학적인 의식으로 머뭇거리지 않길 바랍니다. 하지만 그런 의식은 중요한 것임에 틀림없읍니다. 오순절날에 일어났던 실제적인 사건은 하나님의 약속의 실현이며 확증입니다. 알다시피 이는 매우 중요한 점입니다. 구약성경에서 하나님은 자기의 영을 쏟아부으시겠다고 약속하셨읍니다. 베드로는 오순절날 예루살렘에서 행한 설교에서 그것을 말하고 있읍니다(행 2 : 17). 그러나 그 의미를 압니까? 그리스도의 모든 위치는 이것, 즉 하나님의 목적에 달려 있읍니다. 그것은 세상이 세워지기 전부터 계획된 것입니다.

그 계획과 목적을 알고 계신 하나님은 말하자면 어느 정도의 정보를 지금 다시 유출시키십니다. 그는 이루고자 하시는 것을 미리 보여주셨고 사건이 발생하기 수 세기 전에 그의 계획을 미리 알려주셨읍니다. 그는 그의 아들의 오심을 미리 말씀하셨는데, 모든 예언이 이루어졌읍니다. 성령의 오심도 앞서 알려주셨고 오순절날에 역시 성취되었읍니다. 나는 하나님의 목적에 대한 확증을 갖고 있으며, 하나님의 목적을 더욱 확실하게 믿을 수 있읍니다. 이는 내가 하나님의 말씀을 알고 있을 뿐만 아니라 그 말씀이 성취되었기 때문입니다. 실제로 성령이 임했으며, 남녀 누구나가 오순절날에 예루살렘에서 경악해 마지 않았고, 나타난 일로 인해 놀라와했읍니다. 나는 그리스도 교회의 모든 성장이 거기에서 나왔다고 생각합니다. 나는 교회를 오직 한 가지 방법으로 설명할 수 있읍니다. 즉, 교회는 하나님이 목적하신 것이라는 사실입니다. 교회가 다만 인간이 세운 것이라든지 인간들의 교회라고 한다면 오래 전에 없어졌을 것입니다. 그러나 교회는 사라지지 않고 있읍니다. 교회가 하나님의 목적하신 것이기 때문입니다. 그러므로 오순절날은 하나님의 약속의 확증이며, 그의 목적에 대한 증거이기도 합니다.

오순절에서 배워야 할 것이 더 있읍니다. 그것은 오순절이 복되신 주님 구주 예수 그리스도의 인격에 대한 증거라는 것입니다. 예수님은 그가 하나님의 아들이라고 말씀하십니다. 그의 주장은 진실됩니까? 앞서 밝혔다시피 부활은 예수님이 하나님의 아들이심을 충분히 증거하고 있지만 오순절 역시 증거가 됩니다. 주님은 그가 떠나리라는 생각에서 슬퍼하며 풀이 죽은 제자들에게 "너희는 마음에 근심하지 말라 하나님을 믿으니 또 나를 믿으라"(요 14 : 1)고 말씀하셨읍니다. 그리고 계속해서 말씀하시기를, "내가 아버지께 구하겠으니 그가 또다른 보혜사를 너희에게 주사 영원토록 너희와 함께 있게 하시리니 저는 진리의 영이라"(요 14 : 16~17)고 하셨읍니다. 또한 "내가 너희를 고아와 같이 내버려 두지 않겠다"(요 14 : 18)고 확증하셨읍니다. 이는 "내가 너희를 평안치 못하게 내버려 두지 않겠다"는 의미입니다. 그리고 주님은 "내가 떠나가는 것이 너희에게 유익이라 내가 떠나가지 아니하면 보혜사가 너희에게로 오시지 아니할 것이요 가면 내가 그를 너희에게 보내리니"(요 16 : 7)라고 말씀하셨읍니다. 그는 자신을 위임하셨읍니다. 예수님은 결과적으로 다음과 같이 말씀하신 것입니다. "나는 이런 식으로 너희에게 나를 남겨둘 것이다. 나는 십자가에 못 박힐 것이고 너희에게서 떠나게 될 것이다. 그러나 슬퍼하지 마라. 나는 가겠지만 너희를 홀로 내버려 두지 않으리라. 나는 성령을 너희에게 보내겠다." 만약 성령이 오순절 날에 강림하지 않았다면 예수 그리스도는 하나님의 아들이 아니며 그는 구세주가 아니라고 주장할 수 있을 것입니다. 그러나 성령의 오심은 그가 하나님의 아들이심을 증거합니다. 예수님은 약속하셨고 그 약속은 이루어졌읍니다. 그는 하나님의 아들이십니다. "내가 또다른 보혜사를 보내겠다." 그러므로 성부, 성자, 성령의 삼위의 하나님이 계시며 그들은 각각 서로 다른 위(位)에 계신 이의 말씀을 확증하는 셈입니다.

무엇보다 여기서 강조하고자 하는 것은 성령의 오심은 하나님이 그의 일을 수행하실 것이라는 절대적인 증거가 된다는 점입니다. 성령은 교회로 보내심을 받았으며, 교회 안에 계시고 복되신 거룩한 삼위일체 중 세번째 인격이십니다. 그는 하나님의 목적이 완성되어질 때까지 계속해서 활동하실 것입니다. 여기에 우리의 평안과 위로가 있읍니다. 나는 신문을 읽고, TV를 보고 라디오를 들으면서 뉴스를 접합니다. 또한 정치가들의 연설도 듣습니다. 그리고 그들이 회의하는 것, 오고 가며 계획하는 것 등을 보면서 그들이 세계에 대해서 무엇을 하고자 의도하고 있는가를 살펴봅니다. 어쨌든 그들의 목적은 이루어져야 합니다. 그러나 나는 나의 믿음을 그것에 의지시키지 않습니다. 나는 그것이 늘 그래왔듯이 나를 내리누르려 함을 알고 있읍니다. 세상은 과거보다 개선되지 않았으며, 오히려 악화되었읍니다. 하지만 나는 교회 안에 계신 성령과 하나님의 목적 그리고 역사의 위대한 봉우리들을 바라봅니다. 나는 그것들만이 진실됨을 압니다. 하나님은 그의 말씀을 이루시고 계시며 그의 약속을 수행하십니다. 성령의 오심은 하나님의 "놀라운 일들" 중 하나입니다.

그러면 성령은 이 일, 곧 하나님의 목적을 어떻게 진행하십니까? 사도 바울은 그것을 디모데에게 한 단어로 표현하고 있읍니다. 어떻게 바울과 같은 삶의 자세를 소유할 수 있읍니까? 어느 누구도 본성적으로는 그것을 얻을 수 없읍니다. 인간은 모두 다 본능적으로 삶을 두려워하며 더우기 미지의 영원한 세계인 죽음을 무서워합니다. 어떻게 하면 바울과 같은 확신에 사로잡힐 수 있읍니까? 그의 모든 것이 지금의 자신에게도 살아서 실제적이고 활기있게 되려면 어떻게 해야 합니까? 오직 하나의 해결책이 있을 뿐입니다. 그것은 성령의 역사하심입니다. 성령은 무엇을 하십니까? 우리를 "부르십니다." 바울의 글을 다시 한 번 읽어봅시다. "그러므로 네가 우리 주의 증거와 또는 주를 위하여 갇힌 자 된 나를 부끄러워 말고 오직 하나님의 능력을 좇아 복음과 함께 고난을 받으라 하나님이 우리를 구원하사 거룩하신 부르심으로 **부르심은**" 바로 여기에 해결책이 있읍니다. 베드로가 오순절날 그의 설교 말미에 선포했던 말을 주의깊게 살펴봅시다. 그는 "이 약속은 너희와 너희 자녀와 모든 먼데 사람 곧 주 우리 하나님이 얼마든지 부르시는 자들에게 하신 것이라"(행 2 : 38)하고 말합니다. "부르심"입니다. 하나님은 우리를 구원하사 거룩하신 부르심으로 부르셨읍니다.

이것이 의미하는 것은 하나님이 계획하시고 목적하신 모든 것은 각 사람에게 적용되고 그들의 삶과 연관되어져 그들로 하여금 사도 바울이 말하는 것처럼 말할 수 있게 한다는 것입니다. 바울처럼 될 수 있는 자는 오직 부르심을 입은 자 뿐입니다. 그것이 하나님이 그의 영원하신 목적에 관한 진리를 깨닫게 하는 방법입니다.

성령의 활동과 그가 행하시는 일을 알아봅시다. 우리는 성령이 우리를 부르심을 살펴보았읍니다. 그리고 우리가 본래 처한 환경과 조건 때문에 성령의 부르심이 반드시 필요합니다. 그 부르심은 어디에 있읍니까? 성경은 그 문제에 대해 무수한 답변을 제시합니다. 사도 베드로가 말한 매우 간결한 형태에서 찾아보겠읍니다. 그는 유대교와 이방종교에서 나와 교회로 들어온 그리스도의 백성들에게 "오직 너희는 택하신 족속이요 왕 같은 제사장들이요 거룩한 나라요 그의 소유된 백성이니 이는 너희를 어두운 데서 불러내어 그의 기이한 빛에 들어가게 하신 자의 아름다운 덕을 선전하게 하려 하심이라"(벧전 2 : 9)고 말합니다. 성령은 우리를 어두운 데서 부르셨읍니다.

이것은 오늘날과 가장 관련이 깊고 촉박한 문제입니다. 현대인이 인생에서 패배하고 불행해 하며 내일을 걱정하고 죽음을 두려워함은 어찌된 것일까요? 오늘날에는 온통 불확실성 뿐입니까? 그것은 그들이 "어두운 데에" 있기 때문입니다. 성령은 우리를 "어두운 데서 부르십니다." 성경은 이것이 의미하는 바를 설명합니다. 인간은 모두 본래부터 어두운 데에 있으며, 또한 인간 안에 어두움이 있읍니다. 인생과 세상이 오늘과 같이 된 것은 모든 인류가 어두운 데에 있기 때문입니다. 인간은 "죄와 허물로 죽은" 상태에서 태어납니다. 인간은 죽어 있는 것입니다! 이것은 인간의 문제입니다.

성경은 인간이 하나님의 생명에 대해 죽었다고 가르칩니다. 오늘날 사람들의 생활이 하나님의 목적을 믿는다는 사실에 의해 결정되고 통제됩니까? 과연 대부분의 삶이 이 사실의 지배를 받습니까? 그들에게 하나님께 대한 의식이 있읍니까? 그들의 삶이 하나님을 기초로 합니까? 사람들은 자신의 삶에 대해 어떤 근거를 갖고 있읍니까? 그들은 그들의 계획 속에 하나님을 전혀 고려하지 않습니다. 그들은 인간으로 시작해서 인간으로 끝내며, 이 세상으로 시작해서 이 세상으로 끝납니다. 그들은 죄와 허물로 죽어 있읍니다. 사람들은 마치 하나님도 없으며, 목적도 없고, 인간 저편에 아무것도 없는 것처럼 살아가고 있읍니다. 그들은 하나님에 대해 알지 못하며, 영적으로 죽은 존재들입니다. 그들은 자기 안에 영혼이 있음을 알지 못하며, 영적인 영역에 대해 무지합니다. 술, 도박, 성, 돈, 자가용 등에서 얻는 쾌락이 그들에게는 생명이고 쾌락 너머로 아무것도 없읍니다. 사람들은 보이지 않는 영적 세계를 깨닫지 못하며, 단순한 인간의 사고를 향상시키는 요소들을 전혀 알지 못합니다. 그들은 초자연적 세력을 보지 못합니다. 더구나 "나는 고상한 상념들에 대한 기쁨으로 나를 어지럽게 하는 존재(a presence)를 경험했다"라는 워즈워드의 말을 이해하지 못할 것입니다.

현대인은 순전히 유물론적이며, 현재의 삶과 세상에 얽매여 있읍니다.
　이 모든 것으로 인해 그들은 무지하며, 전혀 생각할 줄도 모릅니다. 물론 그들도 전쟁이 있을까봐 걱정해 하며, 핵폭탄을 두려워하고, 질병과 재난과 죽음이 찾아올 땐 근심합니다. 그러나 그런 현상은 일시적일 뿐입니다. 현대인은 진실로 그것들로 인해 앉아서 심각하고 깊게 생각하며 고민하지 않습니다. 그런 문제들을 만났을 때 "내게 무슨 일이 일어날 것인가? 내가 죽으면 어떻게 될 것인가? 나는 어디로 가고 있는가? 나는 무엇인가? 나는 무엇을 목적으로 한 존재이며 장차 어떻게 될 것인가?"하고 생각하거나 묻지 않습니다. 그들은 오늘날의 문제들을 직시하지 않습니다. 이것은 남녀 누구나 다 환경과 우연의 희생자로 전락하는 이유입니다. 그들의 상황은 증권거래소나 기후, 그들에게 일어날 수도 있는 기묘한 뜻밖의 사건과 같은 것입니다. 우연한 일들이 그들의 생활을 결정하고 지배하는 요소들입니다. 사람들은 영원한 존재나 궁극적인 운명에 대해 생각지도 않으며, 그들 자신에 대해서도 아무런 생각이 없읍니다. 이는 그들이 영적으로 죽어 어두움 속에 있으며, 무지하고 궁극적인 사실들에 대해 모르고 있기 때문입니다. 이것은 또한 모든 이교신앙(異敎信仰)의 상태이기도 했읍니다. 그들은 하나님에 관한 지식이 전혀 없었으며, 무지했읍니다. 바울은 "미련한 마음이 어두워졌나니"(롬 1 : 21)라고 지적합니다.
　그 뿐만 아니라 현대인은 하나님에 관한 사실들은 들을 때, 그것을 전적으로 어리석은 것으로 간주합니다. 그들은 "사람들이 아직도 하나님을 믿는다고 생각하십니까? 20세기의 사람들이 여전히 나사렛 예수가 하나님의 아들임을 믿고 있다고 생각하십니까? 사람들이 지금도 성결을 믿을 것이라고 여깁니까? 그리스도는교는 아주 웃기는 것이고, 정말로 우스꽝스럽고 환상적인 종교입니다. 어리석은 일이라고요! 어처구니 없는 것이고 그리스도교의 모든 것은 이미 오래 전에 폐기되어져 완전히 조롱을 당하고 있읍니다. 과학의 시대에 사람들이 지옥과 영원한 형벌과 하나님의 진노를 믿는다는 것은 있을 수 없는 일입니다. 누가 그것을 믿겠읍니까?"라고 말합니다. 이것이야말로 미련한 말입니다! 물론 비극은 현대인이 기독교를 무시할 수 있는 위치에 있다고 착각하는데 있으며, 지식이 크게 진보함으로 그리스도교의 모든 것을 어리석은 것으로 간주하는 데에 있읍니다. 오히려 그들은 너무나 무식해서 1세기에도 사람들이 그와 똑같은 말을 실제로 했다는 것을 모르고 있읍니다. 사도 바울은 고린도 교인들에게 "육에 속한 사람은 하나님의 일을 받지 아니하나니 저희에게는 미련하게 보임이요 또 깨닫지도 못하나니 이런 일은 영적으로라야 분변함이니라"(고전 2:14)고 말합니다. 20세기 전에도 오늘날과 똑같은 것을 주장했었읍니다. 이런 주장에 대해 한 구절 더 밝히겠읍니다. 시편 기자는 "어리석은 자는 그 마음에 이르기를 하나님이 없다" 한다고 가르칩니다. 이처럼 사람들은 무식하고 어둠 속에 처해 있읍니다.

 사람들은 본성에 따라 존재합니다. 그로 인해 인생은 문제를 겪습니다. 그리고 죽음이 찾아오면 모든 것은 사라지고 그 근거를 상실합니다. 본성적으로 사람들은 사물과 인간을 의지하며, 그것들을 잃게 되면 아무것도 남지 않게 됩니다. 죽음이라는 현실에 부딪히면서도 장차 일어날 일과 자기가 가고 있는 곳을 알지 못합니다. 이것이 무지이고 어두움입니다. 우리는 거기에서 부르심을 받아야 합니다. 거기에서 우리를 부르시는 것이 하나님의 축복스런 목적의 일부입니다. 하나님은 그의 아들을 세상에 보내셔서 구속을 이루게 하시고 그것에 의해서 우리를 자신과 화목하게 하셨읍니다. 그리고 성령을 보내셨는데 이는 우리를 부르셔서 하나님이 이루신 일을 인식하게 하기 위함이었읍니다. 그 부르시는 일은 실제로 성령이 오순절날에 행하시기 시작한 것입니다. 하나님은 구원의 길을 제시하실 뿐 아니라 우리를 그 길로 이끄시며, 어두운 데서 그의 가장 놀라운 빛으로 부르십니다. 하나님이 그 일을 행하시는 완벽한 실례가 사도행전 2장에 있읍니다. 베드로라는 인물을 봅시다. 베드로는 어부였고 주님이 십자가에 못 박히시기 전날 밤에 "다 버릴지라도 나는 그렇지 않겠나이다"라고 말한 자신만만하고 허풍이 강한 사람이었읍니다. 그는 가야바의 법정에서 주님이 재판받는 것을 들으며 서 있었읍니다. 그때 계집종이 베드로를 알아봤지만 그는 "나는 예수를 알지 못한다"고 하였읍니다. 그리고나서 그는 두번이나 더 주님을 맹서하며 부인했읍니다. 베드로는 비열한 사내이고 겁장이였읍니다! 그는 그의 생명을 구하기 위해 가장 훌륭한 은인이자 친구요, 선생되신 주님을 부인했읍니다. 이것은 베드로의 모습이었읍니다. 그러나 그는 사도행전 2장에서 오순절날에 담대하게 서서 설교하고 있읍니다. 단지 설교하는 것에 그치는 것이 아니라 그의 말을 들은 사람들에게 엄청난 효과를 가져오는 능력을 가지고 설교하고 있읍니다. "그 말을 받는 사람들은 세례를 받으매 이 날에 제자의 수가 삼천이나 더하더라"(행 2 : 41). 이것은 성령의 역사였읍니다. 그것은 베드로가 아니라 그를 사용하시는 성령으로 말미암은 일이었읍니다. 성령이 그를 사로잡아서 사람들을 어둠에서 하나님의 놀라운 빛으로 부르는 데에 도구이며 통로로 사용하신 것입니다.

성령은 어떻게 그 일을 이루십니까? 여기에 성령의 사역의 모든 영광이 있으며, 내가 확신을 갖고 이야기할 수 있는 이유가 있기도 합니다. 사람들은 내가 지금까지 이야기해 온 모든 것이 쓸데없고 터무니없는 어리석은 것이라고 생각할 수도 있을 것입니다. 그러나 나의 배후에 계시며 내주하시는 성령이 나를 통하여 역사하셔서 그들의 눈을 열며 그들을 능력으로 이끄실 것입니다. 그렇게 된다면 그들도 사도행전 2장에 나타난 사람들이 "형제들아 우리가 어찌할꼬" 했던 것처럼 외치게 될 것입니다. 하나님의 영은 강력한 분이십니다. 그는 마음에 작용하셔서 거기에 빛을 비추시고 마음문을 열게 하시며, 깨닫게 하십니다. 그는 마음에 과거에는 없었던 능력을 주십니다. 그는 자연인을 신령한 사람으로 변화시킴으로 이전에 비웃던 것을 깨닫게 하십니다.

성령이 그 일을 이루시는 방법은 종종 다음과 같습니다. 우리가 전에 여러 번 들었던 것을 들었을 뿐인데 갑자기 새로운 사실을 발견하게 됩니다. 그때 전과는 달리 이 사실에 관심을 기울이게 됩니다. 성령이 능력으로 우리에게 진리를 전하신 것입니다. 그래서 새로운 사실에 과거와 같지 않게 귀를 기울이면서 의미있는 것을 무의미하게 여겼음을 알게 됩니다. 루디아가 빌립보에서 바울의 설교를 청종하기 시작했던 것처럼 새로운 사실에 청종하게 됩니다. 그러나 보다 더 중요한 것은 인격적인 관심을 갖기 시작한다는 점입니다. 이것은 성령이 하시는 일입니다. 교회에 나와 복음설교를 듣기는 하지만 설교를 맛보는 자(a sermon-taster)로서 듣는 사람이 있읍니다. 그는 설교자와 설교내용이 그에 인용되는 성구 그리고 기타 여러 가지 사실들에 관심을 갖고 있읍니다. 또는 논쟁이나 특별한 사상에 관심을 지닐 수도 있읍니다. 그러나 그는 방관자나 재판관으로서 무관한 자세로 듣고 있을 뿐입니다. 이는 마치 극장에 가서 연극을 보면서도 극의 상황과는 무관한 위치에 있는 것과 같습니다. 설교는 그와 아무런 상관이 없습니다. 설교가 그에게 관심의 대상이 되는 것은 그가 특별한 취향을 지니고 있기 때문입니다. 그러나 그 이상 아무것도 아닙니다. 하지만 성령이 임하면 사람은 인격적인 태도로 설교를 듣게 되며 인격적인 관심을 갖게 됩니다. 이것이 성령이 하시는 일입니다. 성령이 일하심으로 복음적 사실들이 우리에게 생명력있고 사실적이며 실제적이고 연관있는 것으로 되어집니다.

또한 성령이 하시는 일은 하나님과 그의 영광에 속한 것을 나타내 보이시는 일입니다. 성령은 사람들의 어두움을 빛으로 비춰시고 그들의 무지함을 드러내십니다. 사람들은 "나는 진정으로 하나님에 관해 생각해 본 적이 없다. 하나님에 대해 굽히지 않았으며 나의 의견을 내세웠다. 하지만 하나님과 그의 속성에 관해 결코 생각해 본 적이 없다. 하나님은 전능하신 창조주이신가? 하나님은 빛이시며 그에게는 어둠이 조금도 없으신 분인가?" 하고 생각하는 자신을 발견합니다. 하나님은 거룩하고 의로우며 공의로운 분이십니까? 그렇습니다! 하나님은 그런 분이십니다! 사람들은 하나님에 대해 생각하며 그가 모든 우주보다 더 귀중하시다는 것을 인식하게 됩니다. 이는 성령만이 가져다 줄 수 있습니다.

그리고 성령은 우리의 죄악을 나타내십니다. 진실로 우리로 하여금 자신의 모습을 직면하게 하십니다. 죄를 확신하지 않고는 어느 누구도 성령의 부르시는 사역에 대해 깨닫지 못합니다. 주님은 "그가 와서 죄에 대하여, 의에 대하여, 심판에 대하여 세상을 책망하시리라"(요 16:8)고 말씀하셨습니다. 이는 성령의 하시는 일입니다. 인간은 누구나 다 자기 방어와 자기 변호의 삶을 살아갑니다. 사람들은 "나는 결과적으로 별로 나쁜 것이 없어. 물론 완전한 성인이라 할 수 없지. 그러나…" 하고 생각합니다. 이것은 "나는 정당해. 나에게는 잘못된 점이 별로 없어. 다른 사람이 그릇되었을는지 모르지만 나는 정당해" 하는 것을 의미합니다. 인간은 결코 자신의 모습을 직시하지 않습니다. 그러나 성령이 진리를 적용시키기 시작하시면 자신의 모습을 직면하게 되며, 자신의 실상을 깨닫게 됩니다. 가령 위대한 왕이었던 다윗은 밧세바를 보고 탐하며 그녀와 간음을 행하였읍니다. 그리고 그의 간음함을 은폐하고 그녀를 아내로 얻기 위해 그녀의 남편을 죽였읍니다. 다윗은 그 일을 즐거워했으며, 이는 매우 교활한 짓이었읍니다. 그러나 하나님의 성령이 다윗에게 간섭하셨읍니다. 그는 죄를 확신하게 되었으며, 그의 참 모습을 깨닫기 시작했읍니다. 그는 "내가 죄악 중에 출생하였음이며 모친이 죄 중에 나를 잉태하였나이다"(시 51 : 5)라고 고백합니다. 이어서 "하나님이여 내 속에 정한 마음을 창조하시고 내 안에 정직한 영을 새롭게 하소서"(시 51 : 10) 하고 말합니다. 다윗은 그의 더러움과 악함을 깨닫고 정결한 심령을 구하고 있읍니다.

   디모데에게 편지를 쓰고 있는 사도 바울의 경우를 살펴봅시다. 바울은 주님에게 돌아오기 전에 매우 자만심이 강한 사람이었읍니다. 그는 종교적인 사람이고 도덕적인 사람이었읍니다. 바울은 하나님의 법을 이행하고 있다고 생각했으며, 더 이상 자신에게 바랄 것이 없을 정도로 철저하게 살아가고 있다고 생각했읍니다. 그러나 성령이 그를 부르시고 간섭하셨읍니다. 바울은 그 이후로 자신에 관해 "내 속 곧 내 육신에 선한 것이 거하지 않는구나 오호라 나는 곤고한 사람이라 이 사망의 몸에서 누가 나를 건져내랴!" 하고 한탄합니다. 그는 "나의 모든 의는 단지 분뇨와 같은 것일 뿐이다. 그것은 폐물이고 무익한 것이며 더럽고 추악한 것이다"라고 고백하고 있읍니다. 바울은 그의 의를 미워합니다! 그는 자기 마음과 자신의 의 그리고 자기 확신 안에 있는 어두움을 발견했으며, 의에 대한 잘못된 이해를 깨달은 것입니다. 성령으로 말미암아 바울은 그의 악함과 정결치 못함, 더러움을 알게 됩니다. 그리고 이것은 하나님의 성령이 우리를 부르시는 방법입니다.

   성령은 우리가 예외없이 죽는다는 사실을 가르쳐주고, 또한 죽음 이후에 반드시 심판이 있는데, 그때는 우리가 하나님 앞에 서서 살아온 인생과 육체 가운데서 이룬 행위에 대해 설명하지 않으면 안됨을 일깨워줍니다. 우리는 하나님의 법이 천둥치는 것처럼 두려운 것임을 알고 있읍니다. 하나님은 자신의 속성을 근거로 "네 마음을 다하며 목숨을 다하며 힘을 다하며 뜻을 다하여 주 너의 하나님을 사랑하고 또한 네 이웃을 네 몸과 같이 사랑하라"고 말씀하십니다. 그러나 사람들은 그것을 행하지 않습니다. 어느 누구도 그것을 이루지 못합니다. 따라서 사람들은 죄가 많고 악하며 정결치 못합니다. 그들은 하나님의 타오르는 빛과 함께 거할 수 없읍니다. 그들은 모든 것을 잃고 저주를 받았으며, 하나님의 진노가 그들 위에 있읍니다. 그리고 그들이 그런 상태에서 죽는다는 것은 영벌로 가고 있음을 의미합니다. 그것은 영원한 불행과 수치의 자리이고, 말할 수 없는 우매함, 부정함, 순결치 못함, 추악함 등을 뼈저리게 후회하게 되는 영원한 형벌입니다. 우리는 이것을 인정합니다. 하지만 우리 자신을 변화시키고자 노력할 때 변화시킬 수 없음을 알게 됩니다. 그런 노력을 해본 적이 있읍니까? 선한 삶을 살고자 시도해 보았읍니까? 그리스도를 본받으려고 애써 보았읍니까? 역사상 몇몇 위인들은 그것을 시도해 보다가 결국 한결같이 다음과 같은 고백을 하게 되었읍니다.

> 내 손의 수고로는
> 당신의 법이 요구하는 바를 이룰 수 없으며
> 내 열심이 쉴줄 모르고
> 내 눈물이 영원히 흐른다 해도
> 나의 모든 죄를 대속할 수는 없을 것입니다.

최선을 다해보십시오. 그래도 소용없는 일입니다. 우리는 희망이 없으며 무기력합니다. 우리는 앞으로 나아가고 있으며, 매일 죽음과 저편에 놓여진 심판에 다가가고 있읍니다. 이것이 우리가 선 위치입니다. 또한 자신의 모습을 보면서 거룩한 하나님을 만나지 않으면 안됨을 인식하고 있읍니다. 무엇을 할 수 있겠읍니까? 스스로 할 수 있는 것은 아무것도 없읍니다. 그러므로 베드로의 설교를 들었던 사람들이 "형제여 우리가 어찌할꼬" 했던 것처럼 두려움과 놀람 가운데서 부르짖어야 합니다.

인간을 그 지점으로 이끄시는 이는 성령이며, 그것은 성령이 사람들을 어두운 데서 하나님의 지극히 놀라운 빛으로 부르시는 방법이기도 합니다. 성령은 인간에게 어두움과 그의 무망함과 무기력함에 대해 두려워하는 마음을 주십니다. 우리는 이것을 깨닫고 "내가 어찌해야 할꼬" 하며 부르짖습니다. 그리고 성령은 해결책을 제시하십니다. "회개하여 각각 예수 그리스도의 이름으로 세례를 받고 죄사함을 얻으라 그리하면 성령을 선물로 받으리니"(행 2 : 38). 성령은 주 예수 그리스도와 그의 구주되심, 그의 신격과 십자가에서 죽으심 그리고 부활하심, 그리스도 예수 안에서의 구원하시는 하나님의 모든 목적 등에 관한 진리를 우리에게 펼쳐 보이십니다. 성령은 이를 위해 보내심을 받았읍니다. 성령은 그가 행한 모든 일과 하고자 하는 것을 알려주십니다.

우리가 성령의 하시는 일을 알고 그것을 믿는 순간 모든 것이 변화됩니다. 우리는 빛 가운데 있으며, 더 이상 어둠 속에 있지 않습니다. 또한 하나님의 위대하고 영원한 목적에 비추어서 모든 것을 보기 때문에 자신과 인생, 죽음에 대해 새로운 시야를 갖게 됩니다. 성부 하나님은 아들을 보내셨읍니다. 성자 예수님은 그의 일을 이루시고 아버지께로 가셨읍니다. 성령은 보내심을 받아 그의 일을 이루시고 계십니다. 그렇다면 성령이 하시는 일은 무엇입니까? 그것은 우리의 눈을 열어 우리의 실상과 불안정한 처지를 보게 하며, 우리를 위해 하나님이 예비하신 놀라운 일들을 알게 하는 것입니다. "하나님이 우리를 구원하사 거룩하신 부르심으로 부르심은 우리의 행위대로 하심이 아니요 오직 자기 뜻과 우리에게 주신 은혜대로 하심이라." 그 순간 우리는 자신을 영생의 순례자이자 하나님의 자녀로서 바라보고 우리가 죄많고 정죄당한 저주스런 세상에 살고 있으며, 이 세상에는 아무런 희망이 없음을 알게 됩니다.

세상의 개선이란 있을 수 없읍니다. 그런 일은 결코 일어나지 않을 것입니다. 성경이 말하는 것은 세상이 나아지지 않는다는 것입니다. 세상은 심판받을 것이고, 새로운 세상, 곧 "새 하늘과 새 땅"이 있을 것입니다. 그리고 거기에 의가 거할 것입니다. 예수님에 관한 복음을 믿는 모든 사람은 그 날을 기다리며, 준비하고 고대하며 있읍니다. 그들은 새로운 세상에서 영생을 누릴 것입니다. 세상이 조롱하고 불쌍히 여긴다 해도 부름받은 자는 주님의 이름을 즐거워합니다.

바울이 주님께 의탁한 것은 무엇입니까? 그의 영혼을 그 날까지 지키시는 것입니다. 하나님의 아들이 나타나 의로 세상을 심판하시며 악과 그에 속한 모든 것을 멸하시고 그의 영광스런 왕국을 세우시는 위대한 날이 이르기까지 의탁한 것입니다. 바울은 이 사실을 확인하고 있었

제6장 하나님의 변치 않는 목적   □135□

읍니다. 그래서 그는 늙어 감옥에 누워서 그의 머리 위에 네로의 칼이 놓여 있음을 알면서도 "그럼에도 불구하고 내가 부끄러워하지 아니함은 나의 의뢰한 자를 내가 알고 또한 나의 의탁한 것을 그 날까지 저가 능히 지키실 줄을 확신함이라" 하고 말할 수 있었읍니다.

형제들이여 문제는 부르심을 받았느냐 하는 것입니다. "우리를 거룩하신 부르심으로 부르심은," 어두운 데서 부르심을 받았읍니까? 지금 인생에 대해 어떤 자세를 갖고 있읍니까? 인생의 근거는 무엇입니까? 내일을, 내년을, 미래를 어떻게 바라봅니까? 죽음을 직시합니까? 죽음 저편에 존재하는 것을 직시합니까? 어디에 서 있읍니까? 지금 이 순간 인생에서의 위치는 어디입니까? 깨달음을 얻었읍니까? 모든 사태에 대해 준비되어 있읍니까? 아무리 최악의 상황에 직면하더라도 "그럼에도 부끄럽지 않다. 이는 내가 있는 곳을 알고 내게 일어날 일을 알고 있기 때문이다. 나는 현재를 두려워하지 않으며, 미래도 두렵지 않다" 라고 말할 수 있읍니까?

>율법이나 하나님을 무서워하는 것은
>나와 아무런 상관없는 일입니다.
>내 구주의 복종함과 피흘림이
>온갖 내 허물을 가리워줍니다.
>
>내 이름을 그의 손바닥에서
>영원한 세월이라 해도 지울 수는 없읍니다.
>내 이름은 그의 마음에 새겨져
>지울 수 없는 은혜의 표지로 있읍니다.
>진실을 다하여 확실하게
>나는 끝까지 굳게 참을 것입니다.
>하늘에 있는 영광스런 영혼들만큼
>행복하진 못하다 할지라도 그에 못지 않게 평안할 것입니다.

이처럼 확신하는 이유는 무엇입니까? 그것은 하나님의 목적 때문이며 이는 그의 목적에 대한 확신입니다.

>장래 일이나 현재 일이나

아래 있는 것이나 위에 있는 것이나
그의 목적을 막지 못하며
나의 영혼을 그의 사랑에서
떼어낼 수 없읍니다.

　인간이 이와 같이 고백하면서 살다가 죽을 수 있는 것은 하나님의 목적을 알기 때문입니다. 이것은 하나님이 행하시는 것을 그 어느 것도 막을 수 없는 확실한 목적이고, 창세 전에 계획된 목적입니다. 또한 그리스도의 오심, 베들레헴에서의 아기 탄생, 인간 예수의 죽음과 부활 그리고 승천, 성령강림 등에 계시된 목적입니다. 하나님의 목적은 확실하고 틀림없으며, 역사적 사실들이 그것을 선포합니다. 그리고 최종적인 사실은 하나님의 아들이 다시 오심으로 역사를 끝맺고 의로 세상을 심판하며 자기 백성을 자기에게로 대접하고 그의 영원한 영광의 나라를 세우는 것입니다.

　형제들이여, 부탁하겠는데 다시 한번 자신을 점검해 보십시오. 그대는 부르심을 받았읍니까? 오순절날의 의미를 깨달은 적이 있읍니까? 삶의 근거가 성부, 성자, 성령 하나님께 있읍니까? 지금까지 이야기해 온 모든 내용들이 자신에겐 무엇을 의미합니까? 나의 이야기가 얼마나 오랫 동안 계속될는지 궁금해 하며 곧 끝나기를 바라는 마음에서 무관심하게 대했읍니까? 아니면 나의 주장이 자기 영혼에 절대적이라 느끼고 그 모든 내용을 수용하고자 해서 열심을 기울였읍니까? 이것을 깨닫지 못하면 감히 살지도 죽지도 못하겠다고 느꼈읍니까? 자기가 의뢰하는 자를 알고 있읍니까? 삶 가운데서 하나님의 목적을 깨닫습니까? 자신은 그의 목적 안에 있읍니까? 하나님의 목적이 지금 이 순간 온 세상에서 가장 중요한 것이라고 여깁니까? 만약 그렇다면 성령이 그의 일을 행하셔서 부르셨다고 기꺼이 말할 수 있읍니다. 성령은 우리를 어두운 데서 하나님의 놀라운 빛으로 부르십니다.

　하지만 하나님의 목적에 관련된 사실들이 자신의 전부가 아니며, 자신의 전부가 될 만한 다른 것이 있다면 그 사람은 아직도 어두운 데에 있음을 하나님의 이름으로 말할 수 있읍니다. 하나님의 아들이 천국과 영원한 영광의 자리를 버리고 오셔서 이 세상에서 목수라는 비천한 생활을 하셨읍니다. 더우기 그는 베들레헴 마굿간에서 아기로 태어나 구유에 누이시고 그가 감당해야 할 모든 것들을 견디셨으며, 마침내는 십자가에서 죽으셨읍니다. 이런 사실이 자기에게 아무런 의미가 없다면 오직 한 가지로 설명할 수 있을 뿐입니다. 즉, 그는 칠흙같은 어두움에 있고 영적으로 죽었으며, 하나님의 진노가 그의 위에 있읍니다.

귀를 기울여 보십시오! 하나님은 그의 성령을 이 세상과 교회로 보내셨는데, 이는 세상을 어두움에서 그의 놀라운 빛으로 부르시기 위함입니다. 자신을 길잃은 영혼으로 생각합니까? 자신의 참모습을 발견합니까? 하나님의 심판을 깨닫습니까? 영원한 것을 바라봅니까? 하나님의 이 말씀을 청종하십시오. 역사적 사실들이 가르치고 있읍니다. "형제여 어찌할꼬" 하며, 부르짖으십시오. 그리고 "회개하라"는 베드로의 말을 상기하며, 죄를 인정하고 고백하십시오. 자기 방어를 포기하고 교활한 생각을 중지하며, 자신이 아무것도 알지 못함을 인정하십시오. 우리는 본성적으로 하나님의 목적에 관한 사실들을 전혀 알지 못하기 때문입니다. 이를 회개하십시오! 주 예수 그리스도를 믿고 복음의 가르침을 어린 아이처럼 받아들이며, 복음과 그리스도 그리고 그의 사랑에 자신을 내어던지십시오. 또한 자신과 자신의 영혼, 영원한 장래를 그의 손에 맡기십시오. 그러면 사도 바울처럼 "세상이 내게 어떠한 짓을 한다 해도 내가 부끄러워하지 아니함은 나의 의뢰한 자를 내가 알고 나의 의탁한 것을 그 날까지 저가 능히 지키실 줄을 확신하기 때문이다"라고 말할 수 있을 것입니다.

       오, 복되신 하나님의 영이여 쏟아부으소서!
       능력을 주시사 막힌 귀를 트이게 하시며
       단단한 마음을 부드럽게 하시고
       강한 의지를 굽게 하시사
       당신의 영광스런 사역을 이루시며
       하나님의 아들이신 예수 그리스도의 이름을 영화롭게 하소서.
       아멘.

제 7 장

하나님의 구속하시는 방법

> 이를 인하여 내가 또 이 고난을 받되 부끄러워하지 아니함은 나의 의뢰한 자를 내가 알고 또한 나의 의탁한 것을 그 날까지 저가 능히 지키실 줄을 확신함이 라(딤후 1 : 12).

 디모데후서 1 : 12의 본문을 근간으로 하여 이 특별한 진술에 연관되어진 전 문맥을 실제적으로 살펴보고 있습니다. 내가 이 말씀에 관심을 모으는 것은 그것이 오늘날의 세상에 대해 그리스도교 신앙의 가르침을 아주 명확하고 완벽하게 표현하고 있기 때문입니다. 복음과 그리스도교의 가르침을 일종의 철학적 견해나 태도로 여기는 것보다 더 잘못된 생각도 없을 것입니다. 복음은 이 세상에서 가장 실제적인 것입니다. 그것은 삶의 방식입니다. 복음은 우리에게 구원과 해방, 새로운 삶의 길, 승리와 기쁨에 이르는 길, 구원을 얻는 방법 등을 제공합니다. 그리고 사도 바울은 본문의 말씀에서 그것을 완전하게 진술하고 있습니다.
 바울이 이 글을 감옥에 갇혀 죽음의 그늘 아래서 쓰고 있다는 것을 잊지 말아야 합니다. 그는 근심에 빠진 디모데에게 "나는 부끄러워하지 않는다. 괴로와하지도 않으며, 낙심하지도 않는다"라고 말합니다. 그는 자신의 확신에 대한 이유를 제시합니다. 그것이 우리가 함께 살펴보고 있는 것입니다. 사도 바울이 삶과 죽음, 변덕스런 인간의 운명이 부딪히는 모든 상황을 그처럼 대할 수 있는 근거는 무엇입니까? 그에게 감추어진 것은 무엇입니까? 저는 이런 문제들에 대한 해답에 관심을 모으고 있읍니다. 왜냐하면 이것이 현대인에게 요구되는 것이기 때문입니다. 이보다 더 중요한 것은 없읍니다. 인생에서 무슨 성공을 얻고 있읍니까? 어떻게 살아가고 있읍니까? 흘러가는 세월에 대해 어떤 자세를 취하고 있읍니까? 병들거나 파산하거나 실직했을 때 어떻게 직면해 나갑니까? 가족의 사별과 슬픔을 어떻게 대합니까? 다가오는 죽음을 어떻게 바라봅니까? 장래에 대해서는 어떠합니까?

인생이란 이런 문제들로 가득찬 것이며, 무엇보다 중요한 문제는 바울이 그랬던 것처럼 인생의 문제들을 대할 수 있느냐 하는 것입니다. "내게 어떤 일이 일어난다 할지라도 설상 재난이 내 길에 찾아온다 해도 나는 동요하지 않을 것이고, 굴하지 않을 것이며, 희망을 잃지 않을 것이다. 그것은 내게 아무런 영향을 미치지 못한다. 나는 부끄러워하지 않을 것이다"라고 말할 수 있읍니까? 중요한 것은 우리가 그렇게 말할 수 있느냐 하는 것입니다.

그리스도교의 복음이 베푸는 것으로 그렇게 할 수 있읍니다. 그것은 복음이 의도하는 바입니다. 저는 복음이 인생의 무거운 문제들에 관해 많은 것을 이야기하고 있다고 말하고 있읍니다. 그러나 내가 보기에 현대인의 비극은 자신의 문제를 생각하기에 앞서서 언제나 다른 사람의 문제를 생각하는데 있읍니다. 그리스도교는 정해진 문제들, 가령 평화, 전쟁, 핵폭탄, 남아프리카의 인종차별과 같은 제한된 문제에 관한 나름대로의 입장을 쉬지 않고 반복하고 있을 뿐이라고 흔히 생각합니다. 그러나 형제들이여, 내가 지적하고자 하는 것은 우선적인 문제에 관한 것입니다. 곧, "어떻게 살아가고 있는가? 세상과 육체와 사단에 대해 어떤 입장을 갖고 있는가? 죽음이 다가오고 있다는 사실을 어떻게 대하는가?" 하는 것입니다. 이 문제들은 복음이 아주 분명하고 확실하게 다루는 내용입니다. 사도 바울이 글을 쓰고 있는 입장은 그의 기질이나 배경을 근거로 하는 것이 아니라 그가 그리스도교의 복음을 믿고 있다는 사실을 근거로 하는 것입니다.

앞서 이 복음의 실체를 정확히 알 수 있으며, 정의내릴 수도 있음을 갈아보았읍니다. 오늘날은 교리와 신학, 개념을 싫어하는 시대이며, 사람들은 애매모호한 정신에 대해 말하기를 좋아합니다. 그러나 그것은 사도 바울이 말하는 것과 전적으로 모순됩니다. 바울은 디모데에게 그가 가르쳤던 것을 상기시킵니다. 그는 디모데에게 아주 분명하게 "내게서 들은 바 바른 말을 본받아 지키고 우리 안에 거하시는 성령으로 말미암아 네게 부탁한 아름다운 것, 즉 장로회에서 네게 위임한 그 가르침을 지키라"고 말하고 있읍니다.

　복음이 무엇인지를 말하는 데에는 어려움이 없으며, 더구나 사도 바울은 디모데후서에서 완벽하게 요약하고 있읍니다. 바울은 청년 디모데를 도우려 하는데 그의 모든 주장은 어떤 의미에서 "디모데야, 네가 진정 근심에 빠진 것은 단지 네가 보냄을 받으므로 전파해야 할 복음을 잊고 있기 때문이다"라는 것입니다. 그래서 바울은 복음의 요소들을 디모데에게 일깨워주지 않으면 안되었읍니다. 또한 이것은 내가 이 자리에서 일깨우려는 것입니다. 우리가 살고 있는 시대는 혼돈의 시대이어서 끊임없이 근본적인 원리들로 되돌아갈 필요가 있읍니다. 현대가 이처럼 혼돈스런 모습을 띠게 된 것은 거의 모든 면에서 으뜸가는 원리들을 벗어났기 때문이라고 주장하고 싶습니다. 현대인은 원리들을 잊으며 실용주의자나 공리주의자와 같은 부류로 되었읍니다. 그들은 스스로를 실용적인 사람이라 부르며, 개념에는 관심이 없고 단지 실용적인 것만 찾을 뿐이라고 말합니다. 현대인은 모든 정착된 것을 잃어버린 행동주의자이며, 자신의 현재 위치와 으뜸가는 원리들로 되돌아갈 필요성을 알지 못합니다. 그러나 감사하게도 으뜸가는 원리들이 디모데후서에 제시되어 있읍니다. 사도 바울은 디모데에게 가르쳤던 것과 디모데가 다른 사람들에게 가르쳐야 한다고 여겨지는 것을 정확하게 되살리고 있읍니다.

　나아가서 반복하고 싶은 것은 – 나는 이것을 계속해서 말해야 한다고 느낍니다 – 그리스도교의 축복을 얻되 복음을 믿지 않고도 얻을 수 있다고 생각하여 그리스도의 교회로 나오는 것은 소용없는 일이라는 것입니다. 복음을 믿지 않고는 결코 얻지 못합니다. 교회에 나오면 당연히 무언가를 얻을 것입니다. 감정적이거나 심리적인 경험을 얻을 수 있지만 그것은 복음의 축복이 아니며, 모조품입니다. 복음을 믿지 않으며 그 가르침을 의뢰하지 않고는 어느 누구도 유일한 구원의 축복을 알지 못합니다. 이는 바울의 주장입니다. 디모데의 흔들림, 불안정, 두려워하는 마음, 불길한 예감과 놀라움에 휩싸인 상태 등을 설명할 수 있는 것은 그가 복음적 사실들에 견고하지 못했다는 데에 있습니다.

말하자면, 저도 복음의 전체적인 모습을 상기시키는 데에 주력해야 하는 것입니다. 복음의 모든 면모들은 전체적인 복합을 이루고 있기 때문입니다. 이것은 복음의 영광이며, 하나님의 완벽한 계획입니다. 그것을 다음과 같이 요약해 보겠습니다. 근심에 싸인 사람이 있읍니다. 인생에서 패배하여 삶을 포기하고 결코 열려서는 안될 어두운 문으로 나가려는 사람이 있읍니다. 그리고 마음이 파산되어 전혀 갈피를 못잡고 좌절하고 낭패당한 사람이 있읍니다. 그러면 이런 사람에게 복음은 무엇을 말해야 합니까?

복음의 말하는 것이 처음에 거스리게 들릴지 모르겠지만 복음이 행하는 것을 정확히 알 때까지 참고 듣길 바랍니다. 복음은 단지 일반적인 의미의 위로가 아닙니다. "그래, 너무 좌절하지 마라. 곧 나아지게 될 것이다. 너도 곧 잊게 되리라고 알고 있지 않느냐? 시간이 흐르면 다 치료될 것이고, 지금의 상태도 네가 생각하는 것만큼 나쁘진 않다"하면서 사람에게 이야기하는 것은 복음의 역할이 아닙니다. 그것은 그리스도교 복음을 완전히 희화화한 것입니다. 물론 하나님은 우리에 대해서 자비를 베푸십니다. 그러나 그리스도의 교회가 빈번하게 그렇게 행동해 온 것은 잘못된 것입니다. 지적이고 강한 많은 사람들이 오늘날 교회 밖에 있는 것은 감상적인 자료를 원치 않기 때문인 것으로 알고 있읍니다. 제가 보증할 수 있는 것은 나도 감상적인 자료를 원치 않으며, 그런 면에서는 제가 제시할 것이 없다는 점입니다. 그것은 그리스도교가 아닙니다. 그리스도교는 세상에서 가장 크고 강한 것입니다. 그리스도교는 생명력있는 경험을 산출하는 방대한 지적구조이며, 커다란 체계입니다. 저는 이를 제시하고자 합니다.

성경은 근심에 싸인 사람들에게 "기뻐하라. 모든 것이 잘 되리라고 너도 알고 있지 않느냐? 라고 말하기 보다는 앞서 알아보았듯이 하나님 자신과 그가 창조하신 세상에 대한 그의 목적을 인식케 하므로 문제를 해결하려 합니다. 성경은 인간의 의문에 해답을 주고, 그가 누구이며, 그의 문제의 성격은 무엇인지 가르칩니다. 요컨대, 인간은 하나님을 떠나 타락했으며, 구원을 받아야 한다는 것입니다. 이것이 성경의 입장이고, 사도 바울이 전하는 것입니다. 바울은 디모데에게 이 점을 상기시키면서 그것을 굳게 지키고 그가 죽은 후에도 쉬지 않고 전할 것을 이야기합니다.

그리스도교의 메시지는 다음과 같습니다. 인간은 구원받아야 할 존재입니다. 인간은 무엇보다 그가 지은 죄로부터 구원받아야 합니다. 인간은 하나님 앞에서 범죄하였읍니다. 하나님께 대항하며 득죄(得罪)하였읍니다. 그는 하나님의 법을 파기하여 하나님의 진노 아래에 있읍니다. 하나님이 세상을 기뻐하지 않으므로 오늘날과 같이 되었읍니다. 그러나 인간의 현재의 모습에도 불구하고 축복을 베푸십니다. 주님은 악한 자와 선한 자에게 햇빛을 주시며, 의로운 자와 불의한 자에게 비를 내리시는 분입니다. 이에 대해 하나님께 감사합니다. 하나님이 그렇게 하시지 않았다면 세상은 오래 전에 끝났을 것입니다.

그러나 내가 말하려고 하는 것은 하나님의 은혜 가운데 먹을 것과 입을 것과 건강과 그외 여러 가지 것을 주셨음에도 인간은 하나님의 계획대로 살고 있지 않으며, 세상은 하나님이 본래 지으셨던 의도대로 있지 않다는 것입니다. 이것은 어처구니없는 일입니다. 인간과 세상은 하나님이 의도하셨던 것과 거의 정반대입니다. 그것은 하나님이 의도하셨던 인생이 아닙니다. 이 모든 것은 인간의 죄와 그가 당한 형벌의 결과입니다. 하나님은 인간을 시험하셔서 "네가 내게 변함없이 복종하면 너를 축복하겠고 그렇지 않으면 형벌을 내리리라"고 말씀하셨읍니다. 하나님은 인간에게 그것을 가르치셨지만 인간은 따르지 않았읍니다. 그래서 하나님은 형벌을 내리셨읍니다. 그러므로 우리는 자신이 지은 죄에서 구원받을 필요가 있읍니다. 이는 우리가 하나님께 대하여 범죄하였기 때문입니다.

또한 인간은 자신이 지은 죄로부터 구원받아야 할 뿐 아니라 죄의 권세에서 구원받아야 합니다. 인간은 모두 태어나면서 죄의 권세 아래에 있읍니다. 우리는 금(禁)하는 것을 행하길 더 좋아하며 언제나 불의한 열매에 대해 특별한 매력을 갖고 있읍니다. 이는 죄의 권세 아래 있기 때문입니다. 누가 이에 대항하여 설 수 있읍니까?

인간은 자신이 지은 죄와 죄의 권세에서 구원받아야 합니다. 나아가서 죄의 오염에서 구원받아야 합니다. 인간에게 있어서 두려운 것은 그가 금지된 것들을 행하는 것 자체가 아니라 그것들을 행하고 싶어하는 그의 본성입니다. 자기 앞에 있는 매혹적인 것과 현란한 유혹에 반응하는 것은 그의 속성입니다. 이것이 오염된 증거입니다. 인간은 마음과 감수성에 있어서 오염되었으되 철저하게 오염되었읍니다. 그는 부패하고 부정한 존재입니다. 이처럼 인간은 자신이 지은 죄, 죄의 권세, 죄의 오염에서 구원받아야 합니다. 하지만 무엇보다도 인간은 하나님의 사랑과 축복을 회복해야 합니다.

그리고 인간의 모든 염려가 그가 하나님의 진노 아래에 있고, 하나님의 축복을 받지 못한 데서 기인한다면 인간에게 있어서 큰 문제는 "어떻게 하면 하나님의 사랑을 회복할 수 있으며, 하나님과 올바른 관계를 유지할 수 있는가?" 하는 것입니다. 이것은 절대적인 문제입니다. "어떻게 인간이 하나님께 의로울 수 있읍니까?" 하는 것은 성경에서 처음부터 끝까지 제기하는 하나의 큰 문제입니다. 늙은 욥은 끔찍한 악창에 걸려 거의 미칠 지경이 되었을 때 근심 중에서 "어떻게 인간이 하나님께 의로울 수 있겠는가?" 하는 문제를 제기하였읍니다. 이것은 근본적인 문제입니다. 우리가 하나님과 올바르게 되고 그의 축복 아래에 있기 전까지 행복과 평화 그리고 인생에서의 참된 승리를 기대할 수 없읍니다. 의로울 수 있겠읍니까? 이것이 구원에 관한 모든 문제의 가장 중요한 점입니다. 어떻게 인간은 구원받을 수 있는가? 인간은 자신이 범한 죄와 죄의 권세, 그리고 본성에 얽혀 있는 죄의 오염에서 구원받으려면 어떻게 해야 합니까?

사도 바울이 그 문제를 어떻게 다루고 있는지 알아봅시다. 복음의 개요를 여기서 얻을 수 있읍니다. "하나님이 우리를 구원하사 거룩하신 부르심으로 부르심은 우리의 행위대로 하심이 아니요." 하나님의 구원이 행위를 근거하지 않는다는 점이 중요합니다. 오늘날의 많은 근심은 이 말씀의 의미를 깨닫지 못하는 데서 기인합니다. 사람들은 본성적으로 행위를 근거하려 합니다. 인간이 인생에 대해 진지해지고 영혼 — 이전까지 잊고 있었으며, 완전히 무시하고 그 유익을 위해 아무것도 행치 않은 것 — 을 가지고 있음을 인식하는 순간, 또한 하나님이 계심과 그를 대면하여 자신과 자신의 인생에 대해 설명하지 않으면 안됨을 깨닫는 순간 인간은 우선 본능적으로 거의 예외없이 행위에 힘쓰려 합니다. 그는 흔히 다음과 같이 생각합니다. "나는 이것을 갑작스럽게 깨달았다. 나는 이에 관한 모든 것을 잊고 있었으며, 여지껏 동물처럼 살아왔다. 그러나 이제 내가 인간이며, 영혼을 갖고 있고 하나님과의 관련이 있음을 발견했다. 나는 하나님의 축복을 필요로 한다. 내가 어떻게 그것을 얻을 수 있는가? 나는 이제부터 시작해야 한다. 인생의 새로운 페이지를 펼치고 새로운 삶을 살며 성경을 읽고 기도하기 시작해야 한다. 내 직업을 버리고 수도사나 은자와 같이 되는 것이 좋겠다. 이것은 전 인생을 요구하는 일이기 때문에 수도원으로 들어가지 않으면 안 되겠다. 이제부터 하나님을 기쁘시게 해드리는 인생을 살아갈 것이다. 그러면 하나님은 나를 받아주시고 축복하시기 시작할 것이다."

이것이 우리들의 자세가 아닙니까? 우리들의 본능적인 반응은 이렇지 않습니까? 이것이 그리스도인다움에 관한 공통된 표현이 아닙니까? 인간을 그리스도인으로 만드는 것을 무엇으로 보고 있는지 자문해 보십시오! 그리스도인이란 무엇입니까? 이런 질문을 자신에게 던지게 될 때 적어도 한번 이상 다음과 같은 입장을 취해왔음을 발견하게 되리라 생각합니다. 그리스도인은 선한 사람입니다. 인간은 선한 삶을 살아감으로 그리스도인이 됩니다. 그리스도인은 선을 행하기 위해 나온 자입니다. 그는 악을 행하려 하지 않으며, 할 수 있는 한 선을 행합니다. 그것이 그리스도인입니다.

물론 이런 잘못된 견해를 갖게 된 것은 그리스도 교회의 가르침에서 많은 영향을 받았기 때문입니다. 로마 가톨릭 교회는 실제로 그렇게 가르칩니다. 가톨릭은 교회가 성례 등을 통하여 인간을 구원한다고 말한다. 하지만 인간에게도 구원의 역할을 떠맡깁니다. 그것은 인간의 협력을 강조합니다. 이는 신인협력설(神人協力說)입니다. 궁극적으로 구원의 역할을 인간에게 돌리는 것입니다.

그러나 로마 교회만이 이것을 가르치는 것은 아닙니다. 그런 가르침은 오늘날 아주 일반적입니다. 그리스도교란 그리스도를 본받는 것을 의미한다는 개념이 널리 보급되어 유행하고 있읍니다. 이 말은 얼마나 멋지게 들립니까! 말하자면, 인간이 자기 발로 가서 큰 희생을 바치고 그리스도를 따라야 하는 것입니다. 사람들은 이런 것을 좋아합니다. 그것은 영웅적이고 자기 희생적인 인간의 의식에 호소합니다. 그리고 이런 일을 행하는 사람들은 역사상의 위대한 그리스도인들로 인정받습니다. 이는 그들이 아주 많은 것을 포기하고 여러 가지 일을 했기 때문입니다. 위대한 그리스도인이란 그리스도를 본받고 있으며, 그가 살았던 삶을 살고 있는 자들입니다. 인간을 그리스도인으로 만드는 것은 자기 노력과 행위입니다.

그리고 어떤 사람들은 이른바 신비주의라는 말로 그리스도교를 설명합니다. 그것은 결국 앞서 밝힌 잘못된 가르침과 거의 똑같은 것입니다. 그러나 신비주의는 모든 것을 인간에게 떠맡기는 구조입니다. 인간은 사색과 명상에 시간을 보내고, 자신에 대해 죽으며, 영혼의 짙은 어두움을 뚫고 지나가야 합니다. 또한 신비주의는 엄청난 독서를 요구합니다. 철학과 신비주의, 신비주의적 방법에 관한 책을 읽어야 합니다. 그것은 엄격하고 고된 훈련과 자기 부정을 의미합니다. 이는 오랜 시간이 지나 시험무대를 거친 후에 마침내 "일정한 수준에 이를 때까지" 해야 합니다. 이것이 신비주의의 본질적 가르침입니다. 여기서 그 내용을 자세하게 다룰 필요는 없습니다. 다만 제가 나타내고자 하는 것은 인간이 하나님과 그의 축복의 필요성을 인식하고 자신의 죄인됨과 구원의 필요성을 깨닫기 시작하면 본능적으로 즉시 인간의 본성 자체를 구원하는데 힘쓴다는 것입니다. 인간은 본성적으로 "내가 구원을 받으려면 무엇을 해야 하는가?"라고 물으며, 무엇이든지 기꺼이 하고자 합니다.

그리스도 교회의 오랜 역사 속에서 이런 인간적 자세에 대한 두드러진 좋은 사례들이 있읍니다. 그 중에서 디모데서 전후를 쓴 바울이 아마 가장 좋은 예일 것입니다. 바울은 다메섹으로 가는 길에 부활하신 주님을 만남으로 그리스도인이 되기 전에는 자기 행위로 하나님 앞에 의로와지려 했읍니다. 그는 빌립보서 3장에서 그것을 숨김없이 고백합니다. "나도 육체를 신뢰할 만하니 만일 누구든지 다른 이가 육체를 신뢰할 것이 있는 줄로 생각하면 나는 더욱 그러하리니 내가 팔 일만에 할례를 받고 이스라엘의 족속이요 베냐민의 지파요 히브리인 중의 히브리인이요 율법으로는 바리새인이요 열심으로는 교회를 핍박하고 율법의 의로는 흠이 없는 자로다"(빌 3 : 4~6). 바울은 교만하고 자기만족적이었고, 자신의 행위를 신뢰했으며, 더군다나 하나님이 그를 대단히 기뻐하실 것이라고 확신했었읍니다. 그는 도덕적이며 종교적인 사람이었고 이단이며, 신성을 모독한다고 여겨졌던 교회를 박해하는 일에 열심이었던 사람입니다. 그는 자신의 선한 행위로 말미암아 하나님 앞에 의로와졌다고 생각했었읍니다. 이것이 다소 사람 바울의 모습입니다. 그러나 그의 눈이 열려졌을 때 "그러나 무엇이든지 내게 유익하던 것을 내가 그리스도를 위하여 다 해로 여길 뿐더러 또한 모든 것을 해로 여김은 내 주 그리스도 예수를 아는 지식이 가장 고상함을 인함이라 내가 그를 위하여 모든 것을 잃어버리고 배설물로 여김은 그리스도를 얻고 그 안에서 발견되려 함이니 내가 가진 의는 율법에서 난 것이 아니요 오직 그리스도를 믿음으로 말미암은 것이니 곧 믿음으로 하나님께로서 난 의라"(빌 3:7~9)고 고백합니다. 바울의 경우는 훌륭한 실례입니다.

그러나 이는 비단 바울의 경우에 그치지 않습니다. 바울 이후로 여러 세기를 지나 16세기의 마틴 루터의 경우를 살펴봅시다. 그는 뛰어난 젊은 수도사였고 수도사가 되기 위해 법률에 관한 직업을 포기했었읍니다. 그는 열성을 다해 종교적으로 살았읍니다. 그러나 그의 양심이 그를 괴롭혔고, 여전히 자신은 죄인이며 정죄 아래에 있다고 느꼈읍니다. 그는 자유로와지길 바랬고, 사죄함을 원했읍니다. 어떻게 루터가 죄로부터 자유로와질 수 있겠읍니까? 그는 그것을 위해 골방으로 가서 금식하고 땀흘리며 기도했읍니다. 그리고 구제하는 일에도 열심을 냈읍니다. 루터는 종교적인 자세와 행위에 의해 자신을 구원할 수 있다고 생각했었읍니다.

또다른 예를 들어보겠읍니다. 1738년 5월 크게 주목할 만한 일이 런던 시에서 일어났읍니다. 이는 요한 웨슬리(John Wesley)라는 이름을 가진 사람에게 일어났던 일입니다. 그는 신앙심 깊고 경건한 부모에게서 태어나 신앙적인 규율 가운데서 성장했읍니다. 그리고 옥스퍼드 대학을 다녔으며, 학문적인 면에서도 탁월했읍니다. 하지만 웨슬리는 그 것으로 만족하지 못했읍니다. 그도 역시 괴로와하며 하나님과의 평화를 갈망했읍니다. 그의 양심은 그를 괴롭혔고, 그는 더 많은 수고를 해야 한다고 느꼈읍니다. 그래서 웨슬리는 옥스퍼드 감옥의 죄수들에게 전도하기 시작했고, 그러면서 친구들과 주변의 사람들을 비롯한 동시대인들을 비꼬고 오만불손하게 대하였읍니다. 그러나 그것으로도 충분치 못했읍니다. 그는 대학에서의 활동을 포기하고 선교사로 미국에 갈 것을 결심했읍니다. 그는 미국으로 가는 항해중에 위험을 겪게 되었읍니다. 웨슬리는 무엇을 하려고 하는 것일까요? 그는 하나님과 올바르게 되고, 그의 용서하심을 얻으며 영혼의 평화를 얻을 수 있는 일을 **행하려** 하고 있었읍니다. 그래서 웨슬리는 그의 모든 것을 헌신하기 시작했읍니다.

　이런 것이 여러 세기에 걸쳐 나타난 신앙의 위대한 거목들의 발자취입니다. 진실로 이 모든 것은 로마서 10:3에 있는 함축적인 문구로 요약할 수 있읍니다. 바울은 거기서 유대인의 모든 문제는 "자기 의를 세우려 힘쓰는 데에 있다"고 말합니다. 유대인들은 하나님 앞에서의 자기 의를 세우기 위해 어떤 일이든지 하려고 했읍니다. 그들은 노력했으며, 무엇이든지 시도했읍니다. 그것은 인간이 본능적으로 행하는 것입니다.

　이 모든 것은 "하나님이 우리를 구원하사 거룩하신 부르심으로 부르심은 **우리의 행위대로 하심이 아니요**"라는 사도 바울의 말과 전적으로 관련되어집니다. 왜 하나님은 우리의 행위대로 부르시지 않습니까? 왜 우리는 우리의 행위에 의해서 구원받지 못합니까? 다소 사람 사울이나 루터 그리고 웨슬리는 왜 자신을 구원할 수 없읍니까? 왜 이들 능력있는 사람들은 자신을 구원할 수 없었읍니까? 신약성경의 가르침이 위대한 것은 그에 대한 해답에 있읍니다. 즉, 인간이 할 수 있는 모든 것을 힘에 넘치게 했다 해도 그것은 하나님이 요구하시는 일이 아니라는 것입니다. 사람들은 말하기를, "인간이 도덕적인 면에서 완전하고 선을 행하며, 선한 삶을 살고 이웃에게 은혜를 끼치고 핵전쟁을 비롯한 인류에게 해를 입히는 일에 반대한다면 그가 그리스도인이다. 하나님은 그를 용서하실 것이다. 그리고 염려할 것도 없을 것이다"라고 합니다. 그러나 성경은 그것을 부인합니다. 왜 그렇습니까? 그것은 하나님의 요구가 아니기 때문입니다. 사람들의 주장은 사도 바울이 "자기 의"라 부르는 것입니다. 그는 유대인들이 "하나님의 의를 모르고 자기 의를 세우려고 힘써 하나님의 의를 복종치 아니하였다"고 밝힙니다.

　이것이 매우 중대한 문제입니다. 현대인이 "인간이 선한 삶을 사는 한 염려할 게 없을 것이다"라고 주장한다면 나는 "누가 당신에게 그런 말을 했느냐?"라고 묻고 싶습니다. 그러면 현대인은 즉각적으로 "알다시피 나는 실제적인 그리스도인들 중에 한 사람이다. 나는 교리에는 관심이 없지만 실제적인 기독교를 믿는 사람이다"하고 말할 것입니다. 그리고나서 그는 자신이 행하고 있는 선에 대해 이야기할 것입니다. 이는 불쌍한 사람입니다. 그에게 있어서 문제는 누가 그런 말을 했으며, 그는 무슨 권위로 스스로 나무랄데 없다고 주장하느냐 하는 것입니다. 현대인은 그렇게 생각할는지 모르지만 성경은 정반대의 사실을 말합니다. 현대인은 자기 의를 의지하고 있읍니다.

하나님이 요구하시는 것은 우리가 선을 행하는 것이 아니라 "마음을 다하며 목숨을 다하여 힘을 다하며 뜻을 다하며 주 하나님을 사랑하고 이웃을 자기 몸과 같이 사랑하는 것"입니다. 우리가 많은 선을 행하며, 세상에 대하여 크게 은혜를 베푼다 할지라도 모든 것을 다 바쳐 하나님을 사랑하지 않는다면 하나님의 요구를 수행하는 것이 아닙니다. 하나님의 요구는 하나님을 사랑하고 이웃을 사랑하는 것입니다. 이는 십계명에 포함된 것이고 주 예수 그리스도께서 직접 말씀하셨던 것처럼 십계명을 요약한 것이기도 합니다. 이를 행치 않는다면 아무리 많은 일을 한다 해도 도움이 되지 못할 것이고 하나님의 요구를 충족시킬 수도 없을 것입니다. 하나님은 우리가 선한 사업에 얼마나 커다란 액수의 기부금을 냈으며, 얼마나 많은 재산과 안식과 정력을 희생시켰는지 묻지 않으십니다. 그가 물으시는 것은 이런 행위들이 아닙니다. 그는 "네가 마음과 목숨과 힘과 뜻을 다하여 나를 사랑했으며 네 이웃을 네 몸과같이 사랑했느냐?"하고 물으십니다. 이것이 하나님의 요구입니다.

사실, 인간의 행위는 최선을 다한다 해도 항상 불완전하고 불충분합니다. 그러나 하나님은 절대적인 완전함을 요구하십니다. 사도 바울은 로마서 10 : 5에서 "모세가 기록하되 율법으로 말미암은 의를 행하는 사람은 그 의로 살리라 하였거니와"라고 말합니다. 하나님은 인간에게 율법을 주시면서 "율법을 지켜라. 그러면 네가 나를 만족시키리라"하고 말씀하셨읍니다. 그러나 인간은 모든 면에서 율법을 지키지 않으면 안 됩니다. 대단히 실천적인 사람이었던 제임스(James)는 "율법을 전부 지키고 단지 한 조항만 범했다면 그것은 율법을 완전히 범한 것이다"라고 말했읍니다. 율법을 99.9 퍼센트 지킨다 해도 소용없는 일입니다. 하나님은 절대적인 완전을 요구하십니다. 이는 그가 완전하신 분이기 때문입니다. 그는 인간을 완전하게 지으셨읍니다. 완전함은 하나님의 속성이기 때문에 완전한 것 외에는 하나님을 만족시킬 수 없읍니다.

형제들이여, 우리의 행위는 어디에 있읍니까? 자신의 행위를 책을 통해 읽는 성인들의 행위와 비교할 때 어떻게 느껴집니까? 자신이 행한 것이 자랑스럽게 느껴집니까? 그러나 성인들의 선한 행위라 할지라도 하나님 보시기엔 쓸모없는 것입니다. 바울은 그것을 "배설물"이라 말하고, 이사야는 "더러운 누더기"라 합니다.

그러나 보다 더 무서운 사실이 있읍니다. 세상에 알려진 매우 위대하고 훌륭한 성인들의 삶을 읽어보면 그들은 하나님을 기쁘시게 해드리고자 노력하면 할수록 자신들이 무가치한 존재임을 더욱 발견하게 된다고 이구동성으로 말합니다. 그리스도를 본받기로 시작해 봅시다. 그러면 자기 안에 있는 지옥 같은 상태를 깨닫게 될 것입니다. 박애에 대해 말하며 객관적인 자세로 취하는 것은 전적으로 손쉬운 일입니다. 그러나 진심으로 신앙생활을 감당한다든지 수도원에서 신앙생활을 하고자 한다든지 또는 절대적으로 완전하게 복종하면서 하나님을 발견하고 그를 알며 기쁘시게 하고자 노력한다든지 하면 자신이 오염덩어리임을 깨닫게 될 것입니다. 사도 바울처럼 "내 속 곧 내 육신 안에 선한 것이 거하지 않는구나!" 하고 고백하게 될 것입니다. 역사상의 가장 위대하고 훌륭했던 사람들도 이에 동의했읍니다.

> 내 손의 수고로는
> 주님의 율법이 요구하는 바를
> 이룰 수 없읍니다.
> 나의 열심이 쉴줄 모르며
> 내 눈물이 영원히 흐른다 해도
> 모든 죄값을 치룰 수 없을 것입니다.

인간은 율법의 요구를 만족시킬 수 없읍니다. 인간이 노력하면 할수록 하나님의 거룩하심은 그의 앞에 더욱 뚜렷하게 부각될 것이고 그는 아무것도 아닌 존재로 전락합니다. 인간은 무기력하고 절망적이며 추악합니다. 우리가 이룬 의로운 행위로는 되지 않습니다. 자신의 선한 행위들과 최고의 선, 자신의 모든 박애행위 그리고 우주에 있는 모든 선을 꺼내어 하나님이 비춰시는 빛 아래에 두어보십시오. 그것들이 어디에 있으며 무엇이 되겠읍니까? 그 모든 것은 배설물이고 폐기물입니다. 그것은 오염되어 썩었으며 더럽습니다. 인간은 자신을 구원할 수 없읍니다. 우리가 이룬 의로운 행위로는 되지 않는 일입니다. 할 수 있는 한 명백하게 이 점을 진술하겠읍니다. 이 순간 자기 안에 있는 것을 신뢰하고 있읍니까? 그렇다면 그는 그리스도인이 아닙니다. 그리스도교 국가에서 성장했다는 사실을 의지하고 있읍니까? 하나님의 자비하심을 바랄 뿐입니다. 만약 이 나라가 그리스도교 국가라고 생각한다면 나는 우리가 동일한 고백을 하고 있지 않다는 점이 염려됩니다. 어렸을 때 세례를 받았거나 장성해서 세례를 받은 사실을 의지하고 있읍니까? 교회의 일원이 되어 자기 이름이 교회명부에 오른 것을 신뢰합니까? 이도 역시 하나님의 자비를 바랄 뿐입니다. 교인으로 인정하거나 세례를 베푸는 문제에 대해 전혀 엄격하지 않은 오늘날의 교회에 있어서 이는 누구든지 얻을 수 있는 것입니다. 술에 취한적이 없으며, 간음을 행치 않았고, 살인하지 않았다는 사실에 의뢰하고 있읍니까? 그렇다면 이 모든 사실에 대해 내가 말할 수 있는 것은 그는 여전히 구원 밖에 있다는 것입니다. 그가 아무리 존경할 만한 자라 할지라도 그는 구원받지 못한 것입니다. 구원은 우리가 이룬 의로운 행위에 따르지 않습니다. 하나님은 우리의 행위에 따라 부르시지 않습니다.

그렇다면 무엇입니까? 무엇이 본질적인 것입니까? 사도 바울은 그것을 말하면서 "그러나"라는 복된 단어로 시작합니다. "오직 우리의 행위대로 하심이 아니요 오직 자기 때와 영원한 때 전부터 그리스도 예수 안에서 우리에게 주신 은혜대로 하심이라 이제는 우리 구주 그리스도 예수의 나타나심으로 말미암아 나타났으니." 이 말씀은 무엇을 가리킵니까? 그것은 모든 것을 변화하게 하는 것입니다. 진실로 다소 사람 사울을 사도 바울로, 무기력한 수도사 루터를 능력있는 종교개혁자로 바꾸어 놓은 것입니다. 또한 1738년 5월 24일에 알더스게이트 가 (Aldersgate Street)의 조그만 모임에서 요한 웨슬리에게 일어났던 일이기도 합니다. 웨슬리가 그 모임에 갔을 때 그는 상심하고 참담하고 불행했으며, 몸과 마음과 영혼이 병들었고 완전히 절망적인 상태였읍니다. 하지만 그는 새 사람이 되어 나왔읍니다. 웨슬리는 "우리의 행위대로 하심이 아니요 오직 자기 뜻과 은혜대로 하심이라"에서 "그러나"를 발견한 것입니다. 그리스도교의 가르침은 다음과 같습니다. 우리를 구원하는 이는 하나님이십니다. 어떤 사람도 자신을 구원할 수 없읍니다. 그러나 하나님은 그의 위대한 목적과 은혜 안에서 우리를 구원하여 건져낼 길을 마련하셨읍니다. 이것이 창세 전에 계획된 하나님의 목적이며 그의 은혜입니다.

  은혜란 무엇을 의미합니까? 그것은 전혀 받을 만한 자격이 없는 사람에게 베푸는 사랑입니다. 공들이지 않고 얻은 사랑입니다. 그것이 은혜입니다. 오늘날을 향한 그리스도교 복음의 메시지는 우리가 완전히 철저하게 절망적일 때 우리를 구원하는 것은 하나님의 은혜라는 것입니다. 우리는 하나님의 은혜를 받을 만한 자격이 없읍니다. 그럴 만한 자격을 지닌 사람은 아무도 없읍니다. 우리는 모두 추하고 절망적이며 죄인이고 하나님의 버림을 받은 자들입니다. 그러나 하나님은 목적을 갖고 계시는데 그것은 은혜의 목적입니다. 그는 그리스도 예수 안에서 영원한 때 전부터 그것을 이루셨읍니다. 하나님의 은혜가 이제 우리 구주 예수 그리스도의 나타나심으로 말미암아 나타났읍니다. 예수 그리스도는 사망을 폐하시고 복음으로써 생명과 썩지 아니할 것을 드러내신 분입니다.

  인간은 오직 하나님의 아들 예수 그리스도와 그가 이루신 일로 말미암아 구원받을 수 있고 하나님과 화목할 수 있읍니다. 이것이 복음의 메시지입니다. 그것은 사도 베드로가 권세를 가진 많은 사람들 앞에서 시험을 받을 때에 했던 진술 가운데에 확실하게 나타납니다. "다른 이로서는 구원을 얻을 수 없나니 천하 인간에 구원을 얻을 만한 다른 이름을 우리에게 주신 일이 없음이니라"(행 4：12). 이것만이 유일한 길입니다.

  왜 그런 것일까요? 인간은 왜 자신을 구원할 수 없읍니까? 하나님의 아들이 하늘에서 이 세상으로 오심이 왜 불가피한 것일까요? 왜 육화가 필수적일까요? 왜 하나님은 능력의 말씀으로 달리 우리를 구원하지 않으셨을까요? 그가 무(無)에서 세상을 창조했다면, 또한 무에서 구원의 말씀을 주실 수 없었을까요? 하나님은 그렇게 하실 수 없었읍니다. 인간에게는 구원받을 수 있는 오직 하나의 길만이 있을 뿐입니다. 그 이유는 인간이 하나님의 법을 파기한 위치에 있으며, 하나님의 법은 존경받아야만 하기 때문입니다. 하나님의 법은 완전한 복종을 요구합니다. 이는 거룩하고 빛이며 전혀 어두움이 없는 하나님의 속성 때문입니다. 하나님의 법은 일점일획 일지라도 존경을 받고 복종받아야 합니다. 율법을 파괴한다는 것은 하나님에 대한 모독이고 반역이기 때문에 무서운 일입니다. 그것은 극악한 일입니다. 하나님의 법은 모든 점에서 절대적으로 완전하게 존경받아야 합니다. 이는 율법의 요구입니다. 그러나 또다른 요구가 있습니다.

우리가 범한 죄를 어찌 할 것입니까? 자기가 지은 죄를 어떻게 처리하려고 합니까? 이 죄를 어떻게 지우려 합니까? 하나님의 법에 있는 우리를 대적하는 모든 것에서 어떻게 벗어나려 합니까? 우리의 죄는 속죄되어야만 하며 하나님의 존귀함은 만족을 얻지 않으면 안됩니다. 이것이 율법의 또다른 요구입니다. 인간은 자기 죄가 속죄함을 얻으며, 하나님께 완전한 복종을 드릴 때까지 결코 구원받을 수 없읍니다. 그러나 인간 스스로 그 일을 이룰 수 없읍니다. 어떤 사람은 "그렇다면 왜 하나님은 다른 종류의 완전한 사람을 창조하지 않았는가?"라고 말합니다. 이에 대한 답변은 알고 있듯이 첫 사람이 완전했다는 것입니다. 아담이 절대적으로 완전하게 만들어졌기 때문에 또다른 사람을 만들어 봐야 아무 소용없는 일입니다. 아담 안에는 죄가 없었읍니다. 그는 온전하게 순수하고 죄로부터 자유로왔읍니다. 그는 하나님의 형상으로 지음받았읍니다. 그는 하나님으로부터 본래적인 의를 부여받은 완전한 피조물이었읍니다. 그러나 완전한 인간이 타락했읍니다. 그는 실패했으며, 사단은 그에게 있어서 힘에 겨운 존재였읍니다. 그러므로 또다른 인간을 내보내봐야 소용없는 일입니다.

우리가 구원받을 수 있는 길은 오직 하나 뿐인데 그것은 인간이며 또한 인간보다 더 위대하고 크신 분이 오셔서 우리를 구원하는 것입니다. 사도 바울은 로마서 8:30인 나의 기억할 만한 문구로 이것을 제시합니다. "율법이 육신으로 말미암아 할 수 없는 그것을 하나님은 하시나니 곧 죄를 인하여 자기 아들을 죄있는 육신의 모양으로 보내어 육신에 죄를 정하사 육신을 좇지 않고 그 영을 좇아 행하는 우리에게 율법의 요구를 이루어지게 하려 하심이라."

8 : 3,4에 모든 것이 간결하게 표현되었읍니다. 그것이 의미하는 것은 다음과 같습니다. 인간에게 율법을 주는 것으로는 결코 그들을 구원할 수는 없읍니다. 왜냐하면 율법은 인간에게 수행하도록 맡겨졌지만 그들은 결코 그것을 이룰 수 없기 때문입니다. "모든 사람이 죄를 범하였으매 하나님의 영광에 이르지 못하더니," "의인은 없나니 하나도 없으며 … 온 세상으로 하나님의 심판 아래 있게 하려 함이니라." 인간은 하나님의 법을 지킬 수 없읍니다. 그는 율법을 받았지만 지키지 못했읍니다. 하나님은 "율법이 행할 수 없는 것"을 위하여 무한한 은혜와 자비 가운데 그의 아들을 보내셨읍니다. 베들레헴의 아기는 하나님의 아들이십니다. 하나님의 목적은 완전한 인간과 더우기 완전하신 하나님을 필요로 합니다. 우리는 그의 아들 안에서 인간과 하나님, 곧 한 인격에게 속한 두 가지 성품을 만납니다. 예수님은 하나님이며 인간이시기 때문에 인간보다 더 크신 분이고 우리가 하지 못하는 것을 하실 수 있읍니다.

예수님은 세상에 오셔서 하나님의 법에 완전히 복종하셨읍니다. 하나님은 하늘에서 그를 내려다보시면서 "이는 내 사랑하는 아들이요 내 기뻐하는 자라"고 말씀하셨읍니다. 예수님은 결코 거역하지 않았으며, 반역하지 않았고, 실패하지도 않았읍니다. 그는 죄가 없으십니다. "모든 일에 우리와 한결같이 시험을 받은 자로되 죄는 없으시니라"(히 4 : 15). 우리는 대제사장을 필요로 하는데 히브리서 기자는 예수님은 "거룩하고 악이 없고 더러움이 없고 죄인에게서 떠나 계신 분"(히 7 : 26)이라고 말합니다. 오직 그만이 대제사장의 자격을 갖고 있읍니다. 그는 인간으로서 지면을 밟으면서 하나님의 법에 절대적으로 완전하게 복종했던 유일한 분이십니다. 그를 보내신 이는 하나님이시며 하나님이 그를 보내심은 율법의 요구를 이루기 위함이었읍니다. 그를 보내신 것은 하나님의 은혜입니다. 하나님은 세상을 사랑하셔서 독생자를 주셨읍니다. 예수님은 오셔서 율법대로 완전하게 사셨고 순종하며 십자가로 나아가셨읍니다.

예수님의 십자가에서 무슨 일이 일어났읍니까? 바울은 로마서 3장에서 그 문제에 답합니다. 하나님은 우리의 죄를 위해 예수님을 화목제물로 세우셨읍니다. 이것이 그리스도가 갈보리 언덕 십자가에서 죽으셨던 이유입니다. 하나님은 우리의 죄를 취하셔서 그의 아들에게 맡기셨읍니다. 하나님의 아들은 순결하시고 결코 죄가 없으십니다. 하지만 그는 자신을 우리 죄에 대해 책임져야 할 자로 여기셨읍니다. 바울은 고린도 후서 5 : 19, 21에서 "하나님께서 그리스도 안에 계시사 세상을 자기와 화목하게 하시며 저희의 죄를 저희에게 돌리지 아니하시고 … 하나님이 죄를 알지도 못하신 자로 우리를 대신하여 죄를 삼으신 것은 우리로 하여금 저의 안에서 하나님의 의가 되게 하려 하심이니라"고 말합니다. 또한 그는 "하나님이 우리를 구원하사 거룩하신 부르심으로 부르심은 우리의 행위대로 하심이 아니요"라고 밝힙니다. 이것이 하나님의 목적이고 은혜입니다. 그리고 이는 십자가 위의 그리스도 안에서 이루어집니다. "여호와께서 우리 무리의 죄악을 그에게 담당시키셨도다." 우리는 생각하기를 "그는 징벌을 받아서 하나님에게 맞으며 고난을 당한다 하였노라." 그는 "세상 죄를 지고 가는 하나님의 어린 양"이십니다.

구약성경의 모든 가르침은 희생드려야 할 어린 양은 언제나 흠이 없고 절대로 완전해야 한다고 말합니다. 이것은 완전하신 성자의 오심을 예표하고 있읍니다. 그는 완전한 하나님이며 완전한 인간입니다. 하나님은 그에게 우리 모두의 죄악을 지우셨읍니다. 하나님은 그를 때리시며 고난을 당케 하셨읍니다. 하나님은 나의 죄를 위하여 그를 벌하셨고, 그리스도는 나의 죄를 짊어지셨읍니다. 그가 친히 나무에 달려 자기 몸으로 우리 죄를 짊어지심은 우리가 죄에 대하여 죽고 의에 대하여 살게 하려 하심입니다. 그가 채찍에 맞음으로 우리가 나음을 입었읍니다.

형제들이여, 이것이 구원의 메시지이며 인간이 구원받는 길입니다. "주 예수 그리스도를 의뢰하는 것"이 사죄함을 얻는 유일한 길입니다. 또한 이것이 "바른 말을 본받는 것"입니다. "미쁘다 모든 사람이 받을 만한 이 말이여 그리스도 예수께서 죄인을 구원하시려고 세상에 임하셨다 하였도다 죄인 중에 내가 괴수니라"(딤전 1 : 15). 인간은 하나님과 화해하며 죄사함을 얻고 속죄함을 받을 때까지 하나님의 축복을 누리지 못할 것입니다. 이 세상에 오셔서 사시다가 죽으시고 부활하신 그리스도는 하나님의 목적과 은혜에 따라 그의 보내심을 받은 분입니다. 그리스도가 이루신 모든 일은 인간을 위한 것입니다. 인간이 해야 할 전부는 "주 예수 그리스도를 의뢰하는 것"입니다. 이는 인간이 할 수 있는 행위에 따르지 않으며, 단지 무능함과 절망과 낙심 중에 빠지어 어거스터스 토플래디(Augustus Toplady)처럼 말할 수 있느냐 하는 것에 따릅니다.

> 내 손의 수고로는
> 주님의 율법이 요구하는 바를
> 이룰 수 없읍니다.
> 나의 열심이 쉴 줄 모르며
> 내 눈물이 영원히 흐른다 해도
> 모든 죄값을 치를 수 없을 것입니다.
> 주님이 구원하셔야 합니다.
> 그리고 주님만이 하실 수 있읍니다.

그리고 그는 이어서 말하기를,

> 내 손으로는 아무것도 가져올 수 없읍니다.
> 다만 주님의 십자가에 매달립니다.
> 옷입기 위해 벌거벗은 채로 나옵니다.
> 은혜를 위해 무력하게 바라봅니다.
> 더러운 모습 그대로 샘물로 달려옵니다.
> 구주여, 나를 씻기소서.
> 그리하지 아니하시면
> 나는 죽어갈 것입니다.

라고 하였읍니다.

그의 고백은 위대한 사도가 디모데에게 말하는 근거이기도 합니다. 바울은 감옥에 있으면서 죽음에 직면했을지라도 "내가 의뢰하는 자를 안다"라고 말할 수 있었기 때문에 부끄러워하지 않았읍니다. 그는 "내가 하나님의 자녀이며 내 죄가 용서함을 받은 것을 알고 있다. 그리고 하나님은 나의 아버지시며 그의 약속은 영원히 확고한 것을 알고 있다. 하나님은 나를 내버려두거나 저버리지 않으실 것이다. 그는 나를 붙드시고 굳세게 하시며 나와 함께 하실 것이다"라고 말하는 것입니다. "내가 부끄러워하지 아니함은 나의 의뢰한 자를 내가 알고 또한 나의 의탁한 것을 그 날까지 저가 능히 지키실 줄을 확신함이라." 그리스도는 나를 무지로부터 구원하셨읍니다. 그는 나를 하나님의 진노로부터 그리고 세상과 육신과 사단의 압정(壓政)으로부터 구원하셨읍니다. 그는 나를 지옥으로부터 구원하셨으며, 새 생명을 위해 구원하셨읍니다. 그 생명은 영혼 안에 있는 하나님의 생명으로 이 땅에서 시작하여 영원한 영광 가운데에 활짝 피어날 것입니다.

형제들이여, 저는 다만 "자신이 의뢰하는 자를 알고 있읍니까?"라고 묻고 싶습니다. 그것은 피할 수 없는 질문입니다. 자기 힘으로 자신을 구원할 수 없음을 인식합니까? 우리의 행위로는 되지 않습니다. 모든 찬송과 영광과 존귀를 하나님께 돌리십시오. 그는 위대하고 영원한 목적과 놀라운 은혜 가운데에 그의 독생자인 주 예수 그리스도를 보내셨읍니다. 그는 이 세상에 오셔서 사시다가 죽으시고 장사지낸 바 되었지만 다시 살아나셨읍니다. 이것은 우리가 용서함을 받고 하나님과 화해케 하기 위함입니다. 이 사실을 근거로 하나님의 자녀가 되며 영원한 축복의 상속자가 될 수 있읍니다. 하나님의 변함없는 목적은 어떠한 일이 일어난다 할지라도 "나는 부끄러워하지 않는다. 무슨 일이 닥쳐온다 해도 나는 준비되어 있다. 나의 의뢰하는 자를 내가 알고 있다"라고 말할 수 있게 하는 본질적인 것입니다.

제8장

풍성한 삶

> 이를 인하여 내가 또 이 고난을 받되 부끄러워하지 아니함은 나의 의뢰한 자를 내가 알고 또한 나의 의탁한 것을 그 날까지 저가 능히 지키실 줄을 확신함이라(딤후 1:12).

  디모데후서 1:12을 전 문맥과 관련지어서 다시 한번 살펴보고자 합니다. 이 말씀을 되새겨 보고 있는 것은 오늘날 우리가 살고 있는 현세계에 대한 그리스도교의 가르침을 여기서 얻을 수 있기 때문입니다. 현대인들은 그리스도교를 애매모호하고 막연한 일종의 이상주의 또는 숱한 철학 중의 하나로 간주하거나, 실생활과는 멀리 떨어져 있고 본질상 비실제적인 것으로 생각합니다. 그러나 그리스도교에 대해 이보다 더 그릇된 견해는 없읍니다. 그것은 실로 엄청난 오해입니다. 성경의 모든 부분은 그것이 이른바 인생의 교과서일 것을 요구합니다. 성경은 생활의 능력이 되기 위해 주어진 책입니다. 저의 주장은 오늘날 세계를 통틀어 보아 우리가 지금 그 가르침을 검토하고 있는 성경보다 더 실제적인 책은 없다는 것입니다. 성경은 오늘날의 삶에 대해 신문보다도 훨씬 더 많은 것을 알려주고 있다는 점을 저는 너무나 빈번하게 말해 왔읍니다. 이는 성경이 훨씬 심오한 수준에서 인생을 다루기 때문입니다. 성경은 피상적인 것에만 관심을 두지 않습니다. 그것은 인생에 대한 실질적인 통찰력을 제공하며 모든 현상의 이유를 설명해 줍니다. 그것은 성경이 늘 동시대적으로 되는 이유이기도 합니다. 성경은 인생에 관한 하나님의 책입니다. 또한 하나님 자신과 인간, 삶과 죽음, 영원 그리고 인간에게 절대적으로 중요한 모든 문제에 관한 하나님의 책입니다.

그리고 디모데후서에서 사도 바울은 위대하고 영광스런 복음을 완벽하게 요약하고 있읍니다. 저는 이 글을 읽을 때마다 놀라움으로 가득차게 됩니다. 왜냐하면 앞서 밝혔듯이 사도 바울은 여기서 한 전도자에게 편지를 쓰고 있기 때문입니다. 전도자가 기운을 잃을 땐 그에 대한 오직 하나의 이유만 있을 뿐입니다. 즉, 그는 자신의 복음을 잊은 것입니다. 여기서 사도 바울은 젊은 전도자인 디모데에게 결국 그리스도교 신앙의 기본적인 교리가 되는 것을 일깨워주고 있읍니다. 왜냐하면 진실로 신앙을 의뢰하지 않으며 그것에 자신을 맡기고 복종하지 않으면 어느 누구도 삶과 죽음 그리고 모든 일들을 이겨낼 수 없음을 바울은 알고 있기 때문입니다.

우리에게 우선적으로 필요한 것은 구원을 얻으며 하나님과 화해하고 다시금 하나님의 사랑과 긍휼과 자비를 받아들이는 것임을 이미 알아보았읍니다. 하나님은 이것을 우리의 행위에 따르지 않고 창세 전에 그리스도 예수 안에서 준비 된 그의 목적과 은혜에 따라 베푸십니다. 그러므로 우리에게 우선적으로 가장 필요한 것은 죄사함을 받고 하나님의 사랑을 회복하는 것입니다. 오직 믿음으로만 의롭게 된다는 것이 그리스도교 신앙의 기본적인 가르침입니다. 우리는 하나님으로 말미암아 구원을 얻읍니다. 그는 자기의 독생자를 보내셨는데 이는 그를 믿는 자마다 멸망치 않고 영생을 얻게 하기 위함입니다. 이것이 으뜸가는 사실입니다.

그러나 그리스도교적 사실은 이것만이 아닙니다. 그런데 많은 사람들은 이 지점에서 머뭅니다. 그리스도교의 메시지는 사람들에게 용서와 죄사함을 베풀고 또한 하나님이 죄사함을 얻은 자들에게 늘 미소를 지으시고 그들과 화목하시면서 그들을 있는 그대로 내버려두심을 알려준다고 그들은 생각합니다. 그런 동기로 그리스도교와 관계를 맺는 사람들이 많습니다. 그들은 "지옥에 가서 고통스럽게 지내길 원치 않는다. 그래서 죄사함을 믿는다"라고 말합니다. 이것이 기독교에 대한 그들의 자세의 전부입니다. 그러나 그것은 사도 바울이 디모데에게 이 부분에서 일깨워주고 있는 충만한 가르침에는 훨씬 미치지 못하며 더 이상 나가지도 않고 있는 것입니다.

인간은 죄사함 외에 무엇을 필요로 합니까? 여기에 대단히 놀라운 사실이 있읍니다. 인간은 궁극적으로 생명을 필요로 합니다. 그리고 그의 모든 염려는 그가 실상 살아 있지 않으며 참된 생명을 소유하고 있지 않는다는 데서 기인합니다(저는 이것을 밝히고자 합니다). 그리스도교 가르침의 가장 놀라운 모습 중의 하나는 그것이 우리에게 생명을 주는 가르침이라는 점입니다. 그리스도교는 단지 우리를 용서하고 과거에 있던 곳에 그대로 방치해 두는 것으로 그치지 않습니다. 그렇다면 인간은 현재의 인생, 곧 삶과 죽음과 그 외의 모든 것들을 극복할 수 없을 것입니다. 죄사함은 비록 놀라운 일이긴 하지만 목적에 이르는 수단일 뿐입니다. 물론 죄사함이 우선적으로 있어야만 합니다. 인간의 죄가 여전히 남아 있는 한 하나님과 인간 사이의 사귐이 있을 수 없읍니다. 하나님은 죄인을 축복하시지 않습니다. 죄인인 인간이 축복을 받으려면 먼저 용서함을 받아 죄를 씻으며 정결하게 되어 하나님과의 친교를 회복해야 합니다. 그러므로 우리는 언제나 죄사함을 우선순위에 두어야 합니다.

그러나 죄사함으로 멈추지 않습니다. 인간이 죄사함을 받는 것은 생명의 은혜를 얻기 위함입니다. 오늘날과 같이 그리스도교에 대해 오해함으로 참된 진리에서 절망적으로 벗어날 근거가 복음에는 없읍니다. 그리스도교에 대해 잘못된 생각을 갖게 되는 것은 내가 여기서 주장하고 있는 가르침을 깨닫지 못하기 때문입니다. 복음은 생명에 관한 것입니다. 주님은 "내가 온 것은 양으로 생명을 얻게 하고 더 풍성히 얻게 하려는 것이라"고 말씀하셨읍니다. 왜 주님은 그런 비유를 말씀하셨읍니까? 이는 인간이 잃어버린 자이기 때문입니다. 주님은 타락한 이후로 죄에 빠진 인류를 "목자없는 양들"로 묘사하셨읍니다. 인간은 길잃어버린 양과 같다는 것이 주님의 입장입니다. 인간은 길잃은 양일 뿐만 아니라 길을 잃음으로 인해서 풀밭을 찾을 수 있는 위치와 적절한 음식을 얻을 수 있는 장소를 알지 못하는 양이기도 합니다. 그뿐 아니라 그를 공격하여 그의 생명을 빼앗아 가려고 위협하는 늑대와 이리를 비롯한 온갖 약탈자의 수중에 놓인 양입니다. "인간은 다 양 같아서 그릇 행하였다"(사 53 : 6). 성경에 의하면 그 결과로 인간은 살고 있는 것이 아니라 다만 존재하고 있는 것입니다.

그것은 분명히 치명적이고도 근본적인 문제입니다. 존재한다는 것과 산다는 것은 이 세상에서 전적으로 다릅니다. 이것은 기초적인 문제입니다. 왜냐하면 인생에 대한 모든 관점이 인생문제에 대한 궁극적인 자세를 결정하기 때문입니다. 대담하고 거칠은 방식이긴 하지만 현대적인 예를 들어보겠읍니다. 오늘날의 의사들은 매우 뛰어나서 죽어가는 사람의 생명을 아주 비상한 방법으로 지속시킬 정도입니다. 그들의 능숙함 덕분에 몇 달 동안 생명을 연장시킨 사람들도 있읍니다. 의사는 환자에게 심장을 뛰게 하며 폐와 신장을 움직이게 하는 기계를 넣어줍니다. 그러면 환자는 그 기계가 중지하는 순간까지 생명을 유지하게 될 것입니다. 환자는 여전히 생명을 지니고 있읍니다. 하지만 내가 묻고 싶은 것은 그 사람이 살아가고 있느냐 하는 것입니다. 현대의 의사들은 환자의 존재 상태를 연장시킬 수 있읍니다. 그러나 그것은 삶의 상태가 아닙니다. 환자는 아직도 존재하고 있읍니다. 그의 심장이 뛰고 있는 한 그가 죽었다고 말할 수 없읍니다. 그에 관한 사망진단서를 쓸 수도 없읍니다. 그러나 그 사람은 사는 것이 아니라 존재하는 것입니다.

이것을 영적인 영역에 적용해 봅시다. 이는 성경이 죄에 빠진 인간과 타락의 결과로서의 인간에 대해 말하는 것과 실제로 똑같습니다. 성경은 사람들이 인생이라 여기는 것을 전혀 인생이 아닌 것으로 말합니다. 왜냐하면 인생에 대한 근본적이고 참된 이해없이 살아간다면 그것은 사는 것이 아니라 다만 존재하는 것일 뿐이기 때문입니다. 인생에 대한 참된 목적도 없이 살아간다면 그것은 존재하는 것이지 사는 것이 아닙니다. 인간이 살아갈 때는 정복과 조절과 이해 등의 요소가 있게 마련입니다. 인생은 그런 요소로 가득찬 것입니다. 그러나 오늘날 대부분의 남녀들은 그에 대해 전혀 생각지 않음을 어렵지 않게 알 수 있읍니다. 현대인들은 환경과 여건 그리고 주변상황의 희생자들이 아닙니까? 이것은 전에 살았던 모든 사람들보다 더 우월하다고 자부하는 현대인에게 있어서 유난히 모순된 삶의 모습이 아닐 수 없읍니다. 현대인은 우월함을 스스로 자부합니다. 그러나 오늘날 만큼이나 인간이 노예 상태에 빠진 적은 없었읍니다. 현대인은 대중입니다. 그는 광고와 선전 그리고 조작의 산물입니다. 이에 대해선 이론의 여지가 없읍니다. 사람들은 갈수록 생각을 적게 합니다. 그들의 보는 생활방식과 인생의 이상은 생활에 침투된 중간매체에 의해 결정되고 있읍니다. 인간은 더욱 더 기계화되어 가고 있으며, 온갖 다양한 매개체들의 상호 작용에 의한 산물로 점점 전락하고 있읍니다. 매스 미디어의 세력은 인간의 생각과 시야를 통제하고 있읍니다.

이 사실을 스스로 되새겨 보십시오. 인간이 일하는 이유를 생각해 보지 않고 일을 할 때 그것이 참된 삶입니까? 인간은 과거만큼 창의력이 풍부하며 개인적인 기쁨을 얻고 있읍니까? 현대인은 직접 경기에 참여하지 않습니다. 모든 것은 타인에 의해 이루어지고 있으며, 모든 사람은 조종당하고 있읍니다. 또한 그 날의 TV 프로그램이 어떻게 생활할 것인지를 결정합니다. TV 프로그램을 보면 거기에 생활의 일정이 있읍니다. 현대인은 방송 시간 때에 따라 하루의 할 일을 행합니다. 그러므로 생활은 그의 손아귀를 벗어나고 그는 기계가 됩니다. 그는 누군가에 의해 눌려지는 버튼에 따라 움직여지고 있는 것입니다. 그것은 사는 것이 아니라 존재하는 것입니다.

사도 바울은 이미 오래 전 1세기에 잘 알려진 말씀으로 그 사실을 기술했읍니다. 그가 에베소 사람들에게 상기시켜 주고 있는 것은 그들이 회심하기 전에 그런 종류의 삶을 살았다는 것입니다. 바울은 다음과 같은 말로 그 사실을 설명합니다. "그때에 너희가 그 가운데서 행하여 이 세상 풍속을 좇고 공중의 권세잡은 자를 따랐으니 곧 지금 불순종의 아들들 가운데서 역사하는 영이라." "이 세상의 풍속"이것은 인간이 "이루어지는 일"에 따라 조종을 받는 몹시 바쁜 생활을 의미하기도 합니다. 그런 생활은 사는 것이 아니라 존재하는 것입니다. 현대인은 대중이며 기계적인 인간이고 자기의 개성과 생활에 대한 통제력을 상실한 인간입니다. 인간이 다른 사람이나 사물 또는 다른 사상에 대해 반응만 하고 있을 때 그것은 살아 있는 것이 아닙니다. 인간은 능동적이고 통제적이어야 합니다. 그는 타인이 행하는 것이나 그를 위해 이루어진 것에 대해 단순히 반응하기만 해서는 안됩니다.

복되신 주님이 "내가 온 것은 양으로 생명을 얻게 하고 더 풍성히 얻게 하려는 것이라"고 말씀하신 것은 이 모든 사실들 때문입니다. 주님은 잃은 양들을 구원하기 위해 오셨읍니다. 그가 오신 것은 양들의 출입을 인도하며 그들이 풀밭을 찾도록 하기 위함입니다. 그들은 이제 질질 끌려다니며 더럽혀진 양들이 아닙니다. 또한 끊임없이 침략자의 위협을 느끼면서도 푸른 풀밭이 있는 곳과 먹고 누우며 즐기고 살찌우며 번성할 수 있는 곳을 알지 못하는 양들도 아닙니다. 길잃은 양들은 그들의 처한 곳에서 구원을 받아 새로운 실존으로 옮겨져야 합니다. 주님은 우리에게 그가 오신 이유를 알려줍니다. 그것은 양으로 생명을 얻게 하고 더 풍성히 얻게 하려는 것입니다.

그러면 이 풍성한 삶은 무엇을 의미합니까? 그것은 어떻게 얻을 수 있읍니까? 기독교가 새로운 삶을 제공하는 원리를 파악하고 있읍니까? 이 원리는 사람들로 하여금 그리스도교가 이른바 동화와 같다고 느끼게 하는 요소입니다. 그들은 종종 그리스도교를 마법의 지팡이를 휘두름으로 인간으로 하여금 새로운 출발을 하게 하는 사상이라 생각합니다. 그것은 분명히 그리스도교가 제공하는 것입니다. 하지만 마법의 지팡이로 하는 것이 아니라 그리스도교 나름대로의 방법으로 행합니다. 어떻게 이런 삶을 소유할 수 있읍니까? 그에 대한 해답은 명백합니다. 사도 바울은 우리가 함께 생각하고 있는 디모데후서의 본문에서 그것을 설명하고 있습니다. "우리의 행위대로 하심이 아니요"(not according to our works)라는 수식구를 주목해야 합니다. 바울은 "하나님이 우리에게 주신 것"이라는 표현을 사용합니다. 즉, 주시는 분은 하나님이십니다. 이는 우리의 행위를 근거하지 않고 주시는 분인 하나님을 근거로 합니다.

이것은 다시 반복하지만 아주 근본적인 문제 중에 하나입니다. 옛 사람들은 "흑인이 자기 피부를 변하게 할 수 있을까? 표범이 자기 몸의 점을 없앨 수 있을까? 굽은 것을 바르게 할 자 누구인가?" 하는 문제를 제기했었읍니다. 인간이 자기 성품을 변하게 할 수 있을까요? 인간이 갑작스럽게 자신을 본질적으로 다른 존재로 변형시킬 수 있을까요? 그것을 이루려 시도해 보았던 사람들은 누구든지 할 수 없음을 알고 있읍니다. 인간은 그것을 할 수 없읍니다. 그러나 인간이 할 수 없는 자리에 축복된 메시지가 임합니다. 그것은 복음이 이 세상에 있으며, 그리스도가 오심은 우리 힘으로 할 수 없는 것을 대신해 주기 위함인 것을 알려줍니다. 하나님의 아들이 오셨던 것은 인간이 실패자이기 때문입니다. 인간이 자신을 변화시킬 수 있었다면 그리스도는 결코 오시지 않았을 것이고 십계명은 충족되었을 것입니다. 삶의 방법이 있으며 우리는 "그런 삶을 살라"는 이야기를 듣습니다. 하지만 인간은 그렇게 살지 못합니다. 바울이 로마서 7장에서 말하고 있는 것처럼 마음으로는 원하지만 육신 안에 있는 자기를 끌어내리는 것이 있음을 알게 됩니다.

그렇다면 어떻게 새로운 삶을 살 수 있으며, 어디서 그것을 얻을 수 있읍니까? 인간은 새로운 생명을 필요로 합니다. 그에 대한 해답은 그것을 주시는 분이 하나님이라는 것입니다. "내가 온 것은 양으로 생명을 얻게 하고 더 풍성히 얻게 하려는 것이라." "죄의 삯은 사망이요 하나님의 은사는 그리스도 예수 우리 주 안에 있는 영생이니라." 이것이 신약성경의 위대한 선언 입니다. 사도 바울은 에베소서에서 "우리는 그의 만드신 바라 그리스도 예수 안에서 … 지으심을 받은 자니"(엡 2 : 10)라고 말합니다.

이것은 사람들이 이해하고 움켜잡아야 하는 가장 중대한 사실들 중의 하나입니다. 오늘날 아주 많은 사람들이 그리스도의 가르침을 거부하는 것은 이것을 파악하지 못했기 때문입니다. 그들은 복음이 생명을 준다는 것을 이해하지 못합니다. 복음은 단순히 어떤 견해이거나 윤리적 도덕적 규약이 아닙니다. 물론 복음은 이런 면모들을 포함하고 있지만 그 이상의 것입니다. 그것은 삶의 능력입니다. 인간에게 필요한 것은 새로운 가르침이 아니라 새로운 능력입니다. 수 세기에 걸친 모든 위대한 철학자들은 우리에게 가르침을 주고자 했으며, 우리를 권면해 왔읍니다. 그러나 그것은 인간에게 근본적으로 필요한 것이 아닙니다. 인간의 문제는 그가 의당 해야 할 것을 안다 해도 할 수 있는 능력이 없다는 것입니다. 인간은 해야만 할 것을 알고 있지만 탐심으로 인해 좌절하고 있읍니다. 오늘날 인류에게 필요한 것은 가르침이 아니라 능력이고 힘입니다. 이것은 복음이 새 생명을 줄 때 그로 인해 얻을 수 있는 것입니다.

복음은 어떻게 새 생명을 줍니까! 이는 결정적이고도 커다란 문제입니다. 사람들은 언제나 이 문제에서 넘어집니다. 복음의 가르침을 요약해 보겠읍니다. 복음은 우리에게 임한 하나님의 성령이 일하신 결과로써 새 생명을 얻게 된다고 가르칩니다. 이것은 인간의 일이 아니라 하나님의 일입니다. 성경에 사용된 말들이 이 사실을 자체적으로 설명합니다. 성경은 "거듭남, 새로운 창조"에 대해 말합니다. 이 용어들은 다시 창조하는 것이 필연코 창세 시에 창조주이신 하나님 자신의 일임을 의미합니다. 하나님은 인간에게 새로운 출발을 허락하십니다. 이것이 본질적인 그리스도교이며 이것을 인식할 때만 위대한 사도가 행했던 것과 똑같은 방식으로 삶과 죽음에 대해 반응할 수 있게 될 것입니다.

이제 하나님의 능력있는 사역을 분명히 밝혀봅시다. 그리스도교 가르침의 본질은 인간이 새 출발을 하며, 새 생명을 얻고 새 사람이 될 수 있다는 것입니다. 그것이 내가 자랑하는 것이며 담대하고 희망차게 설교하는 내용입니다. 어떤 사람이 예배에 참석할 때 그의 이전 상태가 어떠했느냐 하는 것은 상관할 것이 못됩니다. 그가 비록 세상에 알려진 가장 커다란 죄의 노예였다 할지라도 그것은 문제되지 않습니다. 설교자는 사람들에게 권면하고 있는 것이 아닙니다. 그는 단순히 사람들에게 보다 나은 삶을 살라고 하거나 그들도 용서받을 수 있다고 이야기하는 것으로 그쳐서는 안됩니다. 그렇게 하면 사람들은 그들이 처한 곳에 그대로 머무를 것이기 때문입니다. 설교자는 그에 그치지 않고 새로운 삶, "진실로 삶다운 삶", 충만한 생명, 온전한 생명, 새로운 생명을 제공해야 합니다. 그가 그렇게 할 수 있는 것은 그것이 하나님의 성령의 사역이기 때문입니다. 인간은 자신을 변화시키지 못합니다. 인간이 자신을 변화시킬 수 있다고 말하는 가르침은 어떠한 것이든지간에 그리스도교의 복음에 대한 부정입니다. 사람들을 변화시키는 이는 하나님이십니다. 그는 새롭게 하십니다. 또한 하나님이 주체이시기 때문에 새로와지는 것은 대단히 신비스러운 일이라는 사실이 뒤따릅니다.

요한복음 3장을 보면 이 사실을 밝힐 수 있을 것입니다. 주님은 니고데모와의 대화 속에서 이것을 설명하셨읍니다. 니고데모는 훌륭한 유대인이었으며 유대인의 교사였고 주님의 설교와 가르침을 듣고 그의 이적 행함을 보았던 사람입니다. 그는 밤에 예수께 와서 "랍비여 우리가 당신을 하나님께로서 오신 선생인줄 아나이다. 하나님이 함께 하시지 아니하시면 당신의 행하시는 이 표적을 아무라도 할 수 없음이니이다"라고 말하였읍니다. 그리고나서 니고데모는 많은 질문을 막 꺼내려고 했음에 틀림없읍니다. 그 질문들 중의 하나는 틀림없이 다음과 같은 것이었을 것입니다. "당신은 이런 특별한 능력을 어떻게 얻었읍니까? 내게 말씀해 주십시오. 나는 이스라엘의 선생입니다. 나는 사람들이 하지 못하는 것을 할 수 있읍니다. 그러나 당신은 나보다 훨씬 더 많은 것을 갖고 있읍니다. 당신에게 있는 특별한 것은 무엇입니까? 나도 그것을 소유하고 싶습니다!" 그러나 주님은 그가 말하는 것을 막으시고 "진실로 진실로 네게 이르노니 사람이 거듭나지 아니하면 하나님 나라를 볼 수 없느니라"하고 말씀하셨읍니다. 주님은 니고데모를 진단하시고 그의 마음이 생각하는 바를 아셨읍니다. 그는 니고데모가 "나는 그의 특별한 것을 원한다. 내가 그와 같이 되려면 무엇을 해야 하는가?"라고 생각하고 있는 것을 간파하셨읍니다. 그래서 주님은 "니고데모야 멈춰라, 너는 전적으로 잘못되었다. 너는 거듭나지 않으면 안된다"라고 말씀하신 것입니다. 하지만 그는 꽤 영리한 체하면서 "사람이 늙으면 어떻게 날 수 있삽나이까? 두번째 모태에 들어갔다가 날 수 있삽나이까?" 하고 반문했읍니다. 불쌍한 니고데모여! 그가 자신의 영리함을 하나님의 아들에게 나타내 보일 때 그것이 얼마나 우습고 어리석게 보입니까! 그는 "사람이 늙으면 어떻게 날 수 있삽나이까?" 하는 뛰어난 관점을 포착하고 있다고 생각했읍니다. 늙은 사람에게 "너는 거듭나야 한다"라고 말해 봐야 무슨 소용이 있읍니까? 그것은 불가능한 일입니다. 그에 대한 주님의 응답은 "육으로 난 것은 육이요 성령으로 난 것은 영이라"는 것입니다. 이는 "니고데모야, 나는 육에 대해 말하는 것이 아니다. 네가 모태로 되돌아갈 수 있다는 말이 아니다. 사람이 육체적 물리적 방법으로 다시 시작할 수 있다고 말하는 것이 아니라 영적인 영역에서 새로운 출발을 할 수 있다고 말하는 것이다"라는 의미입니다. 불쌍한 니고데모는 이것을 이해하지 못했읍니다. 그래서 주님은 그를 바라보시면서 말씀하시기를, "내가 네게 거듭나야 하겠다 하는 말을 기이히 여기지 말라. 바람이 임의로 불매 네가 그 소리를 들어도 어디서 오며 어디로 가는지 알지 못하나니 성령으로 난 사람은 다 이러하니라" 하셨읍니다. 주님은 니고데모에게 "이것은 신비한 일이다. 너는 그것을 이해하려고 애쓰고 있다. 그러나 포기하라! 중지하라! 너는 결코 이해하지 못할 것이다. 그것은 바람과 같다. 너는 다만 그 효과와 결과만을 알 수 있을 뿐이다. 그러나 너는 그것을 이해할 수 없다. 여기에 신비가 있는데, 그것은 바로 하나님이시다"라고 말씀하신 것입니다.

주님은 요한복음 3장에서 중생의 행위인 새로운 탄생을 성령의 사역일 뿐 아니라 어느 누구도 이해할 수 없는 신비라는 원리를 세워놓으셨읍니다. 사람들은 "그러나 당신도 인생은 그와 같지 않다는 것을 알고 있지 않느냐? 나는 살아가면서 내가 수고한 것을 얻는다. 내가 좋은 학생이라면 시험을 통과할 것이다. 또한 내 직업에 있어서 근면하다면 보수를 높일 수 있을 것이다. 그런데 당신은 와서 '아무것도 하지 마라, 그래도 결과는 네게 주어진다. 그것이 하나님의 일이다'하고 말하니 어찌된 것이냐"하고 반문합니다. 어쨌든 새 생명을 얻는 것은 인간의 일이 아니라 하나님의 일이기 때문입니다. 이는 육체의 영역에 관한 것이 아니라 성령의 영역에 관한 것입니다. 그것은 하나님의 사역이며, 대단히 신비스러운 일입니다.

그리고 다시 태어나는 것 또는 새 생명을 얻는 것은 아주 심오한 일입니다. 이에 대해 하나님께 감사해야 합니다. 왜냐하면 그리스도교의 메시지가 베푸는 것은 표면적인 면에서 뿐 아니라 존재의 깊은 곳에 이르기까지 우리를 변화시키기 때문입니다. 그리스도교는 단순히 인간을 표면적으로 씻어내는 것이 아닙니다. 즉, 인간을 외부적으로 변화시켜 추악한 인격을 존경할 만한 인격으로 바꾸어놓는 것이 아닙니다. 물론 그리스도교는 그런 일도 하지만 훨씬 더 큰 일을 행합니다. 그리스도교는 인간의 마음과 영혼을 변화시키며, 그의 존재의 근본적이고 결정적인 깊은 곳에 이르기까지 그를 변화시킵니다.

사도 바울은 고린도후서 3:3에서 매우 분명한 말로 그것을 표현합니다. "너희는 우리로 말미암아 나타난 그리스도의 편지니 이는 먹으로 쓴 것이 아니요 오직 살아계신 하나님의 영으로 한 것이며 또 돌비에 쓴 것이 아니요 오직 육의 심비에 한 것이라." 여기서 도덕과 그리스도교의 차이에 대한 가장 완벽한 기술을 발견할 수 있을 것입니다. 도덕은 돌비에 쓰여진 것입니다. 도덕은 "이것을 행하라"고 말하는 규칙이고 명령입니다.

또한 모세를 통하여 인류에게 주어졌던 법규입니다. 하지만 그것은 그리스도교가 아닙니다. 그리스도교는 "육의 심비" 안에서 이루어지는 활동입니다. 즉, 인간 외부에서 이루어지는 일이 아니라 인간 내부에서 이루어지는 일입니다. 그리스도인이 된다는 것은 준법자가 되는 것이 아니라 새롭게 변화하는 것입니다. 그리스도인은 그의 인격의 깊은 곳에 이르기까지 변화된 자입니다. 그는 새로운 마음을 소유하고 있읍니다. 그리스도교는 "하나님이여 내 속에 정한 마음을 창조하시고 내 안에 정직한 영을 새롭게 하소서" 하는 시편에서의 다윗의 부르짖음에 대한 응답입니다. 그것은 에스겔서 36장에서 선지자 에스겔에게 주어졌던 예언의 성취입니다. 거기서 하나님은 "너희 육신에서 굳은 마음을 제하고 부드러운 마음을 줄 것이며"(겔 36 : 26)라고 말씀하십니다. 인간은 마음이 굳어 있으며 부드러운 마음을 필요로 합니다. 새로운 탄생이란 굳은 마음이 없어지고 부드러운 마음이 그 자리를 대신하는 것을 의미합니다. 그것은 깊고 심오한 일이며, 오직 "새로운 창조"일 뿐입니다. 진실로 다시 태어나는 것입니다. 태초에 세상을 창조하신 하나님은 새로운 인간을 창조하시고 전에 없었던 것을 인간의 마음에 존재케 하십니다.

　거듭남은 선물입니다. 새 생명이며 참된 생명입니다. 이는 새로운 원리가 우리의 생활구조에 적용되고 새로운 성품이 우리에게 주어지며 또한 우리가 새로운 인간으로서 새로운 삶을 시작할 수 있음을 알려줍니다.

　그러면 이제 최종적인 문제를 생각해 봅시다. 즉, 이 새로운 생명의 특징은 무엇인가 하는 것입니다. 사도 바울이 삶과 죽음에 대해 논할 수 있었던 것은 그가 "그리스도 예수 안에 있는 새 사람"이었기 때문입니다. 이것은 그가 즐겨 쓰는 표현입니다. 그리스도인은 "그리스도 안에" 있는 사람입니다. 교만하고 자만스러운 바리새인이었던 다소 사람 사울과 사도 바울을 비교해 볼 때 사울이나 바울이 동일한 인물이라는 것을 믿기 어렵습니다. 그들은 분명히 동일한 인물이지만 절대적으로 변화된 면모를 지니고 있읍니다. 사울이나 바울은 동일한 개성, 동일한 출생일 그리고 모든 점에서 동일한 조건을 지니고 있읍니다. 하지만 바울에게는 절대적으로 새로운 면모가 있읍니다. 혁신이 일어난 것입니다.

이 새로운 생명의 특징은 무엇입니까? 이에 대해 생각할 방향을 제시해 보겠읍니다. 새로운 탄생이 실제로 행하는 것은 우리를 "하나님의 자녀들"로 만드는 것입니다. 사도 베드로는 우리가 "하나님의 성품에 참예한 자들"이 되었다고 말합니다. 이것이 의미하는 바를 파악할 수 있다면 사도 바울처럼 살다가 죽을 수 있을 것입니다. 이것은 하늘 나라의 왕족으로 채택되어 하나님의 자녀가 됨을 의미합니다. 이 땅에서 여전히 인간으로 남아 있긴 하지만 우리에게는 새로운 것이 있읍니다. 우리는 하나님의 성품에 참예한 자로 하나님의 자녀가 된 것입니다. 다른 말로 하자면, 하나님은 우리를 대하시되 율법에 의하지 않고 사랑에 따라 하십니다. 하나님은 아버지가 되셔서 우리에게 관심을 쏟으십니다. 우리는 그에게 나아갈 수 있읍니다. 그가 영원하시고 영광스러우시며 거룩하신 분이라 할지라도 우리는 그의 존전으로 가까이 할 수 있읍니다. 우리는 하나님의 자녀들인 것입니다.

인간이 하나님의 자녀인 것을 인식하는 순간 그의 모든 것은 변합니다. 그의 입장과 안목이 전적으로 변화됩니다. 그가 받아들인 새로운 생명으로 인하여 새로운 방식으로 형상을 이해하기 시작할 때 자신에 대해서도 전혀 새로운 안목을 갖게 됩니다. 인간이란 무엇입니까? 내가 이 질문을 다시 제기함은 그것을 직시하게 하기 위함입니다. 인간은 단지 동물에 지나지 않습니까? 만약 자신이 동물에 지나지 않는다고 생각한다면 그에 따라 살게 될 것이고 조만간에 인생에서 패배하게 될 것입니다. 그러나 인간의 실상을 깨닫고 자신이 하나님의 자녀인 것을 인식하게 된다면 자신에 대해 절대적으로 새로운 시야를 얻게 될 것입니다. 또한 자신에 대해 갖고 있는 새로운 입장으로 인해서 삶의 모든 방면에 대한 새로운 자세를 지니게 될 것입니다.

인간이 하나님의 자녀인 것을 깨닫게 되면 인생은 우연의 소산이 아니며 목적도 없는 돌발적인 것이 아님을 전적으로 알게 됩니다. 그리고 인생은 중대한 것이며, 결국 하나님을 뵙게 되리라는 것도 깨닫습니다. 그는 잠시 동안 집을 떠나 있지만 하나님이 그를 위해 계획해 놓으신 것을 위해 준비하고 있는 하나님의 자녀로 자신을 바라봅니다. 달리 말하자면 그는 인생에 대해 전혀 새로운 입장을 지니고 있는 것입니다. 따라서 필연적으로 자신의 운명에 대해서 전적으로 새로운 입장을 갖게 됩니다. 사도 바울은 그것을 "누구든지 그리스도 안에 있으면 새로운 피조물이라 이전 것은 지나갔으니 보라 새 것이 되었도다"라는 위대한 말씀으로 요약하고 있읍니다. 이것은 말씀 그대로의 사실입니다. 인간이 그리스도인이 되면 어떤 것이든지 과거에 보았던 것처럼 바라보지 않습니다.

지금 내가 의도하는 것에 대한 몇 가지 예를 들어보겠읍니다. 시편 기자는 어느 아침을 시작하면서 찬양시에서 "하늘이 하나님의 영광을 선포한다"라고 말합니다. 시편 기자처럼 하늘이 자신에게도 하나님의 영광을 선포합니까? 인간이 그리스도인이 되어 새 생명과 성품을 소유하며 "하나님의 성품에 참예하는 자"가 되면 모든 창조세계를 이전과 다른 방식으로 바라보게 됩니다. 그는 하늘을 보되 거기서 하나님의 영광을 봅니다. 해, 달, 별, 천둥, 번개 등 모든 것은 하나님의 창조물입니다. 그래서 자연과 피조물을 바라볼 때 하나님과 그 손의 표시와 흔적을 발견합니다. 찬송가 형식으로 써 놓은 어느 시인의 말 속에 또한 하나의 예를 찾아볼 수 있읍니다.

　　　　영원한 사랑을 얻고
　　　　그 사랑 알도록 은혜로 인도함을 받으면
　　　　영혼은 위로부터 숨을 쉽니다.
　　　　당신은 내게 그러함을 가르치셨읍니다.

　　　　파란 하늘은 더욱 부드럽고
　　　　푸르른 대지는 더욱 신선하며
　　　　모든 색조 안에 무언가 살아 있읍니다.
　　　　그리스도 없는 눈은 이를 보지 못합니다.
　　　　새들은 보다 즐거운 노래로 가득 메우고
　　　　꽃들은 더 깊은 아름다움으로 빛납니다.
　　　　내가 지금 알고 있듯이
　　　　나는 그의 것이고 그는 나의 것이기 때문입니다.

자연인이나 식물학자에게 꽃은 매우 놀라운 것이지만 꽃잎과 수술의 집합체일 뿐입니다. 그들은 거기서 질서와 배열을 보지만 그 이상을 보지 못합니다. 무신론적인 과학자는 자연과 피조물에 관한 많은 놀라운 사실을 발견하지만 다음과 같은 말 밖에 더 하지는 못합니다.

> 강가의 앵초(櫻草),
> 노란 앵초는 그에게 속했다.
> 그리고 그 이상 아무것도 아니다.

아주 많은 사람들이 전원으로 가보지만 이것을 깨닫지 못한다는 것은 오늘날의 인생이 지닌 비극 중의 하나입니다. 그들은 전원에 앉아 빈 병과 쓰레기로 어질러 놓지만 그것의 영광과 하나님, 경이로운 것, 신비, 색조 등은 보지 못합니다. 그들은 말씀하시는 하나님, 축복하시는 하나님, 우주를 충만하게 하시고 만물을 존재하게 하기는 전능하신 하나님을 보지 못합니다. 그러나 인간이 새로운 생명을 얻는 순간, 미와 조화 그리고 질서에 대한 새로운 눈을 갖게 됩니다. "모든 색조 안에 무언가 살아 있읍니다. 그리스도 없는 눈은 이를 보지 못합니다."

새 생명을 얻은 자는 모든 것에 대한 새로운 시야를 갖게 될 뿐만 아니라 인생의 새로운 목적으로 고취됩니다. 인생이란 무엇입니까? 왜 삽니까? 계속해서 살아갈 이유는 무엇입니까? 다음 주일을 어떻게 보낼 것입니까? 무엇을 계획하고 있읍니까? 계획하는 것이 고작 일을 하고 보수를 받으며, 먹고 마시고 성을 탐하고 TV를 보며 영화관에 가기도 하면서 이럭저럭 지내는 것 뿐입니까? 그것이 사는 것입니까? 아닙니다. 그것은 존재하는 것에 불과합니다. 거기에는 아무런 의도도 없으며, 당당한 목적도 없읍니다. 그러나 인간이 다시 태어나 새 생명을 받게 되면 모든 것이 변화됩니다. 사도 바울은 다시금 다음과 같이 주장합니다. "우리가 생각건대 한 사람이 모든 사람을 대신하여 죽었은즉 모든 사람이 죽은 것이라 저가 모든 사람을 대신하여 죽으심은 산 자들로 하여금 다시금 저희 자신을 위하여 살지 않고 오직 저희를 대신하여 죽었다가 다시 사신 자를 위하여 살게 하려 함이니라"(고후 5 : 14, 15).

그러므로 진정한 의미에서 그리스도인이 된다면 자신을 위해 살지 않고 그리스도를 위해 살며 하나님을 위해 삽니다. 그리스도인은 영원을 향한 순례자이며, 세상을 일종의 예비학교로 생각합니다. 현세가 모든 것이 아닙니다. 이것은 다가오는 영광의 날에 하나님은 모든 것이 되시고 모든 것 가운데에 계실 것이다. 그리고 거듭남이 궁극적으로 완성될 것이고 예수님은 해뜨는 데부터 해지는 데까지 다스리실 것입니다. 그리스도인은 하나님을 기쁘시게 하며, 그를 영화롭게 하고 그를 영원히 즐거워하기 위해서 현세를 살아갑니다.

  마지막으로, 새로운 생명은 인간에게 새로운 소망을 주는 것입니다. 바울이 "하나님이 우리를 구원하사 거룩하신 부르심으로 부르심은" 하고 진술해 놓은 것을 주의해 보았읍니까? 하나님의 영이 우리를 다루실 때 어두움에서 그의 놀라운 빛 가운데로 부르십니다. 이 새로운 생명은 거룩한 생명입니다. 바울은 이것을 강조합니다. 왜냐하면 그것이 그의 주장에 적절하기 때문입니다. 이 세상에서의 삶을 오늘날의 상태로 만든 것은 무엇입니까? 이에 대해서는 오직 하나의 답변만이 있을 뿐입니다. 즉, 그것은 죄입니다. 왜 현대의 남녀들은 불행합니까? 왜 사람들은 자살을 합니까? 왜 대부분의 사람들은 생각이 없고, 생각하기를 꺼려하며 특히 죽음에 대해 생각하기를 두려워합니까? 그것은 전적으로 죄에서 기인하는 것입니다. 이 세상의 모든 불행과 인생의 모든 궁극적인 문제는 죄에서 발생합니다. 하나님은 완전한 세상, 곧 낙원을 만드셨읍니다. 거기에는 근심이나 문제가 없으며, 불행도 없었읍니다. 성경 도처에 있는 위대한 가르침은 세상의 모든 염려가 죄의 직접적인 결과라는 것입니다. 구약성경에는 그 사실을 요약하는 구절이 있읍니다. 즉, "죄인의 길은 힘들다"는 것입니다. 그리고 이 말씀은 실제로 이루어집니다.

  그러면 그것이 의미하는 바를 살펴봅시다. 죄는 결단코 만족을 주지 못합니다. 저는 그것을 증명하는데 주저하지 않습니다. 우리 모두 죄를 지으려 하며, 또한 죄를 범합니다. 죄가 진정으로 만족을 준 경험이 있읍니까? 죄는 절대로 만족을 주지 못합니다. 끊임없이 죄 안에 거하는 사람들은 탐심 곧 그들보다 더 강한 욕구와 충동의 희생자가 됩니다. 인간은 죄를 지으면 지을수록 더 많은 죄악을 원하게 됩니다. 불행한 술주정군의 갈증이나 인간의 탐심과 욕망에 결코 만족되지 못할 요소가 있읍니다. 그것은 죄가 언제나 근심을 낳는 이유입니다. 인간이 하나님의 법을 깨뜨리고 해서는 안될 것을 행하게 되면 만족을 얻지 못하며 오히려 만족에서 끊임없이 멀어지게 됩니다. 한 가지 탐욕은 또다른 탐욕을 낳고, 한 번의 범죄는 더욱 더 많은 범죄를 낳습니다. 물론 죄는 매번 "한 번만 이것을 해보아라, 그러면 모든 것이 잘 될 것이다"하고 말합니다. 그러나 만족을 얻지 못하고 또다른 죄로 나아가기를 쉬임없이 계속합니다. 마치 탕자가 그랬던 것처럼 그것은 방탕하게 되는 과정입니다. 더욱 악화시키기만 할 따름입니다. 왜 그럽니까? 죄는 결코 만족을 주지 못하며 늘 불안을 낳기 때문입니다. 이사야의 주장처럼 사악한 자는 안식할 수 없고 더러운 물만을 뿜어대는 거친 바다와 같습니다. 세상이 오늘날 불안한 것은 죄악의 세상이기 때문입니다.

그와 마찬가지로 죄는 언제나 불행을 낳습니다. 인간이 하나님의 법을 깨뜨릴 때는 항상 양심의 가책을 느끼게 됩니다. 인간은 그것을 떨쳐버리거나 삼켜버리려고 애씁니다. 그는 자책감(自責感)에서 벗어나려고 더욱 많은 죄를 범하기도 하지만 그런 감정은 다시 살아나 여전히 그의 마음 속에 남아 있게 됩니다. 양심의 가책, 참담함, 실패감, 그리고 불행한 감정은 밤새도록 괴로움을 줍니다. 죄는 언제나 그런 결과를 낳습니다. 그것은 불행, 공허감, 불결하고 추악한 감정을 가져옵니다. 또한 죄는 손실을 가져옵니다. 인간은 범죄할 때마다 늘 잃는 것이 있읍니다. 정직, 청순함, 순결, 이상, 고상함 등을 상실합니다. 죄는 언제나 우리에게서 빼앗아 갑니다. 죄는 인격을 무너뜨리고 인간을 충동과 욕망의 집합체로 만듭니다. 인간을 거짓말장이나 사기군으로 전락시킵니다. 인간은 자신을 감추고 이중적인 생활을 하게 되며, 결국에는 인격의 혼란과 파괴를 가져옵니다.

또한 죄는 공포를 낳습니다. 현대는 공포로 가득찬 세계입니다. 현대의 향락열을 설명할 수 있는 것은 공포입니다. 남녀 모두 현실에서 벗어나려 하며 탈출구를 모색하고 있읍니다. 인간을 현실에서 벗어나게 하는 것은 복음이 아니며, 그를 도피주의자로 만드는 것 역시 신앙이 아닙니다. 오히려 그것은 복음과 신앙이 결여된 것입니다. 현실을 직시하기 보다는 순전히 상상에 불과한 TV의 자극적이고 드릴넘치는 프로그램을 즐겨보는 현대인을 보십시오. 한 프로그램이 끝나면 아무 생각 없이 다음 것으로 채널을 맞춥니다. 언제나 이렇게 하기를 계속합니다. 그것은 도피주의입니다. 술취하는 것도 다른 것과 마찬가지로 두렵기 때문에 행해지는 도피주의입니다.

물론 죄는 다른 사람과의 불화를 가져옵니다. 사도 바울이 디도에게 쓴 끔찍하고도 마음졸이게 하는 말씀을 봅시다."우리도 전에는 어리석은 자요 순종치 아니한 자요 속은 자요 각색 정욕과 행락에 종노릇한 자요 악독과 투기로 지낸 자요 가증스러운 자요 피차 미워한 자이었으나"(딛 3:3). 오늘날 겉치레 뒤에 숨겨진 삶을 주의해 보십시오, 그리고 영리하고 현대적이어서 그리스도인이 되지 못한 고급스런 부류의 사람들의 생활을 살펴보십시오. 그들은 매우 상냥해 보이고 서로 간에 사랑하고 있는 것처럼 보입니다. 그들에게는 아무런 염려가 없는 듯합니다. 그러나 그들에게서도 험담하는 소리가 들립니다. 그들은 비양거리며 말하고 서로서로 조롱하며 은연중에 서로 간의 목을 칩니다. 그들은 "가증스러운 자들이요 피차 미워하는 자들"입니다. 왜 그렇습니까? 이는 그들이 죄인이며 마음이 부패하고 추악하며 하나님의 형상을 잃어버렸기 때문입니다.

　하지만 인간이 그리스도인이 될 때 그 모든 것은 변화됩니다. 그는 새로운 소망을 갖게 되고 "거룩한 부르심으로 부르심을 받아" 거룩한 생활에 이릅니다. 바울은 디도에게 "우리도 전에는 세상사람들과 같았다"고 말한 이후에 하나님 덕분에 모든 것이 달라졌음을 밝힙니다. 즉, "우리 구주 하나님의 자비와 사람 사랑하심을 나타내실 때에 우리를 구원하시되 우리의 행한 바 의로운 행위로 말미암아 아니하고 오직 그의 긍휼하심을 좇아 중생의 씻음과 성령의 새롭게 하심으로 하셨나니 성령을 우리 구주 예수 그리스도로 말미암아 우리에게 풍성히 부어주사 우리로 저의 은혜를 힘입어 의롭다 하심을 얻어 영생의 소망을 따라 후사가 되게 하려 하심이라"(딛 3:4~7)고 말합니다. 이 복음이 우리를 부른 것을 하나님께 감사합시다. 바울은 디도서 2장에서 그 사실을 "우리를 양육하시되 경건치 않은 것과 이 세상 정욕을 다 버리고 근신함과 의로움과 경건함으로 이 세상에 살고 복스러운 소망과 우리의 크신 하나님 구주 예수 그리스도의 영광이 나타나심을 기다리게 하셨으니"(딛 2:12,13)라고 진술합니다.

　형제들이여, 이것이 바울이 살았던 삶입니다. 바울의 삶은 삶다운 삶이었읍니다. 그것은 거룩하고 경건한 삶이었고 탐욕과 정욕, 욕망의 지배를 받지 않으며, 가증스러운 것과 증오에 의해 좌우되지 않는 삶이었읍니다. 바울의 삶은 하나님의 형상으로 창조되어 하나님의 아들을 본받는 새 사람의 삶인 것입니다. 새 사람 바울은 씻음을 받고 새롭게 되어 재창조된 것입니다. 그는 새로운 피조물이었읍니다. "이전 것은 지나갔으니 보라 새 것이 되었도다." 사람이 그리스도인이 되면 인생과 죽음을 달리 바라봅니다. 진실로 그는 모든 것을 이전과 다르게 대합니다. 왜냐하면 그는 하나님의 자녀로 이 악한 세상은 지나갈 것이며 또다른 세상이 도래하고 있음을 알기 때문입니다. 그리스도는 의가 거하는 새 하늘과 새 땅을 가져오실 것입니다. 그것이 하나님의 세상입니다. 하나님은 새로운 세상을 오늘날과 같이 내버려두지 않으실 것입니다. 사단은 더 이상 아무런 말도 못할 것이고 악은 종말을 맞이할 것입니다. 하나님의 아들은 다시 오십니다. 그는 이 세상에 있으면서 사단을 패배시키셨고 최후의 적인 죽음을 정복하셨으며 생명과 썩지 않을 것을 드러내셨읍니다. 그리스도가 다시 오셔서 그의 모든 원수를 무찌르며 패배시킬 때 죄악은 사라지고 의가 거하는 새 하늘과 새 땅이 임할 것입니다. 그 날이 이르러야 비로소 전쟁이 없어질 것입니다. 사람들은 더 이상 가증스러운 짓을 행치 않으며, 서로 간에 미워하지도 않을 것입니다. 그리고 서로 간에 죽이며 상처를 입히는 일로 다투지 않을 것입니다. 사람들은 모두 새로운 피조물 곧 하나님의 아들들이 될 것이고 그들의 최고의 기쁨은 하나님의 명령을 아는 것과 그에 순종하는 것이 될 것입니다.

이제 사도 바울이 우리에게 가르치는 바를 살펴봅시다. 그는 이 모든 사실을 믿고 경험했기 때문에 감옥에 갇힌 현실과 다가오는 죽음을 조금도 동요하지 않고 직면할 수 있었읍니다. 그는 "디모데야, 염려할 것이 없다. 너는 무엇 때문에 조바심을 내느냐? 왜 두려워하며 나와 복음을 부끄러워하느냐? 고난을 당치 않기 위해 너의 전할 바를 감추려는 생각에 빠짐은 어찌 됨이뇨? 기운을 내어 굳게 지키라! 너의 현재 상태를 기억하라. 네가 하나님의 자녀이며, 영원을 향한 순례자임을 기억하라. 그들이 설사 너를 죽인다 할지라도 네게 대해 행하는 것은 복되신 주님 앞으로 너를 직접 인도하는 것에 지나지 않는다"라고 말합니다. "내가 부끄러워하지 아니함은 나의 의뢰한 자를 내가 알고 또한 나의 의탁한 것을 그 날까지 저가 능히 지키실 줄을 확신함이라."

그러나 형제들이여? 우리가 새로운 생명과 새로운 영 그리고 새로운 마음을 얻을 때에야 비로소 바울과 같은 말을 할 수 있습니다. 그때는 모든 것을 이전과 다르게 바라봅니다. 술취하는 것이나 정치, 성 등을 달리 보게 됩니다. 실제로, 모든 것 — 어제, 오늘, 내일 그리고 미래에 이르기까지의 모든 것을 새롭게 바라보게 됩니다. 모든 것은 변화될 것이고 새로운 눈으로 대하게 될 것입니다. 그리고 솔직한 심정으로 "우리는 그리스도의 마음을 지니고 있다. 만물을 대하되 그리스도께서 하셨던 것처럼 대한다"라고 말할 수 있을 것입니다. 예수님은 영광의 자리를 떠나 이 세상에 오셔서 최악의 상황 속에서 인생을 대하셨으며, 모든 면에서 우리처럼 유혹을 받으셨지만 죄가 없으십니다. 그는 죽음을 만나 승리하시고 정복하셨으며, 무덤일지라도 이겨내셨습니다. 예수님은 승리하여 다시 살아나셨으며, 영원한 영광의 자리로 돌아가셨습니다. 저도 그와 같이 영광에 이를 것이고, 거기서 그를 대하며 영원토록 그와 함께 거할 것을 알고 있습니다. 이는 내가 그에게 속했고 그가 나의 영혼을 안전하게 지키시기 때문입니다.

그러나 그리스도교 신앙의 기초적인 교리인 복음을 믿을 때 이 지점에 이를 수 있습니다. 또한 복음을 믿을 때 새 생명을 경험할 수 있으며, 새 생명이 필연적으로 낳는 온갖 것들을 함께 누릴 수 있을 것입니다. 한 번 더 묻고 싶은 것이 있습니다. 자신이 의뢰하는 자를 알고 있습니까? 자신과 자신의 모든 환경을 확신있게 기꺼이 떠나 복되시고 사랑이 많으시며 전능하신 주님의 팔에 안길 수 있습니까?

제9장
두려움으로부터의 해방

> 이를 인하여 내가 또 이 고난을 받되 부끄러워하지 아니함은 나의 의뢰한 자를 내가 알고 또한 나의 의탁한 것을 그 날까지 저가 능히 지키실 줄을 확신함이라(딤후 1 : 12).

 사도 바울의 놀라운 주장을 다루는데 있어서 지금까지 도달한 지점은 그리스도인이란 단지 용서받은 사람에게 그치는 것이 아니라는 점입니다. 그리스도인은 완전히 변화되어 새로운 탄생과 거듭남, 새로운 창조를 경험한 사람입니다. 새로운 탄생, 거듭남, 새로운 창조 등은 그리스도인이 된 사람에게 일어나는 엄청난 사건을 나타내는데 사용되는 용어입니다. 그리스도인은 새로운 시야, 새로운 충동, 새로운 희망, 새로와진 모든 것을 지닌 새 사람입니다.
 이제 이것을 다시 다루어 보겠읍니다. 왜냐하면 저에게 문제를 제기하는 사람들이 있다고 생각하기 때문입니다. 혹자는 "나는 당신이 말한 모든 것을 믿고 받아들인다. 그러나 당신도 알다시피 인간은 이 세상에서 살지 않으면 안된다. 그런데 인간이 어떻게 이 세상에서 새로운 삶을 살 수 있겠는가?"라고 묻습니다. 또는 "이것을 믿어라, 주 예수 그리스도를 의뢰하라 하는 이야기가 예배시간에는 전적으로 타당하다. 그러나 내가 세상으로 돌아오면 실제생활은 전과 다를 바 없다. 세상과 육신, 사단 등의 모든 세력이 나를 대적할 때 어떻게 새로운 삶을 살 수 있는가? 당신은 그것에 대해 이야기할 만한 것이 있는가? 그 점에서 복음은 말할 것이 있는가?" 하고 묻기도 합니다.

사도 바울은 복음이 그 문제에 대해 지니고 있는 것을 완벽하게 분명히 해둡니다. 그것에 대한 해답은 성령의 은사입니다. 이는 성령이 우리에 대해 그리고 우리 안에서 행하는 것이며, 나아가서 우리로 하여금 행할 수 있게 하는 것입니다. 이것은 사도 바울이 우리 앞에 제시하는 위대한 사실입니다. 저는 거기에 관심을 모으고자 합니다. 사도 바울이 이 사실을 제시하는 방법은 매우 재미있읍니다(이런 관점에서 특별히 디모데후서 1:7에 주의를 집중해야 합니다). 하나님께서 주신 것은 "오직 능력과 사랑과 근신하는 마음이니"라고 말합니다. 그가 이런 말을 하는 것은 당시 디모데의 근심은 이른바 "두려워하는 마음"에서 생겨난 괴로움이었기 때문입니다. 그러므로 바울은 디모데에게 "우리가 두려워하는 마음을 갖도록 계획되지 않았다는 것을 너도 알고 있지 않느냐? 그것은 우리가 받은 마음이 아니다"라고 말하는 것입니다. 어쨌든 두려워하는 마음은 디모데의 상태였읍니다. 그리고 인간이 인생에서 패배하는 것은 궁극적으로 그가 두려워하는 마음으로 인해 고통받고 있다는 사실에서 기인합니다.

실제로 이 두려워하는 마음이 인생에서의 모든 실패와 모든 불행의 궁극적이고 진정한 이유임을 밝히고자 합니다. 이 마음은 우리를 위축시키는 것이고 본래 우리 모두를 패배하게 하는 것입니다. 인류에 관한 모든 이야기를 완전히 요약하고 있는 것처럼 여겨지는 창세기 3장을 살펴봅시다. 인간 타락의 첫번째 결과가 두려움이었다는 것을 여기서 분명히 알 수 있읍니다. 하나님은 자기 형상을 따라 인간을 만드시되 완전하게 만드셔서 낙원에 두셨읍니다. 타락하기 전의 인간은 하나님과의 교제보다도 더 즐거운 것이 없었읍니다. 그는 하나님과 교제하기 위해 만들어졌으며, 그것을 즐거워했읍니다. 인간은 동산에 오신 하나님의 음성을 들으면 그에게 달려가 만났읍니다. 인간에게 있어서 그보다 더 큰 기쁨을 줄 만한 것이 없었읍니다. 그러나 하나님께 반역하고 불순종하며, 그의 말씀을 무시한 후에 무슨 일이 일어났읍니까! 아담과 하와가 범죄한 순간 그들의 마음은 두려움으로 가득차게 되었읍니다. 그들은 에덴 동산 나무 사이에 숨어 "아담아, 네가 어디 있느냐?" 하고 부르시는 하나님의 음성을 들었읍니다. 아담과 하와는 떨며 두려워하고 놀라와하는 모습을 띠었읍니다. 아담은 솔직하게 "내가 … 하나님의 소리를 듣고 … 두려워하여 숨었나이다" 하고 말했읍니다. 아담과 하와는 그들의 생애에 있어서 최초로 두려워하는 마음으로 가득차게 되었읍니다. 불순종하는 행위가 있기 전까지 에덴 동산에는 두려움이 없었읍니다.

이것은 부족함없는 인생철학입니다. 그리고 어떤 의미에선 성경적 가르침의 전체적인 본질이기도 합니다. 인간은 하나님께 반역함으로 자유와 행복, 만족과 평화 그리고 기쁨을 얻을 수 있다고 늘 생각합니다. 그것은 오늘날의 만연하는 풍조이며, 또한 최초로 범한 죄의 반복이기도 합니다. 사람들은 "더 이상 그리스도교에 관심을 갖지 마라. 그리스도교란 무엇인가? 어찌 되었든 그것은 대중의 마약이고 민중의 아편이다"라고 말합니다. 한편으로는 "물론, 과거에는 신앙과 교회가 사람들을 속박했었다. 이는 교회가 두려움이라는 무기를 사용했기 때문이다. 교회는 사람들에게 공포와 경각심을 잔뜩 불어넣고 신의 진노 앞에 사람들을 묶어놓았다. 그러므로 사람들은 무지한 가운데에 두려워하며 신앙을 갖게 됐다. 그러나 그들은 노예에 지나지 않았다"라고 말하기도 합니다.

이런 말을 즐겨하는 사람들은 해방과 자유, 평화와 안식, 기쁨 그리고 삶의 두려움에서 벗어나는 것 등을 발견할 수 있는 길은 하나님께 등을 돌리고 그에게 반역하며 자기 나름대로의 방식으로 살아가는데 있다고 믿습니다. 그러나 모든 성경적 주장은 실제로는 그와 정반대라는 것입니다. 곧 인간이 두려워하는 마음을 소유하게 된 것은 그가 하나님께 등을 돌렸기 때문이며, 인간이 타락하여 하나님을 떠나지 않았다면 인류에게는 두려움이 전혀 없었을 것이라고 성경은 말합니다. 인간의 타락이 두려움이라는 요소를 가져왔고 이는 상존하는 것입니다. 더우기 두려움은 지금 이 세상에서의 삶에 있는 주된 지배적인 요소이며, 아주 많은 사람들이 철저하게 패배당하는 주된 이유입니다. 저는 이 사실을 밝히고자 합니다.

사도 바울은 디모데후서 1:7에서 그와 관련된 사실을 말하고 있읍니다. 그의 말은 결국 "디모데야, 너도 알다시피 너는 실제로 그리스도인이 아닌 것처럼 행하고 있다. 나에게 일어나고 있는 일이나 네게 일어날 수 있는 일에 민감해 하는 그리스도인이 되지 않길 바란다. 하나님은 (그리스도인 된)우리에게 두려워하는 마음을 주시지 않으셨다. 그것은 세상사람들의 마음이다" 하는 것입니다. 사도 바울은 이런 말을 자주 했었읍니다. 그는 로마서에서 약간 다른 표현이긴 하지만 실제로 똑같은 사실을 말하고 있읍니다. "너희는 다시 무서워하는 종의 영을 받지 아니하였고 양자의 영을 받았으므로 아바 아버지라 부르짖느니라."

이 사실을 함께 검토해 봐야 할 것입니다. 우선 두려워하는 마음의 원인들을 살펴봅시다. 두려워하는 마음은 인생의 문제이며, 남녀 누구나 두려워하고 있읍니다. 우리는 본래 무엇에 대해 두려워합니까? 물론 많은 경우에 개인적이고 인격적인 요소가 있다는 것을 나도 기꺼이 인정합니다. 사람들 모두 동일한 개성과 인격을 갖고 있지 않습니다. 이에 대해 하나님께 감사해야 합니다. 본성적으로 다른 사람들보다 두려움이 많은 사람이 있읍니다. 앞서 이야기했듯이 청년 디모데가 분명히 그런 경우이고 자연인으로서의 바울도 원래 디모데와 같았다고 생각합니다. 성격적인 요소가 사람들에게 있는 것입니다. 하지만 그렇다고 해서 두려움에 관한 문제를 검토하는데 있어서 주저할 필요는 없읍니다. 왜냐하면 복음은 인간의 성품이 어떠하냐 하는 것은 문제될 것이 없다고 전적으로 주장하고 있기 때문입니다.

성품에 관한 문제를 완전하게 명백히 하고자 합니다. 앞서 디모데후서 1:7을 생각할 때 그 점을 분명히 해두려고 했었읍니다. 복음의 영역에 있어서 성품이 어떠하냐 하는 것은 전혀 문제되지 않습니다. 그리스도 교회의 오랜 역사에 있어서 내게 가장 놀라운 것은 같은 경험을 나누는 같은 교회에서 상상할 수 있는 갖가지 형태의 기질과 심리 상태, 인격을 지닌 사람들을 발견한다는 것입니다. 낙천주의자와 비관주의자, 쾌활하고 희망적인 사람과 늘 어두운 면만 보는 사람, 다감한 사람과 냉담한 사람 등을 교회에서 찾아볼 수 있읍니다. 이에 대해 하나님께 감사합니다. 이는 우리의 성품이 문제되지 않기 때문입니다.

성품과 관련하여 덧붙여 둘 것은 국민성도 문제되지 않는다는 것입니다. 국민성은 저마다 차이가 있으며, 또한 중요한 요소입니다. 특정한 민족성에 속한 사람은 저마다 다른 민족이 지니지 못한 특별히 내세울 만한 것을 소유하고 있으며, 다른 민족에게는 없는 힘을 소유하고 있기도 합니다. 그러나 그리스도의 교회로 나오면 그의 국민성이 어떠하든간에 전혀 문제될 것이 없습니다. 그의 피부색깔이나 배경, 문화적 내력 등은 전혀 문제되지 않습니다. 교회는 하나님의 능력과 하나님이 인간에 대해 행하시는 것 그리고 그에게 의도하시는 것 등을 다룹니다. 저는 개인적인 성품이 어떤 역할을 할 수 있다는 것을 인정합니다. 각 사람은 제각기 내세울 만한 특별한 것을 갖고 있습니다. 그것은 항상 동일하지 않습니다. 그러나 누구나 다 동일한 수단에 의해 내세울 만한 것을 지닐 수 있습니다. 그것이 복음의 메시지입니다.

　이제 두려워하는 마음에 대한 보다 일반적인 이유들을 살펴봅시다. 현대는 여지껏 알려졌던 가장 무서운 세대 중에 하나이며, 이 나라와 오늘날 세계의 현실에 있어서 두려워하는 마음보다 더 두드러진 현상은 없읍니다. 이것이 나의 주장입니다. 그리고 이렇게 된 첫번째 이유는 이른바 유한성 때문이라 생각합니다. 즉, 인간이 유한한 존재라는 사실에 대한 의식 또는 실상 인간은 너무 협소하다는 사실에서 비롯됩니다.

　이것이 오늘의 세대에 있는 많은 두려움의 가장 원인이 될 만한 것이라 해도 놀라운 일은 못됩니다. 우리는 이른바 광활한 우주에 살고 있읍니다. 시편 기자는 그의 시대에 "주의 손가락으로 만드신 주의 하늘과 주의 베풀어 두신 달과 별들을 내가 보오니 사람이 무엇이관대 주께서 저를 생각하시며"(시 8 : 3, 4)라고 말할 수 있었읍니다. 그는 과학에 대해 별로 아는 바 없었읍니다. 하지만 우리는 과학에 대해 아주 많은 것을 알고 있읍니다. 우리는 이 광활한 우주를 보며, 수 억 광년이라는 시간과 엄청난 우주공간의 거리, 그리고 어마어마한 힘에 대해 과학자들이 말하는 것을 듣습니다. 그리고 이런 사실들을 듣거나 글을 대할 때면 우리가 너무 작은 존재라는 것을 느끼게 됩니다. 이것이 현대인에게 있는 별난 모순입니다. 자신을 이지적으로 바라볼 때는 대단히 크게 보입니다. 스스로 전 우주를 품을 수 있다고 생각하기도 합니다. 그러나 제임스 진스(James Jeanns)의 말대로 "신비스런 우주"에 있는 힘을 생각하면 자신이 너무 작다고 느끼게 됩니다. 우주공간의 거대함, 그

다함없는 거리, 은하수 — 말하자면 끝이 없는 거대한 우주 속에서 인간이란 무엇인가 하는 것입니다. 인간은 유한한 존재일 뿐입니다! 정녕 진지하게 생각하는 사람이라면 이 모든 사실로 인해 두려워할 것임에 틀림없읍니다. 인간의 유한성에 대한 깨달음은 아주 불안케 하는 것이기 때문입니다.

이 문제를 좀더 넓혀보겠읍니다. 과학에 의해서 발견된 — 어떤 의미에서는 자유롭게 된 — 보이지 않는 힘들이 존재합니다. 그 중에서 엄청난 힘을 지닌 원자력에 대해 생각해 봅시다. 원자력을 내뿜는 것은 원자의 분열에 의해서 입니다. 전우주가 이와 같은 엄청난 힘으로 이루어져 있으며, 거의 형언하기 어려운 인력 가운데에 우리가 살고 있음을 생각할 때 두려움을 느끼기 시작합니다. 더우기 비록 이 세상에 살고 있다 할지라도 우리가 서 있는 곳을 놀라웁게 바라보게 됩니다. 천둥소리가 우리에게 놀라움을 주지 않습니까? 거기에는 대단히 놀라운 힘이 있읍니다. 천둥소리는 보이지 않는 힘인 전자력이 폭발함으로 나오는 것입니다. 우리는 이처럼 거대하고 엄청난 세계 속에 살고 있읍니다. 이런 힘들은 부분적이긴 하지만 인간의 유한성을 말해 주고 있읍니다.

그리고 무엇보다도 인간의 유한성을 정확히 깨닫게 하는 것은 인간의 무지에 대한 인식입니다. 현대인들은 지식의 진보를 자랑합니다. 하지만 어떤 의미에서는 지식이 진보하면 진보할수록 사실상 얼마나 무지한가를 발견하는 셈입니다. 그런데 그들은 이를 깨닫지 못합니다. 우주는 신비에 싸여 있읍니다. 현대인들은 우주의 신비를 조금씩 발견하면서 매우 흥분에 떱니다. 그러나 실상 그들은 얼마나 이해하지 못합니까? 그들의 발견은 빙산의 일각과 같습니다. 그들은 표면에 나온 약간의 사실만을 발견했을 뿐 대부분의 진실은 아래에 숨겨져 있읍니다. 하지만 누가 숨겨진 진실들을 통달할 수 있겠읍니까? 결국 테니슨(Tennyson)처럼 고백할 수밖에 없읍니다.

> 우리의 조그만 체계는 자기 날이 있읍니다. 자기 날이 있지만 계속되진 못합니다. 그것은 당신의 빛의 파편일 뿐 오, 하나님! 당신은 그에 비할 바 없이 크십니다.

우리가 얼마나 무지하며, 우리의 보잘 것 없는 철학은 결국 얼마나 협소한 것입니까? 따라서 인간은 자기의 유한성을 느끼게 됩니다. 인간은 어둠 속의 미지의 장소에 나와 있으면서 그곳이 어디이며, 그 울타리 너머엔 무엇이 있고, 그 길 모퉁이로 돌아서면 무엇이 있는지를 궁금해 하지만 깨닫지 못하는 존재와 같습니다. 또는 망망한 대해에서 조그만 요트나 작은 노젓는 배를 타고 자기보다 무한하게 큰 측량할 수 없는 힘의 파도와 싸우는 격입니다. 이것은 인간이 본래 느끼는 감정입니다. 그가 우주를 탐구하기 시작하는 순간 오직 자신의 유한성만을 인상에 남길 뿐이었읍니다.

인간의 두려운 감정 속에 있는 또다른 요소는 인생에 대한 무의미함과 무익함이라고 생각합니다. 저는 지금 그리스도인이 아닌 사람에 대해 말하고 있읍니다. 왜냐하면 거대하고 신비스런 우주에 대해 이야기 하는 과학자들은 인생은 무의미하며 무익하고 아무런 목적도 없으며 아무것도 산출하지 않는다고 말하는 사람들이기 쉽기 때문입니다. 그들은 아무것도 예견하지 못하며, 세상이 더욱 더 나아지리라는 것을 확신있게 말하지 못합니다. 물론 그들 중 몇 사람은 그렇게 하기도 합니다. 그러나 그들 가운데에 현실주의자들은 그들이 그럴 만한 자격이 없기 때문에 예견할 수 없음을 인정합니다. 그들에게 있어서 우주는 어떤 맹목적인 비인격적 힘에 의해 다스려지는 것입니다. 그들은 그런 힘이 무슨 일을 저지를지 예상하지 못합니다. 그 힘은 강해지거나 약해질 수 있으며 훨씬 놀라운 형태로 향상될 수도 있을 것입니다. 아니면 모든 것을 파괴시켜버릴 수도 있는데, 그렇게 되면 종말이 올 것입니다. 그러나 과학자들은 그 사실들을 확신하지 못합니다. 그들에게는 모든 것의 이면에 정신도 인격도 없는 것입니다.

현대인은 이런 가르침을 받아왔읍니다. 그래서 인생은 무의미하며 목적이 없다고 생각합니다. 그는 "내가 왜 살아야만 하는가? 인생의 목적은 무엇인가? 인생에는 노력할 대상도 기여할 목표도 없다"라고 말합니다. 결국 인생의 모든 것은 게으름을 낳게 되고 그로 인해 두려워하는 마음이 생겨납니다. "일해 봐야 무슨 소용이 있는가? 모든 것이 무로 끝나게 된다면 노력할 이유가 없지 않는가? 인생이 무엇으로 끝날지 모를 일이 아닌가?"라고 생각하게 되면 주저앉아 결국 아무것도 하지 않으려 합니다. 그러면서도 맹목적인 비인격적 힘을 의식합니다.

게으름과 거대한 우주에 대한 생각은 복합적으로 작용하여 두려운 감정을 크게 할 뿐입니다.
　또한 불안감도 두려움을 조성하게 됩니다. 불안감만큼 두려움을 주는 것도 없읍니다. 그것은 알 수 없는 것에 대한 두려움입니다. 인간은 세상에 있으면서 사실상 하나님 덕택에 온갖 지식을 얻고 있읍니다. 그러나 그것을 모르는 사람은 "내가 갑작스럽게 병에 걸리면 어찌 될 것인가? 나는 인생을 즐기고 있으며, 모든 것은 매우 만족스런 상태이다. 나는 아내와 가족에게 둘러싸여 풍요로운 사회에서 평안하게 지내고 있다. 그러나 내가 병에 걸리면 어찌 될 것인가? 내 건강을 잃거나 참담한 실패를 겪게 되면 어찌 될 것인가? 인생은 정말 불안스럽구나!" 하고 생각하기 시작합니다. 인생에는 알 수 없는 것이 존재하며, 어떤 일이 일어날지 예측할 수 없읍니다. 인생은 상상치 못할 가능성으로 가득차 있읍니다. 앞을 내다 볼 수 없으며, 무엇이 다가오고 있는지 깨닫지 못합니다. 사람들은 앞일을 알기 위해 점장이에게 달려갑니다. 그들도 역시 알지 못합니다. 그런 이유로 해서 오늘날 점성학에 대한 관심이 변치 않습니다. "내가 몇 년을 더 살 것인가? 장차 어떻게 될 것인가? 내가 무슨 일을 하게 될지 알 수 없는가?"하며 궁금해 하는 것은 미지의 세계에 대한 두려움 때문입니다. 하지만 그것을 결코 알 수 없읍니다. 미지의 세계, 병, 실패, 계획과 목적을 파괴하는 전쟁의 가능성 등에 대한 두려움이 인간에게 있읍니다.
　세계적 기근이라는 끔찍한 가능성을 덧붙여 말하지 않을 수 없읍니다. 인구가 폭발하고 토양이 침식되며 50년대 초 인구의 2배가 될 서기 2000년이 되면 모든 사람에게 공급할 식량이 충분치 못하게 될 것입니다. 우리는 기근의 가능성에 직면해 있읍니다. 그리고 그 이면에는 죽음이라는 사실이 놓여져 있읍니다.
　이 모든 요인들은 복합적으로 작용하여 인간을 두려운 감정으로 가득 채웁니다. 그러나 저는 아직까지 두려워하는 마음에 대해 중요하고도 궁극적인 설명을 하진 않았읍니다. 그것은 전적으로 창세기 3장에 기록된 사실입니다. 앞서 든 모든 요인들의 결과로서 인간이 두려움을 갖게 된 진정한 이유는 그가 하나님을 의지하도록 만들어졌다는데 있읍니다. 인간은 거대하고 끝없는 우주 속에 놓여졌읍니다. 그러나 홀로 놓여진 것은 아니었읍니다. 어린이를 문 앞의 층계에 혼자 놓아둔다거나 어떤 사람을 대서양 한 복판으로 내보내면서 그에게 조그맣고 튼튼치 못한 돛배만을 남겨두는 것과 같지 않았읍니다. 인간은 결코 홀로 있지 않았으며 하나님에 의해서 하나님을 위하여 그리고 하나님과 교제하며 친교를 맺도록 만들어졌었읍니다. 그는 이 광활하고 끝없는 우주에 있었지만 창조주와 접촉하며 있었읍니다. 인간은 하나님을 의지하지 않으면 안되도록 만들어졌었읍니다. 죄에 빠진 인간의 모든 염려와 현대인의 모든 근심은 그가 스스로 설정해 놓은 위치를 감당할 만큼 위대하지 못하다는데 있읍니다. 현대인은 이 세상에 살아온 많은 사람들 곧 자신의 힘과 능력에 대해 분에 넘치는 생각을 갖고 자신에겐 너무 벅찬 사업을 지원하는 부류의 사람들과 같습니다. 그런 부류의 사람들은 부차적인 명령계통으로서의 분야나 그보다 낮은 분야에서는 일을 잘 해나갑니다. 그는 모든 사업을 이해하는 자기보다 탁월한 사람을 거느리고 있는 한, 일을 수행하는 집행자로서 별 탈없이 지냅니다. 그러나 흔히 자신을 과대평가하기 마련입니다. 아버지의 사업을 물려받은 많은 젊은이들이 일을 해보지만 실패하고 맙니다. 그는 그의 아버지가 사업에 끌어들인 연장자들에게 "나는 스스로도 이 모든 일을 해낼 수 있읍니다"라고 말하면서 자신을 대표직에 올려놓습니다. 그러나 그는 그 사업을 감당할 만큼 큰 인물이 못되며 결국 사업을 그르치게 됩니다. 이는 "그가 신은 장화가 너무 커"라고 일컫는 것과 같습니다. 왜냐하면 그는 처리할 수도 없고 관리할 수도 없는 위치를 차지하고 버둥거리다가 끝나버리기 때문입니다.

현실 속에서 이런 사례를 여러 번 보지 않습니까 ? 사람들은 이처럼 자신에 대해 분에 넘치는 생각을 갖고 있읍니다. 이것이 인간이 행해온 것입니다. 인간은 "내게는 하나님이 필요치 않다. 나는 우주를 이해하고 지배할 수 있다"라고 말해 왔읍니다. 현대인은 우주를 지배하려고 노력하고 있지만 실제로는 이루지 못하고 있읍니다. 이런 저런 분야에서 사태는 계속해서 잘못되어 가고 있읍니다. 폭발과 사고와 죽음, 실패가 뒤따르며 이에 인간은 놀라와하고 두려워합니다. 모든 기계장치는 잘못되고 있읍니다. 인간은 우주를 다스릴 만큼 위대하지 못하며 그것을 가볍게 여기지 못합니다. 그는 지배력을 갖고 있지 않습니다. 또한 우주에 대한 지배력을 갖도록 계획되지도 않았읍니다. 하나님이 우주의 통치자이십니다. 그리고 인간이 두려워하는 것은 기이한 일이 아닙니다. 인간은 거대한 기계실에 들어가서 그가 한 두권의 책을 읽었기 때문에 모든 기계설비를 다룰 수 있다고 확신하는 격입니다. 그곳에서 여러 가지 작동장치를 보지만 어떤 것을 당길 것입니까? 기계실에서 끊임없이 사고가 발생하지만 그는 모든 곳을 살필 수는 없읍니다. 그래서 놀라와 떨면서 모든 장치가 폭파되기만을 기다립니다. 성경의 가르침에 따르면 그것이 타락한 이후 세상에 있는 인간의 모습입니다. 그것이 두려워하는 마음입니다. 인간은 우주를 떠맡으려 하지만 그럴 정도로 위대하지 못합니다. 그가 신은 장화는 너무 큽니다. 그 결과로 인간은 위급한 지경에 이르렀으며, 그가 무엇을 하고 있는지도 알지 못합니다.

그러면 두번째 원리를 생각해 봅시다. 저는 그것을 다음과 같은 형식으로 제시해 보겠읍니다. 즉, 지금까지 밝힌 사실들이 두려움의 원인들이라면 그 결과는 무엇이냐 하는 것입니다. 이제 우리는 현대문제의 본질에 이르렀다고 생각합니다. 이것은 성경과 대단히 연관깊은 부분입니다. 두려움의 첫번째 결과는 언제나 연약함입니다. 두려움은 무기력하게 하는 것입니다. "두려움으로 무기력해졌다"라는 표현을 종종 사용하지 않습니까? 두려움은 반드시 인간에게 영향을 미칩니다. 그것은 인간의 머리를 칩니다. 말하자면 두려움으로 인해 두뇌가 무력해지고 힘을 잃게 되며 무너지기 직전에까지 이릅니다. 그리고 실제로 많은 사람들은 두려움 때문에 쓰러지거나 의식을 잃습니다. 인간이 어떤 동물을 두려워하면 그 동물은 곧 그 사실을 알아차립니다. 두려움을 갖고 말의 등에 타본 적이 있읍니까? 틀림없이 그 말은 그 사실을, 즉 말탄 사람의 연약함을 즉시로 알게 될 것입니다. 두려움은 항상 연약함과 통제력의 결여를 가져옵니다. 사도 바울은 디모데에게 그가 완전히 연약한 태도로 처신하고 있음을 일깨워줍니다. 디모데는 흐느껴 울면서 바울에게 편지를 보내었읍니다. 이는 그가 무엇을 해야 좋을지를 몰랐기 때문입니다. 또한 디모데가 그런 지경에 이른 것은 두려움 때문입니다. 만약 어떤 사람이 자기에게 맡겨진 일을 두려워 한다면 그가 두려워하는 마음에 의해 지배당하고 있는 한 그 일을 할 수 없을 것입니다. 어떤 일을 하기에 앞서 먼저 두려움에서 벗어나야만 합니다. 두려움은 언제나 무기력하게 합니다.

두려움에 관한 특별한 사실로서 두려움의 두번째 결과는 이기심입니다. 두려움이 많은 사람들은 늘 이기적이기 마련입니다. 왜냐하면 남녀 할 것없이 그들은 자신에게 일어날 일을 두려워하기 때문입니다. 두려움은 자기 방어 또는 자기 보존 의식을 낳습니다. 역으로 다른 사람들에 대한 적대감을 낳기도 합니다. 두려움은 인간을 칼날 위에 둡니다. 인간이 자기에게 일어날 일을 걱정스러워하면 쉽게 병들게 됩니다. 그런 상황에서 과민해지고 늘상 그렇듯이 누군가 시끄러운 소리라도 내면 짜증을 내며 그 사람의 허물을 찾아내게 됩니다. 그는 언제나 염려함 가운데 있는 것입니다. 이런 초조감으로 가득차게 되는 것은 항상 이기심의 결과입니다. 두려움은 변함없이 이것을 행합니다. 두려움으로 고통받고 있는 어린이를 대할 때 두려움을 다루는 것이 짜증스럽고 어려운 것임을 알게 됩니다. 어린이는 두려움을 억제하지 못합니다. 이런 면에서 의학적 진단은 종종 잘못을 범합니다. 이런저런 징후를 가지고 병원을 찾아오는 사람들이 있지만 그들의 진정한 문제는 무언가에 대해 두려워한다는 것입니다. 두려움은 그 자체가 거의 셀 수 없는 방면에서 심리적, 정신적, 도덕적, 영적 여러 가지 현상을 나타냅니다. 그리고 연약함이나 이기심의 방면에서도 그러합니다. 또한 필연적으로 불행이나 슬픔의 면에 있어서도 그 현상을 보여줍니다. 인간은 동시적인 한 순간에 두려워하면서도 기뻐할 수는 없읍니다. 그러므로 두려워하는 마음은 오늘날 세상에 있는 불행의 가장 큰 원인임을 알 수 있읍니다.

결과적인 면에서 무엇보다 강조하고 싶은 것은 두려움은 늘 불합리함을 낳는다는 것입니다. 두려움은 실제로 인간을 무기력하게 합니다. 그것은 무엇보다 두뇌를 무력하게 만듭니다. 그로 인해 두뇌가 적절하게 기능하지 못하면 사람들은 전혀 불합리하게 행동합니다. 다시 말해서 두려워하는 마음만큼 무책임한 행동을 유발케 하는 것도 없읍니다. 두려움으로 가득찬 상태에 있는 사람들을 보십시오. 그들은 아주 경악케 하는 엉뚱한 행동을 합니다. 그러나 그들이 왜 그런 행동을 하는지를 알지 못합니다. 이는 그들에게 있는 두려움이 그들을 불합리하게 만들기 때문입니다.
 이에 그치지 않고 두려움은 도피주의를 낳습니다. 저는 이 문제에 있어서 실제적이고자 합니다. 그리고 사도 바울이 말하고 있는 것이 오늘날의 세상의 상태와 연관됨을 밝히고 싶습니다. 두려워하는 마음은 현세대에서 자신의 모습을 어떻게 나타내고 있읍니까? 그 가장 두드러진 면모는 향락열입니다. 왜 사람들은 저마다 쾌락에 몰두하고 있읍니까? 그에 대한 답변은 오직 하나 뿐입니다. 그것은 현실에 대한 두려움으로 인한 도피기제의 일면입니다.
 전에 인용했다고 생각되는 것인데, 이는 순전한 역사적 사실입니다. 제2차 세계대전이 시작될 때 등화관제 규정이 발효되었읍니다. 정부의 명령에 따라 모든 극장과 유흥장이 문을 닫게 되었읍니다. 저는 그 결과 발생했던 일을 결코 잊지 못합니다. 이는 성경이 말하는 것에 대한 증거이기 때문입니다. 신문에는 항의의 물결이 끊이지 않았고 온갖 방면에서 극장과 유흥장의 문을 열어줄 것을 정부에 촉구했읍니다. 왜냐하면 사람들이 극장이나 유흥장을 출입하지 않고 밤새도록 집에 있게 되면 전쟁의 긴장을 해소할 수도 없고 전쟁에 용감히 대항할 수도 없음을 발견했기 때문입니다. 그것은 매우 심리학적인 견지였읍니다. 그래서 이런 공중의 아우성과 요구 때문에 극장들은 문을 닫은 지 3, 4일 만에 — 내가 정확하게 기억하고 있다면 — 문을 열게 되었읍니다. 왜 이런 일이 발생했읍니까? 도피주의입니다. 현대인에게 있어서 한 주일에 한 번씩 자기 집에 억지로라도 앉아 인생과 그에 관한 사실들 그리고 여러가지 가능성을 생각해 보고 직면해 본다는 것은 끔찍한 일입니다. 그는 그렇게 할 수 없읍니다. 그래서 현대인은 다양한 형태의 쾌락으로 도피합니다.
 물론, 그와 똑같은 일이 술마시는 것에도 일어납니다. 전쟁이 있고 전함들이 침몰하며 국민들에게 식량을 제공하는 문제가 생기게 되면 술에 대한 규제가 거의 없어집니다. 왜 그렇습니까? 술이 없다면 국가가 유지될 수 없고 국민들의 사기가 무너지리라는 것을 정치가들은 너무나 잘 알고 있기 때문입니다.
 그리고 오늘날 마약, 각성제, 홍분제 등의 다양한 약물복용에서도 도피주의를 발견합니다. 사람들이 갖고 있는 문제가 무엇입니까? 왜 그들은 그런 약물들을 필요로 합니까? 그것은 전적으로 그들이 두려워하기 때문입니다. 이런 말을 한다고 해서 저를 오해하지 않기를 바랍니다. 제가 그들을 정죄하고자 함이 아닙니다. 저는 오히려 그들을 애석하게 여깁니다. 약물과 술, 쾌락없이는 살아갈 수 없는 사람들을 애석하게 여기기 때문에 저는 복음을 전하는 것입니다. 우리는 이보다 훨씬 더 심각한 것, 즉 병적인 흥분 또는 집단적인 흥분의 폭발을 볼 수 있읍니다. 오늘날의 젊은이들이 유한성, 무목적성 그리고 그런 배경 속의 핵문제로 인해 고통을 당하고 있는 것은 가슴아픈 일입니다. 그들은 진정 공포에 떨고 있으며 인생을 두려워하고 있읍니다. 결국 그들은 무엇을 해야 합니까? 다소간 현실에서 벗어나지 않으면 안됩니다. 그래서 젊은이들은 광란 상태에 빠지며, 팝 스타와 같은 부류의 불행한 사람들이 일으키는 흥분에 몰두합니다. 그들을 비웃어서는 안됩니다. 오히려 그들을 위해 눈물 흘릴 수 있어야 합니다. 이런 병적인 흥분은 두려워하는 마음이고, 결국 전적인 불합리함을 가져옵니다. 그들에게 있어서 인생이란 의미도 목적도 없는 것입니다. 이것은 두려워하는 마음이 드러낸 모습입니다. 또한 두려움에 속박된 인간이 분출해내는 것입니다. 현대인은 아무런 해결책을 찾지 못합니다.

두려워하는 마음이 가져오는 것은 성경적 가르침에 의한 것입니다. 두려움은 궁극적으로 많은 경우에 절망과 자살을 불러일으킵니다. 사람들은 그에 대항하여 버틸 수 없기 때문입니다. 그들은 "나는 이겨낼 수 없어! 뛰쳐 나가야만 해!"라고 말하면서 실제로 그렇게 합니다. 그것은 두려워하는 마음의 결과입니다. 두려워하는 마음에 속박된 사람은 불합리하고 무책임하게 됩니다. 그는 할 수 있다면 무슨 짓이든지 기꺼이 하려고 합니다. 더우기 자기가 무엇을 하고 있는지 모르기 때문에 광기 어린 행동이라 할지라도 하게 될 것입니다.

우리가 속한 이 세대, 특히 바로 현시점은 어느 때보다도 성경적 가르침의 진실성에 대한 가장 완벽한 증거를 제공하고 있다고 생각합니다. 우리는 불합리성이라는 모습 속에서 두려워하는 마음을 볼 수 있읍니다. 내가 복음을 전하고 있는 것은 두려움에 떠는 사람들을 비난하기 위함이 아니라, 그에 대한 해결책이 오직 하나 뿐임을 알려주기 위함입니다. 그 해결책은 무엇입니까? 두려움에 갇힌 세상, 공포에 떨며 불합리하게 행동하는 세상사람들에게 무슨 말을 해야만 합니까? 오직 하나의 해답만이 있을 뿐입니다.

그러나 그 해결책은 "기운을 내라"는 것이 아닙니다. 두려워하는 마음에 사로잡힌 사람에게 "기운을 내라"고 말하는 것만큼 바보 같은 짓도 없습니다. 두려움에 떠는 사람이 할 수 있는 유일한 것은 기운을 낼 수 없다는 것입니다. 그가 그렇게 할 수 있었다면 벌써 했을 것입니다. 그것은 세상이 말하는 것입니다. 세상은 지혜롭지 못하고 어리석기 때문에 인생을 근육조직처럼 생각하여 "기운을 내라"고 말합니다. 우울증이나 히스테리로 괴로와하는 사람들에게 그런 말을 할 수는 없습니다. 그들은 기운을 낼 수 없으며, 그러기엔 너무 무능력합니다. 그들은 두려움에 사로잡혀 있고 이성을 잃은 상태입니다. 이성을 잃은 사람에게 이성을 되찾을 것을 호소해 봐야 소용없는 일입니다. 철학자들을 위하여 덧붙여 말하자면, 이성에 호소하는 것은 버트런트 럿셀(Bertrand Russell)의 완벽한 태도 속에 있는 최대의 약점입니다. 그는 인간이 이성을 잃고 있다고 말하면서 인간의 이성에 호소합니다. 그것은 그가 인류의 미래에 대해 심각할 정도로 비관적인 입장을 갖게 된 동기입니다. 이성을 잃은 사람이 이성에 따라 행동할 수 없습니다. 하지만 럿셀은 그것을 이루려고 노력합니다.

그리고 다른 종교의 가르침에서도 해결책을 발견할 수 없습니다. 적극적 사고능력 같은 심리학도 해결책은 못됩니다. 여기서 오해해서는 안될 것이 있습니다. 저의 주장은 다른 종교나 심리학 등이 사람들에게 전혀 도움을 주지 못한다는 것이 아니라, 근본적으로 실제적인 도움을 주지 못한다는 것입니다. 그런 것들은 잠시 동안 우리를 마취시킬 수 있을 뿐입니다. '크리스챤 싸이언스' 문제될 것이 없으며 따라서 질병과 같은 것은 있을 수 없다고 말합니다. 그러므로 우리가 병에 걸렸다고 생각할 때 실제로는 병에 걸리지 않은 것입니다. 우리가 해야 할 일은 병에 걸릴 수 없기 때문에 병에 걸리지 않는다고 자신에게 설득하는 것입니다. 그러나 '크리스챤 싸이언스'의 메어리 베이커 에디 부인(Mrs Mary Baker Eddy)는 인생 말년에 몰핀을 사용하고 시력이 떨어져 안경을 쓰지 않을 수 없었다는 것쯤은 누구나 알고 있습니다. '크리스챤 싸이언스'나 모든 종파들은 많은 기능적 질환을 다루는데 있어서 매우 효과적입니다. 그러나 유기적 질환에 걸리게 되면 그것들은 아무런 효과를 발하지 못하고 환자는 죽어갑니다. 베이커 에디 부인은 직접 의사를 청했는데, 이것은 자신의 모든 가르침과 전적으로 모순된 일입니다. 진실로 이런 것들은 일면으로 보아 타당할 수도 있지만 근본적인 문제들을 다루지는 못합니다. 문제의 해결은 타종교나 심리학 또는 일반적인 이상주의적 철학의 낙관에 있지 않습니다. 두 차례의 세계대전은 실제로 이 모든 것들의 기반을 무너뜨려 놓았읍니다. 현세계에서 일고 있는 엄청난 광기는 그것들의 근거가 허물어진 데에 있다고 생각한다.

바울은 "하나님은 우리에게 두려워하는 마음을 주시지 않았다. 그는 성령을 주셨다. 성령은 두려움의 영이 아니요 능력과 사랑과 근신의 영이다"라고 말합니다. 그가 끊임없이 이것을 말하고 있음을 주의해야 합니다. 바울은 "내가 나의 안수함으로 네 속에 있는 하나님의 은사를 다시 불일 듯하게 하기 위하여…우리 안에 거하시는 성령으로 말미암아 네게 부탁한 아름다운 것을 지키라" 하고 가르칩니다. 그리스도교는 여기에 있읍니다! 그것은 용서나 중생으로 그치는 것이 아니라 그 이상의 것입니다. 그리스도교는 하나님이 우리 안에 성령을 두셨다고 알려줍니다. 성령은 우리 안에 "어느 누구든지 그리스도의 영을 지니고 있지 않다면 그리스도의 사람이 아니다. 그리스도인은 모든 면에서 그의 안에 거하시는 성령으로 말미암아 능력을 얻는다. 나는 이것이 무엇보다 가장 놀라운 일이라고 생각한다. 우리는 홀로 내버려져 있지 않다." 앞서 했던 설명을 다시 하자면 복음이 행하는 것은 우리가 한때 지녔던 만물의 경영자와의 관계를 회복시키는 것입니다. 이제 우리는 우주의 우두머리가 아니며, 올바른 위치로 되돌아와서 그의 지배 하에 있는 것입니다. 그는 우리에게 해야 할 것을 알려주시고 권세와 능력을 주시되 성령으로 말미암아 그렇게 하십니다.

다시 말해서, 인간은 홀로 내버려져 있지 않으며, 살아계신 하나님의 영을 받았다는 데에 복음의 영광이 있읍니다. "하나님이 우리에게 주신 것은 두려워하는 마음이 아니요 오직 능력과 사랑과 근신하는 마음이니." 그러나 주의해야 할 점이 있읍니다. 성령은 우리 안에서 자동적으로 작동하는 능력이 아닙니다. 그렇게 믿는 사람들이 있는데 그들은 그리스도교를 이교화(異敎化) 시킵니다. "우리는 모임에서 성령의 능력을 얻는다. 그것은 우리가 늘 성령의 능력을 소유해 왔음을 의미한다"라고 그들은 주장합니다. 그러나 그 주장은 사실이 아닙니다. 디모데는 "하나님의 은사를 다시 불일 듯하게 하기 위하여 너로 생각하게 하노니"라는 이야기를 듣지 않으면 안되었읍니다. 여기에는 인간으로서 할 일이 있읍니다. 성령의 능력은 수동적인 대상이 아니며 우리를 대신하여 절로 이루어지는 것도 아닙니다. 인간은 그의 안에 있는 "하나님의 은사를 불일 듯하게" 해야만 합니다. 인간은 하나님의 은사를 부여받았지만 그것을 인식하고 성령의 인도하심에 복종해야만 합니다. 그리고 성령의 힘과 능력 안에 끊임없이 거해야 합니다.

 인간이 그렇게 할 때 그에게 무슨 일이 일어납니까? 그는 두려움에서 야기되는 모든 것에 대한 교정수단을 얻게 될 것입니다. 하나님이 우리에게 주신 것은 두려워하는 마음이 아니라 능력입니다. 하나님의 능력을 주신 것입니다. 이는 우리 안에서 역사하며 우리를 능력있게 하는 것입니다. 사도 바울은 두렵고 떨림 가운데 구원을 이루라고 가르칩니다. 왜 그렇습니까? 우리 안에 역사하시는 하나님이 자신의 선하신 기쁨을 위하여 뜻을 두시고 행하시기 때문입니다. 우리는 홀로 남아 세상과 육체 그리고 사단과 싸우는 것이 아닙니다. 우리는 그렇게 할 수 없읍니다. 그러나 하나님의 영이 우리 안에 오셔서 능력의 영이 되십니다. 그는 우리를 지키시며 능력있게 하시고 우리 안에서 역사하셔서 우리와 주변의 모든 것들을 변화시키십니다. 그리스도인의 위대한 희망은 그가 홀로 내버려져 있지 않다는 데에 있읍니다.

 사도 바울은 로마서 8장에서 이 사실을 대단히 놀라웁게 표현합니다. "그런즉 이 일에 대하여 우리가 무슨 말하리요"(롬 8:31) 하고 질문을 던집니다. 그리고 이에 대해 "하나님이 우리를 위하시면—그가 그리스도를 믿는 우리를 위하셔서 우리 안에 그의 영을 두시면—누가 우리를 대적하리요 자기 아들을 아끼지 아니하시고 우리 모든 사람을 위하여 내어주신 이가 어찌 그 아들과 함께 모든 것을 우리에게 은사로 주지 아니하시겠느뇨 누가 능히 하나님의 택하신 자들을 송사하리요 의롭다 하신 이는 하나님이시니 누가 정죄하리요 죽으실 뿐 아니라 다시 살아나신 이는 그리스도 예수시니 그는 하나님 우편에 계신 자요 우리를 위하여 간구하시는 자시니라"(롬 8:31~34) 하고 응답합니다. 그리고 연이어 나오는 말씀에도 귀기울여 봅시다. "누가 우리를 그리스도의 사랑에서 끊으리요"(롬 8:35). 이는 우리에게 도전을 주는 말씀입니다. "환난이나 곤고나 핍박이나 기근이나 적신이나 칼이랴 기록된 바 우리가 종일 주를 위하여 죽임을 당케되며 도살할 양같이 여김을 받았나이다 함과 같으니라 그러나 이 모든 일에 우리를 사랑하시는 이로 말미암아 우리가 넉넉히 이기느니라 내가 확신하노니 사망이나 생명이나 천사들이나 권세자들이나 현재 일이나 장래 일이나 능력이나 높음이나 깊음이나 다른 아무 피조물이라도 우리를 주 그리스도 예수 안에 있는 하나님의 사랑에서 끊을 수 없으리라"(롬 8:35~39). 왜 그 어느 것이라 할지라도 하나님의 사랑에서 끊을 수 없읍니까? 왜냐하면 그것은 하나님의 능력이기 때문입니다.

>그의 능력은 우리 죄를 굴복시켰네
>그의 용서하시는 사랑은
>동이 서에서 먼 것같이
>우리의 모든 죄를 옮기셨네.

라는 찬송이 있읍니다. 또다른 찬송을 보면,

>그는 도말한 죄의 능력을 부수시고
>갇힌 자를 자유롭게 하셨네.

라고 말합니다.
  주님 자신도 하나님의 아들인 그가 우리를 자유롭게 하신다면 우리가 진실로 자유로와질 것이라고 말씀하셨읍니다.

>나는 시시때때로 당신을 필요로 합니다
>당신 곁 가까이에 머무르겠읍니다.
>
>왜 그런가? 그 이유인즉,
>당신이 가까이 계시면 유혹은 그 능력을 잃고 맙니다.

오 크신 여호와여 나를 인도하소서.
이 광야를 지나는 순례자인
나는 약합니다 하지만 당신은 강하십니다.
당신의 능력있는 손으로 나를 붙드사
하늘의 양식으로
지금부터 영원히 나를 채우소서.

내가 요단 강 곁에 다다를 때
나의 걱정해 하는 두려움을 명하사
죽음의 죽음 지옥의 멸망이라 할지라도 가라앉게 하소서.
나를 가나안 저편에 안전하게 이르게 하소서.
찬양의 노래를
영원히 당신께 바칩니다.

또한 죠지 맷슨(George Matheson)의 위대한 찬송을 들어봅시다. 그것은 이 모든 것들을 완벽하게 표현합니다.

주여 나를 포로로 삼으소서
그리하면 내가 자유로와질 것입니다.

"내가 만물의 경영자가 되려 할 때 나는 놀라고 두려워 몸서리칩니다. 나를 경영소(經營所) 뒤로 비켜나게 하소서. 당신이 경영소 가운데에 계심을 알고 있는 한 모든 게 평안합니다"라고 맷슨은 말합니다.

주여 나를 포로로 삼으소서
그리하면 내가 자유로와질 것입니다.
"당신이 다스리는 자리에 계심을 알고 있는 한 내가 하고자 마음먹은 것을 할 수 있을 것입니다."
나로 하여금 나의 칼을 포기하게 하소서
그리하면 내가 능히 이길 것입니다.

나 홀로 서 있으면
인생의 두려움 속에 잠기게 됩니다.
당신의 팔 안에 나를 가두소서
그리하면 내 손이 강하여질 것입니다.

내 마음이 주인을 찾기 전엔
메마르고 약해집니다.
확실한 행동의 동기를 갖지 못한 채
바람부는 대로 흔들립니다.

당신이 사슬로 매어놓기 전엔
내 마음은 자유롭게 움직일 수 없읍니다.
당신의 비길 데 없는 사랑으로 사로잡으소서
그리하면 내 마음은 죽지 않고 다스릴 것입니다.

내 뜻이 당신 것으로 되지 않는다면
그건 나의 것도 아닙니다.
내 뜻이 군주의 자리에 오르려면…

군주의 자리는 우리 모두가 원하는 위치입니다. 그렇지 않습니까? 그러나 우리 스스로는 그 곳에 이를 수 없읍니다. 모든 문명은 군주의 자리에 오르려했지만 그런 노력이 한갓 광대짓에 지나지 않음을 인식했을 뿐입니다.

내 뜻이 군주의 자리에 오르려면
나의 왕관을 저버리지 않으면 안됩니다.
자기 힘으로 만든 천한 왕관을 쓰레기 더미로 영원히 내어던지고 주님만이 주실 수 있는 의의 면류관을 받아야 합니다.

맞부딪치는 불화 가운데서도
내 뜻이 곧게 설 수 있는 것은
당신의 품에 기대어
당신 안에서 생명을 발견할 때입니다.

능력의 영을 받으면 하나님의 능력이 우리를 붙들고 에워싸며 능력있게 하고 영원히 함께 할 것입니다. 그러므로 저는 사람들이 내게 뭐라고 하든 무엇을 행하든 개의치 않습니다. 왜냐하면 하나님이 "내가 너를 떠나지 아니하여 저버리지 않겠다"라고 말씀하셨기 때문입니다. "당신의 팔 안에 나를 가두소서 그리하면 내 손이 강하여질 것입니다." "주여 나를 포로로 삼으소서 그리하면 내가 자유로와질 것입니다." 능력의 영, 사랑의 영만이 두려워하는 마음에서 나오는 모든 것들을 해결합니다.

두려움은 항상 우리를 이기적으로 만들고 초조하게 함으로 살아가는데 어려움을 가져온다는 것을 이미 밝혀보았읍니다. 두려움에 떠는 사람은 동정의 대상입니다. 그는 온 세상과 우주의 모든 것이 자기를 대적하고 있다고 느낍니다. 그래서 역으로 모든 것을 미워함으로 자신도 불행해지고 다른 사람도 불행하게 만듭니다. 하지만 하나님이 우리에게 주신 것은 사랑하는 마음이며, 그것이 어떠하다는 것을 깨달았읍니다. 주님이 산상설교에서 말씀하신 사랑을 상기해 봅시다. "또 네 이웃을 사랑하고 네 원수를 미워하라 곧 너를 사랑하는 자에게 친절하라 하였다는 것을 너희가 들었으나 나는 너희에게 이르노니 너희 원수를 사랑하며 너희를 저주하는 자를 축복하고 너희를 미워하는 자에게 선대하며 너희를 못살게 굴며 핍박하는 자를 위해 기도하라 이같이 한즉 하늘에 계신 너희 아버지의 아들이 되리니 이는 하나님이 그 해를 악인과 선인에게 비춰게 하시며 비를 의로운 자와 불의한 자에게 내리우심이니라 너희가 너희를 사랑하는 자를 사랑하면 무슨 상이 있으리요 세리도 이같이 아니하느냐 또 너희 형제에게만 문안하면 남보다 더 하는 것이 무엇이냐 이방인들도 이같이 아니하느냐 그러므로 하늘에 계신 너희 아버지의 온전하심과 같이 너희도 온전하라."

이것이 사랑하는 마음입니다. 이는 자기 원수를 사랑할 수 있게 하며 두려움과 그것으로 인해 발생하는 온갖 초조함과 적대감에서 자신을 건집니다. 사랑하는 마음은 자기 원수, 곧 자기를 헐뜯고 박해하는 사람들에 대해 가슴아프게 여깁니다. 복되신 주님이 십자가에 못 박히셨을 때 하신 말씀을 기억합니까? 그는 "아버지여 저희를 사하여 주옵소서 자기의 하는 것을 알지 못함이니이다"(눅 23 : 34)라고 말씀하셨읍니다.

주님은 두려워하지 않으셨읍니다. 더우기 그는 두려워하지 않으셨기 때문에 그가 십자가에 못 박히신 것에 대해서 책임져야 할 무리들을 미워하지 않으셨읍니다. 그는 하나님의 아들이셨으며, 그가 영원하신 분의 손 안에 있음을 알고 계셨읍니다. 그래서 예수님은 "아버지여 내게 이 일을 행한 저들을 용서하여 주옵소서 저들은 자기의 행하는 것을 알지 못합니다"라고 말씀하실 수 있었읍니다. 그것은 사랑하는 마음입니다.

인간에게도 이것이 가능합니까? 그렇습니다. 그러나 성령으로 충만해졌을 때만 가능합니다. 사도행전에 나오는 스데반이라 불리우는 사람에게서 이에 대한 훌륭한 예를 찾아볼 수 있읍니다. 사도행전 7장에서 스데반의 이야기가 나옵니다. 그는 성령이 충만한 사람이었읍니다. 이 사실은 그가 사랑하는 마음을 나타낼 수 있었던 이유입니다. 잔인한 무리들은 무죄한 그에게 돌을 던져 죽게 했읍니다. 바리새인들과 사두개인들 그리고 종교지도자들은 문자 그대로 그에게 돌로 쳐 죽이는 형벌을 내렸읍니다. 그러나 죽어가는 스데반의 입에서 나온 말은 "주여 이 죄를 저들에게 돌리지 마옵소서"였읍니다. 어째서 이런 말이 나올 수 있었을까요? 스데반이 두려워하지 않았기 때문입니다. 그 사건 속에서 두려워하지 않았던 사람은 스데반 하나뿐이었읍니다. 다른 사람들은 복음의 능력에 담긴 알 수 없는 힘을 느꼈읍니다. 그들은 스데반이 예루살렘 공회에서 말하고 있을 때 그의 얼굴이 빛나는 것을 보았읍니다. 그들은 성령의 능력을 느꼈읍니다. 사람들이란 그런 위치에 있게 되면 늘 부당하게 행하기 마련입니다. 그들은 결국 그를 죽였읍니다. 그들은 두려워했지만 돌에 맞아 죽어가고 있던 스데반은 전적으로 평화로왔읍니다. 스데반은 무리들에 대해 가슴아파 했으며, 그들을 위해 기도하면서 "주여 이 죄를 저들에게 돌리지 마옵소서" 하고 말했읍니다. 그는 능력 뿐 아니라 사랑하는 마음도 갖고 있었읍니다.

마지막으로, 성령은 근신하는 마음, 곧 규율을 주십니다. 이것은 놀라운 일입니다. 성령은 자제할 수 있게 하십니다. 성령이 우리 안에 계셔서 활동하시게 되면 어떠한 일이 일어난다 할지라도 격앙되지 않으며 당황하여 안절부절하지 않으며 자제력을 잃지 않고 "무슨 일이 일어난 것일까? 하나님이 사랑의 하나님이시라면 왜 내게 이런 일이 일어나는가?" 하고 생각해 봅니다. 세상의 종말이 왔다고 생각하여 미친듯이 날뛰면서 불합리한 일을 저지르지 않습니다. 자기 안에 역사하시는 하나님의 영을 소유한 사람은 강하며 사랑이 풍성할 뿐 아니라 도리에 맞게 행동합니다. 세계의 역사를 진실로 이해할 수 있는 사람은 그리스도인들 뿐입니다. 현대 세계는 역사를 이해하지 못합니다. 예컨대, 새로운 폭력사태를 조사하기 위한 위원회가 발족될 예정이라는 기사를 신문에서 읽습니다. 왜 그런 위원회가 조직됩니까? 그들은 이해하지 못하기 때문입니다. 사람들이 폭력을 행사하는 이유를 그들은 깨닫지 못합니다. 그 이유를 설명해 줄 수 있는 이는 오직 성령 밖에 없읍니다. 하나님을 떠난 인간은 어떤 모양으로든지 늘 폭력을 행사할 것입니다. 인간은 지금까지 쉬지 않고 폭력을 휘둘러왔읍니다. 그 모습이 변할 뿐 원리적인 면에서는 언제나 똑같습니다. 우리에게 규율과 근신하는 마음과 자제력을 주시는 이는 성령이십니다. 그러므로 그리스도인은 현재 발생하는 사태를 이해할 수 있읍니다.

사람을 다음과 같이 제시해 보겠읍니다. 사도 바울이 진정 디모데에게 말하고 있는 것도 결국 이런 것입니다. 즉, "디모데야, 너는 온 세상이 나의 전하는 것을 듣고 기뻐할 것이라고 생각했느냐? 그들이 나를 감옥에 가두고 죽음으로 위협하고 있는 것에 놀랐느냐? 너의 놀람은 그런 데에 있느냐? 디모데야, 너의 이해하는 것이 어디에 있느냐? 너는 일어나는 일에 따라 움직이고 있다. 왜 그것을 경시하지 못하느냐? 왜 역사하시는 그리스도의 마음을 갖지 못하느냐? 어떤 의미에서 죄에 빠진 인간은 그렇게 밖에 행동할 수 없음을 어찌하여 알지 못하느냐? 복음은 그에게 있어선 어리석은 것이다. 그는 눈이 어두워서 복음을 자기에게 거스리는 것으로 간주한다. 인간은 하나님이 자기와 반대된다고 생각한다. 그는 이 전에도 하나님의 아들이 자기와 반대된다고 생각했었다. 인간은 불합리하게 행동하고 있을 뿐이다. 디모데야! 그런 생각과 행동을 내려다보라. 그러면 놀라지 않을 것이며, 그 모든 것을 꿰뚫어보게 될 것이다. 성령의 인도함을 받아 깨닫도록 하라!"

하나님의 영은 이 모든 사실들을 이해하고 통찰할 수 있게 하실 뿐만 아니라 감사하게도 그것들을 초월적인 견지에서 바라볼 수 있게 하십니다. 더우기 하나님이 허락하실진대 내가 의도하는 것은 "부끄러워하지 않는다"는 점에 관심을 모으는 것입니다. 바울은 왜 부끄러워하지 않았읍니까? 바울은 그의 의뢰한 자를 알고 또한 그의 의탁한 것을 그 날까지 저가 능히 지키실 줄을 확신하였기 때문입니다. "그 날"을 바라보는 사람은 지금의 악한 세상을 지나는 동안 자신에게 일어날 수 있는 일에 대해 결코 두려워하지 않습니다.

형제들이여, 하나님의 영이 자기 안에 거하십니까? 지금 이 순간 자기 생활을 다스리고 있는 마음은 무엇입니까? 이것은 매우 실제적인 문제입니다. 저는 이론적으로 말하는 것이 아닙니다. 어떤 마음이 자신을 지배하고 있읍니까? 두려워하고 있읍니까? 유한성, 불확실성, 보이는 것, 보이지 않는 것, 알 수 있는 것, 알 수 없는 것 등으로 인해 몸서리치고 있읍니까? 아니면 능력과 사랑과 근신하는 마음을 갖고 있읍니까? 만약 그런 마음을 갖고 있지 않다면 전적으로 해야 할 것은 주저하지 않고 있는 모습 그대로 하나님께 나오는 것입니다. 그런 가운데 자신의 어리석음과 허물을 고백하십시오. 그리고 나타나신 바 되었으며 죽음을 폐하시고 생명과 썩지 않을 것을 복음으로 말미암아 드러내신 하나님의 아들 구주 예수 그리스도에 관한 복음을 받아들이십시오. 우리 죄를 위하여 죽으셔서 하나님과 화목케 하시며, 우리를 하나님의 자녀이자 하늘 나라의 상속자로 삼으신 하나님의 아들 예수님을 의뢰하십시오. 그에게 자신을 의탁하십시오. 그러면 그가 성령을 주실 것입니다. 성령은 능력과 사랑과 근신하는 마음을 주시고 두려워하는 마음과 그로 인해 늘 생겨나는 모든 불합리함에서 우리를 건지실 것입니다.

사랑하는 형제들이여, 하나님의 복된 아들이신 그리스도 예수를 알 때까지 안심해서는 안됩니다. 그는 모든 것을 경험하시고 이겨내셨으며, 영생의 영광에 이르는 길을 열어놓으셨읍니다. 그를 알아야만 합니다. 그렇게 되면 어떠한 일이 일어난다 해도 "내가 부끄러워하지 아니함은 나의 의뢰한 자를 내가 알고 또한 나의 의탁한 것을 그 날까지 저가 능히 지키실 줄을 확신함이라"고 말할 수 있읍니다.

제10장

"그 날"

> 이를 인하여 내가 또 이 고난을 받되 부끄러워하지 아니함은 나의 의뢰한 자를 내가 알고 또한 나의 의탁한 것을 그 날까지 저가 능히 지키실 줄을 확신함이라(딤후 1 : 12).

앞에서 보았듯이 그리스도의 복음인 영광은 인간이 스스로를 의지하지 않으며, 살아계신 하나님의 영을 부여받았다는데 있습니다. 그리고 제가 강조해 온 것처럼 이 세상을 이겨내며 인생의 주인이 될 수 있는 유일한 길은 이 복음을 믿는 것입니다. 특별한 방도가 없습니다. 이것 이외에 제가 제시할 수 있는 것이 없습니다. 제가 복음 이외의 특별한 방도를 제시하려고 했었다면 할 수 있었으리라 생각합니다. 사람들을 심리학적으로 다루는 것은 어려운 일이 아닙니다. 저도 할 수 있는 일이지만 그러기를 원치 않습니다. 제가 잠시 동안 사람들을 기쁘게 하려 했다면 저는 복음의 장해물이 되었을 것입니다. 혹시라도 제가 그런 죄를 저지른다면 하나님의 용서하심만 구할 뿐입니다. 저는 임의대로 행하고 싶지 않습니다. 제가 할 수 있는 모든 것은 사람들을 복음과 그 가운데 계신 주님의 영광으로 인도하며 주님에 관한 진리를 일깨워주는 것입니다. 그래서 심리적인 효과를 낳는 일에 힘을 기울이고 싶지 않습니다. 복음만이 진리입니다. 우리 주님이 선상이나 산 중턱에 앉으셔서 전파하시고자 했던 진리입니다. 이 복음과 더불어 외래적인 도움을 구할 필요가 없읍니다. 복음 그 자체가 진리입니다. 그리고 설교하는 일은 진리를 사람들에게 제시하는 것입니다. 바울이 디모데에게 한 말은 결국 "나의 나된 것과 이런 환경 속에서도 제가 부끄러워하지 않는 것은 나의 의뢰하는 복음을 믿기 때문이다. 너도 나와 같이 복음을 믿어야만 한다" 하는 것입니다.

디모데후서 1 : 6∼14의 전체적인 문맥 속에서 사도 바울은 복음의 위대한 진리를 나누어서 기독교 교리를 요약합니다. 이는 풀이 죽은 디모데가 복음으로 되돌아와 복음에 대해 분명해지도록 하기 위함입니다. 오직 하나의 복음이 존재합니다. 복음은 배타적인 것입니다. 그리스도교에는 세계종교회의가 필요없읍니다. 그리스도교 신앙은 도움을 필요로 하지 않으며 첨가될 것도 없읍니다. 다른 어떤 종교라 할지라도 그리스도교에 도움을 줄 만한 것을 갖고 있지 못합니다. 그리스도교는 다른 종교의 가르침을 필요로 하지 않습니다. 오직 하나의 복음만이 있을 뿐입니다. 그래서 사도 바울은 디모데에게 복음을 굳게 지키라고 말합니다. 아울러 그가 굳게 지킨다면 모든 일이 해결될 것임을 알려줍니다. 그리고 우리도 역시 깨달아 그와 똑같은 일을 해야만 합니다.

그러므로 우리는 영원히 계속되는 복음을 알아야만 합니다. 여기서 다시금 강조하고픈 것은 복음을 총체적으로 알아야 한다는 것입니다. 복음을 부분적으로 취한다면 참된 축복을 얻을 수 없읍니다. 복음은 있는 그대로 전부 받아들여져야 합니다. 복음의 영광은 그것이 완전한 총체라는데 있읍니다. 세월이 흐름에 따라 성경을 읽고 연구하면 할수록 놀라움을 금치 못하는 것도 그 때문입니다. 저는 오늘밤 복음을 대하면서 그 어느 때 보다도 더 큰 놀라움을 경험하는데 더우기 똑같은 이유에서 이전보다 더한 감동을 받습니다. 복음은 놀라울 정도로 완전한 철학입니다. 복음을 읽으면 반드시 만족을 얻기 마련입니다. 그것은 모든 것에 대한 포괄적이며 전체적이고 견실하며 광범위한 관점입니다. 우리는 복음의 모든 것을 받아들여야 합니다.

지금까지 복음의 부분적인 면모들을 살펴왔는데 이제 궁극적인 교리로 생각되는 것을 살펴볼 차례입니다. 앞서 인간에 관한 교리, 즉 영혼과 하나님과의 관계 그리고 예수 그리스도의 인격에 대해 바울이 강조하고 있는 것을 생각해 보았읍니다. 특히, 예수 그리스도는 나타난 바 되셨으며 생명과 썩지 아니할 것을 드러내셨읍니다. 이 사실은 그의 죽음과 부활, 대속에 관한 모든 교리를 포함합니다. 인간에 관한 교리는 디모데후서에 완전하게 요약되어 있읍니다. 뿐만 아니라 구원자로서의 그리스도, 곧 구원의 성격에 대해 알아보았읍니다. 요컨대, 바울은 "하나님이 부르심은 오직 자기 뜻과 은혜대로 하심이라"고 일깨워줍니다. 이것은 구원을 받는 방법입니다. 또한 구원의 성격이기도 합니다. 나아가서 바울은 구원이 죄사함과 새로운 탄생을 가져온다는 것을 알려줍니다. 하나님은 "거룩하신 부르심으로 부르셨고" 우리는 새로운 생명 안에 있읍니다. 하나님은 성령을 허락하시고 우리 안에 거하게 하십니다. 또한 성령은 우리를 두려워하는 마음에서 건지십니다.

마지막으로, 바울은 기독교 교리의 굵직한 요소를 전해 주는데 그것은 "그 날"이라는 표현 속에 나타납니다. "나의 의뢰한 자를 내가 알고 또한 나의 의탁한 것을 그 날까지 저가 능히 지키실 줄을 확신함이라." 기독교 교리를 전부 믿는 것이 중요하다고 반복해서 이야기해 왔읍니다. 제가 보기엔 "그 날"에 대한 그리스도교의 가르침을 깨닫는 것만큼이나 20 세기에 있어서 중요한 것은 없읍니다.

분명히 "그 날"에 대한 사실은 사도 바울의 경험 가운데서 매우 중요한 것들 중의 하나입니다. 그것은 신약성경의 가르침에서 충격적으로 우리 앞에 제시되는 몇 가지 사실 중의 하나로 포함됩니다. 디모데후서 4장에서 사도 바울은 "그 날"이라는 표현을 다시금 사용하면서 다른 방식이긴 하지만 똑같은 사실을 제시하고 있음을 알 수 있읍니다. "벌써 내가 부음이 되고 나의 떠날 기약이 가까왔도다 내가 선한 싸움을 싸우고 나의 달려갈 길을 마치고 믿음을 지켰으니 이제 후로는 나를 위하여 의의 면류관이 예비되었으므로 주 곧 의로우신 재판장이 그 날에 내게 주실 것이니 내게만 아니라 주의 나타나심을 사모하는 모든 자에게니라"(딤후 4:6~8).

그리고 성경의 마지막 부분인 요한계시록은 진실로 "그 날"에 대한 설명만을 제시하고 있읍니다. 성경의 모든 내용은 이 위대한 날을 가리키고 있읍니다. 신약 시대의 그리스도인들, 특별히 바울 시대의 사람들이 살았던 삶의 양태를 설명할 수 있는 것은 "그 날"에 대한 그들의 입장입니다. 그들의 신앙을 지속시켰고 그들에게 담대함과 용기를 주었으며, 그들로 하여금 죽음을 두려워하지 않게 했던 것입니다. 1세기에 그리스도인이 된다는 것은 쉬운 일이 아니었읍니다. 로마제국 시대에 사람들은 "시이저가 주(主)이다"라고 고백하지 않으면 안되었읍니다. 하지만 그리스도인은 그것이 사실이 아님을 알고 있었기 때문에 그렇게 고백할 수 없었읍니다. 그리스도인은 "예수님이 주님이시다"는 것과 예수님 밖에는 주가 없다는 것을 알고 있었읍니다. 또한 "시이저가 주이다"라고 고백하지 않는다면 죽임을 당하거나 투기장의 사자들에게 던지워지리라는 것도 알고 있었읍니다.

이들 초대교회의 그리스도인들은 어떻게 처신했읍니까? 그들은 조금도 주저하지 않고 "예수님이 주님이시다" 하고 말했읍니다. 무엇이 그들도 하여금 그렇게 말할 수 있게 했읍니까? 그것은 "그 날"에 대한 그들의 입장이었읍니다. 그 입장에 따라 감옥에 갇힌 사도 바울도 "현재의 시이저인 네로가 내게 무슨 짓을 한다 해도 나는 개의치 않는다. 저는 '그 날'을 생각하고 있으며, 나의 시선은 거기에 있다"라고 말하는 것입니다. 그가 "그럼에도 불구하고 저는 부끄러워하지 않는다"라고 말할 수 있었던 것도 그 때문입니다. "그 날"에 대한 교리를 깨닫지 못한다면 신약성경을 이해할 수 없읍니다. 그것은 초대교회의 사람들을 지탱하며 그들을 믿기 어려울 정도의 인물들로 만들었던 것입니다. 그리고 결국에는 로마 제국과 고대 사회를 뒤흔들어 놓았던 것입니다. 이들 그리스도인들에게는 당시의 헬라 철학이 결코 연출해낼 수 없는 자세로 살다가 죽어가게 하는 것이 있읍니다. 많은 헬라 철학자들은 그들의 우수한 두뇌와 사고력에도 불구하고 자살을 했읍니다. 하지만 초대교회의 사람들은 삶과 죽음의 주인처럼 보였읍니다. 이것이 진실로 고대사회를 흔들어놓았던 것입니다. 로마제국이 흔들린 것은 주로 마지막 날, 즉 "그 날"에 대한 그리스도인들의 신앙 때문이었읍니다.

더우기 구약성경의 가르침도 본질적으로 신약성경의 가르침과 아주 똑같습니다. 구약성경에 있는 이스라엘 민족의 역사를 살펴볼 때 특별히 두드러진 몇몇 인물들에 대한 이야기를 찾아볼 수 있읍니다. 그들을 설명하는 것은 무엇읍니까? 히브리서 저자는 아벨, 노아, 에녹, 아브라함, 모세와 같은 신앙의 위인들의 인물화를 11장에서 훌륭하게 그려내고 있읍니다. 히브리서 기자는 아브라함에 대해 "믿음으로 저가 외방에 있는 것같이 약속하신 땅에 우거하여 동일한 약속을 유업으로 함께 받은 이삭과 야곱으로 더불어 장막에 거하였으니"(히 11 : 9)라고 말합니다. 왜 아브라함은 그와 같이 하였읍니까? "이는 하나님의 경영하시고 지으실 터가 있는 성을 바랐음이니라"(히 11 : 10). 히브리서 기자는 계속해서 그 사실을 보다 더 분명하게 진술합니다. "이 사람들은 다 믿음을 따라 죽었으며 약속을 받지 못하였으되 그것들을 멀리서 보고 환영하며 또 땅에서는 외국인과 나그네로라 증거하였으니"(히 11 : 13).

모세의 경우를 살펴봅시다. 그는 바로의 공주의 아들로 자라난 뛰어난 청년이었고 화려한 장래를 보장받는 자였읍니다. 그러나 그는 그 모든 것을 저버렸읍니다. 왜 그랬을까요? 모세는 이스라엘 백성의 자손이었고, 그들과 함께 모든 고난을 견뎌내지 않으면 안되었기 때문입니다. 그리고 그는 그 모든 어려움을 이겨냈읍니다. 그 비결은 무엇입니까? "믿음으로 모세는 장성하여 바로의 공주의 아들이라 칭함을 거절하고 도리어 하나님의 백성과 함께 고난받기를 잠시 죄악의 낙을 누리는 것보다 더 좋아하고 그리스도를 위하여 받는 능욕을 애굽의 모든 보화보다 더 큰 재물로 여겼으니 이는 상주심을 바라봄이라 믿음으로 애굽을 떠나 임금의 노함을 무서워 아니하고 곧 보이지 아니하는 자를 보는 것같이 하여 참았으며"(히 11 : 24~27)라고 히브리서 기자는 증거합니다. 이것이 비결입니다. 그것은 신약 시대의 성도들과 마찬가지로 구약 시대의 신앙의 위인들에게 있던 비밀이었읍니다.

그러므로 그들은 "그 날"을 바라보는 눈을 갖고 살았읍니다. 그것은 모든 것을 변화시킵니다. 그들은 인생에 관해 세상과 다른 역사를 지니고 있었읍니다. 그들은 그날그날 벌어 먹으면서 하루하루를 보내지 않았으며 인간 역사의 희생자도 아니었읍니다. 그들은 세상과 다른 역사를 갖고 있었으며, 그들의 눈은 끊임없이 "그 날"을 바라보고 있었읍니다. 이것은 성경의 모든 부분에 걸친 위대한 기록입니다.

하지만 이에 그치지 않습니다. 그리스도 교회사의 가장 두드러진 시기에서도 찾아볼 수 있읍니다. 그 시대에 관한 이야기는 정말 놀라운 것입니다. 역사 속의 순교자들과 신앙고백자들의 이야기를 들어본 적이 있읍니까? 저는 앞서 로마의 투기장에 있는 사자들에게 던져졌던 초대 교회의 사람들에 대해 언급했었읍니다. 그러나 박해는 그 시대에만 한 하지 않았읍니다. 박해는 계속되었읍니다. 이것은 여러 세기에 걸친 순교자들의 이야기에서 찾아볼 수 있읍니다. 종교개혁가들에 대한 이야기를 들어본 적이 있읍니까? 스미스휠드나 옥스퍼드에서 화형에 처해졌던 순교자들에 관한 기록을 읽어본적이 있읍니까? 왜 그들은 종교적인 정권에 대해 굴복치 않았읍니까? 왜 그들은 마리아, 곧 으례껏 불리워지고 있듯이 "성모 마리아"(Bloody Mary)에게 대항했읍니까? 왜 그들은 자신을 굴복시켜 자기 생명을 구하지 않았읍니까? 그들에게 있던 비밀은 무엇읍니까? 그에 대해 오직 하나의 해답이 있을 뿐입니다. 그들은 "그 날"과 "상주심"을 바라보았읍니다.

17세기의 계약사상자들(Covenanters)과 감리교 초기의 신자들 그리고 그 외의 뭇 평신도들을 보십시오. 그들에게 있어서도 똑같은 사실이 적용됩니다. 물론 찬송가에서도 그들에 관한 많은 증거를 얻을 수 있읍니다. 신약의 어느 시대에 있어서나 참된 그리스도인은 자신을 이 세상의 순례자요 이방인으로 간주하는 사람입니다. 그는 바울처럼 "우리의 신민권은 하늘에 있다"(빌 3:20)라고 말하면서 그의 앞에 있는 "그 날"을 바라보며 삽니다. 그것은 오랜 역사에 걸친 교회와 위대한 신도들에게 있던 비밀입니다.

그러나 알고 있듯이 "그 날"은 금세기에 있어서 거의 전적으로 무시 당하고 있는 교리입니다. 오늘날은 "그 날"에 대한 가르침을 듣기 힘들며 현 세상을 조망하는데 여념이 없읍니다. 사람들은 다른 사실들로 위로를 삼습니다. 금세기, 특히 그 전반부에 있어서 행해졌던 영리한 행동이란 "허황된 약속"을 비웃는 것이었읍니다. 사람들은 그들이 바라는 것은 이 세상을 바로잡는 것이라 말했읍니다. 그것은 이른바 "사회복음"의 주장이었읍니다. 그들은 1906년에 발족한 자유당 정부가 지식과 교육과 과학의 각 부문에 걸쳐 하나님 나라를 맞아들이며 하늘 나라의 법을 제정하리라고 믿었읍니다. 사람들은 전쟁을 없애고 모두 친구가 되고자 했으며 여행이 훨씬 용이해졌읍니다. 그들에게 필요했던 것은 오로지 서로를 이해하고 사랑하는 것이었읍니다. 금세기가 시작되면서 사람들은 자유로와지고자 했읍니다. 그래서 그들은 "그 날"에 대해 이야기하기를 그치고 "허황된 약속"을 비웃었읍니다. 그들은 이 세상을 완전하게 만들려고 했으며, 또한 그렇게 될 것을 진실로 믿었읍니다. 하지만 사람들의 신념은 1914년 8월 4일 완전하게 산산히 부서져버렸고 끔찍한 4년 간의 전쟁이 뒤를 이었읍니다.

그럼에도 불구하고 사회복음에 대한 신념은 지금까지 역사적 배경 속에 드리워져왔읍니다. 인간이 아직도 믿고 있는 것은 그가 실패했을지라도 이 세상을 완전한 세상으로 만들 수 있다는 것입니다. 또한 그는 이 세상을 바로잡고 보다 나은 터전으로 만들기 위해서 이 세상에 대한 전념이 필요하다고 말합니다.

물론 이 세상을 보다 나은 세상으로 만드는 것을 늘 염두에 두어야 합니다. 그리고 의식이 있는 사람이라면 누구나 정치적 사회적 행동의 정의를 받들여야 했읍니다. 그러나—이 단어는 매우 중요한 것입니다—그것이 성경적 가르침의 주된 강조점은 아닙니다. 우리가 좋아하든 싫어하든간에 성경이 도처에서 분명히 밝히고 있는 것은 이 낡은 세상은 악한 세상이고, 저주받은 세상이며, 그 운을 다한 세상이라는 것입니다. 이것이 그리스도교의 현실론입니다. 성경적 가르침에 따르면 오늘날의 세상에서 가장 미혹된 사람은 정치적 사회적 행동에 의해서 이 세상을 바로잡을 수 있다고 믿고 있는 사람입니다. 그는 모든 사람 가운데서 가장 어리석은 사람입니다. 세상의 정의는 간단히 이루어질 수 없읍니다. 왜냐하면 죄에 빠진 인간의 모습이 지닌 실상 때문입니다. 운명에 관한 모든 이야기는 이 세상을 완전하게 만들려는 인간의 노력에 관한 이야기입니다. 그러나 인간은 성공을 거둔 적이 없었으며, 그러나 성공의 마지막 시험대 위에 올라선 것처럼 보여지는 금세기보다 더 큰 실패를 맛본 적도 없었읍니다.

그러나 현대인은 여전히 성경적 가르침을 좋아하지 않습니다. 그는 이 세상에 머물기를 원하며 이 세상이 바르게 될 것을 기대합니다. 성경은 오직 하나의 해답만을 제시합니다. 희망은 도래하기로 되어 있는 세상, 즉 "그 날"에 있다는 것입니다. 그리고 이것이 성경의 커다란 메시지입니다. 이는 분명하게 확실한 사실입니다. 이 세상의 상태가 개선된다는 것은 좋은 일입니다. 그러나 의회에서 법률을 통과시켜 상상할 수 있는 가장 완벽한 입법체계를 세운다 해도 우리들 각자가 개인적으로 병들거나 사랑에 실패한다면 그것은 별로 도움을 주지 못할 것입니다. 복지국가에 산다 해도 그런 점에선 별 유익이 없을 것입니다. 생명보다 소중한 사람이 죽음으로 인해 떠나게 된다면 아무리 완벽한 환경에 둘러싸여 있다 해도 별 의미가 없을 것입니다.

커다란 기본적인 문제들, 즉 실제로 문제시 되는 사실들에 있어서 인간이 이룩한 온갖 발전들은 아무런 상관이 없거나 전혀 소용이 없는 것처럼 보여집니다. 특별히 죽음이라는 커다란 사실과 관련하여 그러합니다. 인간이 발전시켜 놓은 것들은 별로 도움을 주지 못합니다. 머리 속에 그려볼 수 있는 흠없는 세상에 적합한 입법체계를 세운다 할지라도 죽음이라는 마지막 여행을 하게 될 땐 아무런 도움을 주지 못합니다. 현대인은 자신의 죽음을 제외하고는 모든 면에서 실제적인 준비를 해둡니다. 심지어 장례식 준비까지 해놓습니다. 그러나 자신의 죽음을 준비하진 못합니다. 그는 자신의 묘지를 관리하는 보험을 체결하면서까지 모든 것을 안전하게 해둡니다. 현대인은 모든 면에서 준비를 철저히 해두면서 무엇보다도 가장 중요한 것, 곧 죽는 행위를 준비하지 않습니다. 이것은 현대인의 비극과 실패의 주된 원인입니다.

죽음에 관한 모든 문제를 해결할 수 있는 것은 "그 날"에 대한 교리입니다. 이제 그것을 알아보고 요약해 보겠읍니다. 사도 바울은 "나의 의탁한 것은 그 날까지 저가 능히 지키실 줄을 확신함이라"고 말합니다. 그렇다면 이 말은 죽음 이후의 삶을 의미합니까? 미래적 실존(未來的 實存)을 의미합니까? 영혼의 불멸을 의미합니까? 그렇지 않습니다. 그런 사실들을 모두 포함하고 있기는 하지만 훨씬 더 무한한 의미를 지니고 있읍니다. "그 날"에 대한 기독교 교리는 특유의 생격을 갖고 있읍니다.

사도 바울은 이 구절에서 이 세상에 대한 하나님의 위대한 계획과 목적의 완성에 대해 가르쳐 말하고 있읍니다. 그가 그 사실을 어떻게 제시하고 있는가를 주의해 봅시다. 물론 그것은 그가 전 문맥에서 주장하고 있는 주제들 중의 하나입니다. "하나님이 우리를 구원하사 거룩하신 부르심으로 부르심은 우리의 행위대로 하심이 아니요 오직 자기 뜻과 영원한 때 전부터 그리스도 예수 안에서 우리에게 주신 은혜대로 하심이라." 이 구절은 하나님의 비밀에 관한 것입니다. 성경의 일관된 가르침은 이 세상에 대한 하나님의 계획과 목적이 나타났다는 것입니다. 저는 그 계획과 목적이 인간에게 달려 있지 않다는 것을 알고 있습니다. 그렇기 때문에 저는 이 복음을 전파하기를 기뻐하며 세상에서 일어나고 있는 갖가지 사태에도 불구하고 낙관주의자로서 강단에 서는 것입니다. 하나님은 세상에 대한 계획과 목적을 가지고 개입하시는 분입니다. 그는 그것을 실제적으로 제시하시고 있으며, 또한 그것을 마무리지으실 것입니다. 이것이 "그 날" 곧 역사의 종말입니다.

그리스도인들을 포함하여 우리 모두에게 있는 문제는, 나무를 보느라고 숲을 보지 못한다는 것입니다. 우리는 성경을 읽을 때 흐름을 잊고 세부적인 사실들에만 몰입하게 쉽습니다. 이 점에 늘 유의해야 합니다. 물론 세부적인 사실들을 알아야만 합니다. 그리고 성경을 통독하되 적어도 일년에 한번씩 읽어야 합니다. 그러나 성경을 꿰뚫어보는 일에 힘써야 합니다. 부단히 성경을 검토하면서 "이 구절이 전체적인 맥락에서 무엇을 말하고 있는가?" 하는 것을 물어야 합니다. 우리가 문제에 빠지는 것은 전체적인 것을 빠뜨리기 때문입니다.

이것은 디모데가 실패하고 있던 지점이기도 합니다. 디모데가 주님의 인격과 그의 구원하시는 방법에 관한 교리에 있어서 어긋남이 없었다는 것은 의심할 여지가 없읍니다. 그러나 그는 "그 날" 즉 하나님의 목적을 잊고 있었읍니다. 저는 오늘날도 그와 같은 사람들을 많이 봅니다. 복음적인 사람들 중에서도 사죄에 대한 개인적인 확신과 그로 인해 기쁨에 지나친 강조점을 둠으로써 복음적인 세계관, 곧 "마지막 날"에 대한 메시지를 잊고 맙니다. 그들은 복음의 가장 영광스런 일면을 빠뜨리는 것입니다. 그런 자세는 매우 이기적이며 협소하고 개인적인 것입니다. 물론 진리는 개인적인 것이기는 하지만 개인적인 것으로만 그치지 않습니다. 그리스도인이 개인적인 경험이나 감정에 따라 살아간다면 머지 않아 어려움에 빠지게 될 것입니다. 사태가 악화된다든지 시련과 박해가 임한다든지 사단이 임의대로 공격해 온다든지 하게 되면 자신의 토대를 잃고 자신이 그리스도인인지조차 의심하게 됩니다. 그에 대한 개선책은 신앙을 전체적으로 바라보는 것입니다.

신앙의 전체적인 면과 관련하여 늘 마음 속으로 전반적인 역사의 양상을 분명하게 파악하고 있어야 합니다. 저는 그리스도인들이 나무만을 보길 원치 않으며, 숲도 보길 원합니다. 물러서서 숲을 바라보는 것만큼 생기를 돋우는 일도 없읍니다. 역사란 무엇입니까? 요약해서 말하자면, "태초에 하나님이 창조하셨다"는 것입니다. 여기에 역사의 출발이 있읍니다. 우주가 출현하여 그 움직임을 시작한 것입니다. 하나님이 역사를 시작하셨으며, 시간의 문을 여셨읍니다. 태초에 이루어진 창조 이것이 역사입니다.

창조 다음으로 중요한 역사적 사건은 인간의 타락입니다. 역사는 완벽하게 시작되었고, 인간은 낙원에서 부족함없는 행복을 누렸읍니다. 그러나 오늘날의 인간은 행복하지 못하며, 부족함 뿐입니다. 왜 그럴까요? 역사적 사건인 인간의 타락 때문입니다. 성경은 이 사실을 강조합니다. 주 예수 그리스도께서 이것을 가르치셨읍니다. 인간의 타락은 바울 신학의 가르침을 이해하는데 있어서 본질적입니다. 제가 인간의 타락을 믿지 않는다면 복음을 전할 수 없었을 것입니다. 인간의 타락이 아니라면 세상이 오늘날과 같이 된 이유를 저는 깨닫지 못했을 것입니다. 제가 세상에 대항하여 설 수 있는 것은 인간이 타락했을지라도 인간의 타락과 그로 인한 결과를 다루는 하나님의 계획과 목적을 알고 있기 때문입니다.

그것은 성경의 커다란 메시지입니다. 창세기의 처음 두 장에 인간 타락의 배경이 그려져 있읍니다. 성경은 본질적으로 구원의 역사와 관련되기 때문입니다. 그리고 창세기 3장에 이르러 인간의 타락이 나옵니다. 여자의 후손이 뱀의 머리를 상하게 하리라는 하나님의 약속은 인간의 타락에 연이어 등장합니다. 구약성경의 나머지 부분은 하나님이 이 약속을 실현하시리라는 계시를 더해가고 있읍니다. 하나님은 누군가를 보내실 예정이었는데 그는 오실 구원자였읍니다. "너희 하나님이 가라사대 너희는 위로하라 내 백성을 위로하라…너희는 광야에서 여호와의 길을 예비하라 골짜기마다 돋우어지며 산마다 낮아지며." 이것은 오실 구원자에 대한 이사야의 예언입니다. 이처럼 하나님은 구원자를 약속하셨읍니다. 그리고 누구나 다 그의 오심을 기대하고 있었읍니다.

그리고 전 역사의 위대한 전환점이 나옵니다. 그것은 신약성경에서 "때가 차매"라고 부르는 것이고, BC를 AD로 바꾸어놓은 것입니다. 또한 세상의 모든 것을 변화시킨 인류 역사의 중심적인 전환점이기도 합니다. 사도 바울은 이를 "이제는 우리 구주 그리스도 예수의 나타나심으로 말미암아 나타났으니"라고 말합니다. 구주가 베들레헴에서 아기로 탄생하신 것입니다. 이것은 모든 역사의 가장 충격적인 사건 중의 하나입니다. 로마제국의 오랜 역사라 할지라도 이에 비하면 얼마나 하찮은 것입니까! 그들은 거의 변화를 이루지 못했지만 그리스도는 현세에서 영원에 이르기까지 모든 것을 변화시키신 분입니다. 때가 차매 하나님이 그 아들을 보내사 여자에게서 나게 하시고 율법 아래 나게 하신 것은 율법 아래 있는 자들을 속량하시기 위함이었읍니다. 하나님의 아들이 이 세상에 계신 때야말로 인류 역사의 결정적인 시기였읍니다. 말씀이 육신이 되신 것입니다. 그가 이 땅에 사셨고 죽으셨으며 장사지낸 바 되셨지만 다시 살아나셨읍니다. 이 사실은 파격적인 것입니다. 모든 역사는 이것에 의해 좌우됩니다.

현재란 결국 하나님의 아들이 1900년 전에 이 세상에 계셨던 이후로 일어나는 모든 일에 관한 것입니다. 성경에 의하면 현재는 그가 오셔서 이룬 일의 구현에 지나지 않습니다. 하나님은 세상을 구원하고 사람들을 자기에게로 인도하기 위한 계획과 목적을 지니고 계십니다. 하나님의 아들이 이 세상에 오심도 그 일을 이루기에 앞서 본질적인 것을 이루기 위함이었읍니다. 하나님은 죄를 응징하셔야만 합니다. 하지만 그가 죄를 응징하면서도 어떻게 인간을 구원하실 수 있겠읍니까? 오직 하나의 길이 있읍니다. 응징을 당하되 그로 인해 멸망당하지 않을 정도의 위대한 인물을 사람들을 대신해서 응징하시는 것입니다. 그래서 하나님의 아들이 우리를 대신해서 징계를 당하시고 죽으셨읍니다. 하나님이 우리의 죄를 그에게 짐지우셨읍니다. 그것이 그의 아들이 죽으셨던 이유입니다. 갈보리 사건은 하나님이 구원의 길을 만드신 사건이었읍니다. "곧 이때에 자기 의로우심을 나타내사 자기도 의로우시며 또한 예수믿는 자를 의롭다 하려 하심이니라"(롬 3:6).

하나님의 아들은 구원의 길을 가능하게 하신 후에 하늘로 되돌아가셔서 성령을 보내셨읍니다. 그 이후로 일어나는 모든 일은 하나님이 자기 백성을 자기에게 부르시는 것입니다. 매 세대마다 이 메시지를 믿으며 거듭나는 사람들이 있읍니다. 그들은 그리스도인이 되며 하나님 나라에 더하여집니다. 이 숫자는 유대인에게나 이방인에게 때가 찰 때까지 계속 늘어갈 것이다. 모든 사람들은 십자가에 못 박히신 예수 그리스도로 말미암아 오직 하나 뿐인 똑같은 방식으로 구원받습니다. 그것을 떠난 구원의 길은 결코 있을 수 없으며, 앞으로도 없을 것입니다. 장차 유대인이 스스로의 믿음으로 자신을 구원할 때란 있을 수 없읍니다. 그것은 불가능한 일입니다. 오직 하나의 길, 곧 하나님이 주신 길만이 있을 뿐이고, 그것은 지금 이루어지고 있는 사실입니다.

하지만 그것으로 끝나는 것이 아닙니다. 하나님의 구원하심은 사도 바울이 "그 날"이라 부르는 위대한 완성의 날을 향하고 있읍니다. 구원의 사역은 지금도 계속되고 있읍니다. 바울은 결과적으로 "내가 떠나면 다른 사람들이 오게 될 것이다. 또한 그들이 떠난다면 또다른 사람들이 오게 될 것이다"라고 말하는 셈입니다. 그런 과정은 "그 날," 곧 종말에 이르기까지 거듭될 것입니다. 세상의 시작과 인간의 타락, 그리고 베들레헴에서의 아기 탄생과 그의 죽음, 부활, 승천 등이 분명했던 것처럼 종말의 날 역시 분명합니다. "그 날"은 역사적 사실이며, 실제적인 일이고 장차 이루어질 일입니다.

이것이 성경적 가르침입니다. 이 가르침은 역사를 완벽하게 개관하게 하며, 종말을 바라보게 합니다. "그 날" 이후에는 영생과 영원한 영광만이 남을 것입니다. 시간은 끝나버리고 더 이상 계속되지 않을 것입니다. 그리고 하나님의 백성들은 영원한 세대 가운데에 거할 것입니다.

그렇다면 이것은 무엇을 의미합니까? "그 날" 이나 "종말"이란 것이 무엇입니까? 그에 대한 요점을 간추려보고자 하는데, 그렇게 하는 것이 가장 좋은 방법인 듯싶습니다. 사람들이 "그 날"에 관한 내용들을 신중하게 다루지 않을 때 안타깝게도 곁길로 빠지게 됩니다. 그들 중 어떤 이들은 세부적 사실에 지나치게 몰두함으로 주된 관점을 놓치기도 합니다. 나아가서 이차적인 세부적 사실에 지나칠 정도로 전념함으로 주님께 영광을 돌리지 못하는 사람들이 종종 있읍니다. 그런 사람들은 자신과 관련된 지엽적인 문제에 열중하면서 종말의 위대한 완성보다는 동시대적 역사에 더 관심을 갖습니다. 사도행전 1장에서 "그 날"에 관한 요점을 찾아볼 수 있읍니다. "이 말씀을 마치시고 저희 보는 데서 올리워 가시니 구름이 저를 가리워 보이지 않게 하더라 올라가실 때에 제자들이 자세히 하늘을 쳐다보고 있는데 흰옷 입은 두 사람이 저희 곁에 서서 가로되 갈릴리 사람들아 어찌하여 서서 하늘을 쳐다보느냐 너희 가운데서 하늘로 올리우신 이 예수는 하늘로 가심을 본 그대로 오시리라 하였느니라 제자들이 감람원이라 하는 산으로부터 예루살렘에 돌아오니"(행 1 : 9~12). 이것이 마지막에 일어날 일에 대한 요점입니다. "그 날"은 하나님의 아들이신 주 예수 그리스도께서 이 세상에 다시 오실 날을 의미합니다. 그리고 이것은 신약성경 전체에서 가르치고 있는 사실입니다. 신약성경은 전적으로 재림을 기대하고 있읍니다. 요한계시록은 "아멘 주 예수여 오시옵소서"라는 말씀으로 끝을 맺습니다. 그것은 부르짖음입니다.

"그 날"은 때때로 주님의 나타남(appearing) 또는 현현(顯現 : epiphany)이라 불리웁니다. 데살로니가후서의 처음 두 장을 보면 사도 바울은 "그 날"에 대해 광범위한 진술을 하고 있읍니다. 그의 진술을 요약해 보겠는데 이것은 성경을 근거로 "그 날"에 대해 말할 수 있는 것입니다. 바울에 따르면 "그 날"에 주 예수 그리스도께서 육체의 모양으로 이 세상에 다시 오신다는 것입니다. 감람 산에 서서 놀란 사도들에게 두 천사는 "이 예수는 하늘로 가심을 본 그대로 오시리라"고 말하였읍니다. 예수님의 제자들은 하늘을 바라보면서 예수님의 승천하심에 놀라고 있었읍니다. 그들을 향해 천사들은 "걱정하지 마라 그가 하늘로 가심을 본 그대로 다시 오실 것이다"라고 말합니다. 예수님은 육신을 입으시고 눈으로 볼 수 있게 다시 오실 것입니다. "각 인의 눈이 그를 볼 것이다"(계 1 : 7). 그때에는 베들레헴의 아기로서 오시는 것이 아니라 "왕 중의 왕, 주 중의 주"로서 오십니다. 그는 "구름을 타고 오실 것이다"(계 1 : 7). 그는 거룩한 천사의 무리에 둘러싸여 말할 수 없는 영광 가운데에 오실 것입니다. 그때의 그의 모습은 하늘 영광의 온갖 위엄을 나타낼 것입니다.

신약성경의 모든 가르침은 "그 날"을 가리키고 있읍니다. 사도 바울은 "나의 나된 것은 그가 나의 의탁한 것을 그 날까지 능히 지키실 줄을 알고 있기 때문이다"라고 말합니다. 여기서 "그 날"의 본질적인 의미는 예수님이 오셔서 모습을 나타내는 날, 그가 현세 속에 이룰 영광의 재림을 말하는 것입니다.

그러나 왜 예수님은 다시 오시는 것일까요? 복음의 이런 면을 믿어야만 하는 것이 필수적인 이유는 무엇일까요? 그리고 이 사실에 함축된 의미는 무엇인가요? 예수님이 그런 식으로 다시 오시는 이유는 그가 구원사역을 마치셔야만 하기 때문입니다. 사람들은 "그러나 그가 십자가에서 구원사역을 마치지 않았읍니까?"하고 반문하기도 합니다. 어떤 의미에선 그렇습니다. 그러나 그는 십자가에서 구원의 가능성에 대한 사역을 마치신 것이지 모든 구원사역을 마치신 것은 아닙니다. 하나님은 십자가에서 가장 능력있는 일을 행하셨으며, 거기서 예수 그리스도로 말미암아 세상과 화해하셨읍니다. 그러나 이루어야 될 사역이 아직도 남아 있읍니다. 그때 이후로 구원사역은 계속되며 적용되었지만 예수님이 다시 오시지 않는다면 마무리지어질 수 없읍니다. 왜 그렇습니까? 그 이유인즉—이것은 제게 가장 위로를 주고 힘을 북돋아주는 것인데—이 세상은 결국 하나님의 것이지 우리의 것이 아니기 때문입니다. 이 세상이 마치 자기 세상인 것처럼 생각하는 것은 현대인의 비극입니다. 이 세상은 인간의 것이 아닙니다. 현대인은 이를 이해하지 못하며 알 수 없는 일로 받아들입니다. 이 세상은 하나님의 세상으로 그것을 만드신 이는 하나님이십니다. 세상은 하나님께 속해 있읍니다. 앞서 생각해 보았듯이 하나님은 완전한 세상을 만드셨읍니다. 하나님이 세상을 지금과 같이 내버려두는 것으로 만족하실 것이라고 믿고 있읍니까? 전능하신 영광의 하나님이 세상을 지금과 같이 영원히 내버려두리라고 생각하십니까? 세상의 현 모습이 의미하는 바를 알고 있읍니까? 현재의 세상은 사단의 공격을 받아 손상당했음을 보여주고 있읍니다. 하나님은 세상을 지금 우리가 보고 있는 모습대로 만드시지 않았읍니다. 지금 우리가 바라보고 있는 세상은 인간의 타락으로 인한 세상입니다.

    이에 대한 저의 근거를 요구한다면 다시 한번 제시해 보겠읍니다. 사도 바울은 로마서 8장의 진술 속에서 그에 관한 모든 사실을 완벽하게 제시하고 있읍니다. "피조물의 고대하는 바는 하나님의 아들들의 나타나는 것이니 피조물이 허무한데 굴복하는 것은 자기 뜻이 아니요 오직 굴복케 하시는 이로 말미암음이라 그 바라는 것은 피조물도 썩어짐의 종노릇한 데서 해방되어 하나님의 자녀들의 영광의 자유에 이르는 것이니라 피조물이 다 이제까지 함께 탄식하며 함께 고통하는 것을 우리가 아나니"(롬 8:19~22). "이빨과 발톱에 찢겨 붉게 물든 자연"은 하나님이 만드신 모습대로의 자연이 아닙니다. 모든 피조물은 인간의 죄와 타락으로 인해 고통을 당합니다. 결코 벗어나지 못할 썩어질 것에서 투쟁하는 자연의 모습을 볼 수 있읍니다. 이것은 사도 바울이 말하고 있는 것입니다.

그러므로 저의 주장은—실제로는 저의 주장이 아니라 성경을 설명하고 있는 것이긴 하지만—하나님이 세상을 지금처럼 내버려두지 않으시리라는 것입니다. 구약성경의 위대한 예언을 보면 장차 다가올 날에는 사자가 어린 양과 함께 누우며 이리 또한 송아지와 함께 그러하리라는 약속을 발견합니다. 그 날이 다가오고 있읍니다. 하나님은 사단이 최고의 자리에 앉는 승리자가 되도록 결코 허락치 않으실 것입니다. 그는 온 우주를 구원하실 것입니다. 개인 뿐 아니라 우주까지 구원받을 것입니다. 만물은 구원받기로 되어 있읍니다. 사단은 결단코 승리할 수 없읍니다. 주 예수 그리스도께서 이 세상에 오심은 사도 요한의 말대로 "마귀의 일을 멸하려 하심이니라"(요일 3:8). 그는 오셔서 그 일을 이루셨으며, 지금도 이루고 계시며, 장차 다시 오셔서 그 일을 완성하실 것입니다.

신약성경이 우리 앞에 제시하는 이 위대하고 영광스런 사실에 관한 구절들을 좀더 살펴봅시다. 주님 자신도 그 사실을 제시하셨읍니다. 베드로가 어느 날 주님께 돌이켜 물었읍니다. "보소서 우리가 모든 것을 버리고 주를 좇았사오니 그런즉 우리가 무엇을 얻으리이까"(마 19:27). 예수님은 대답하시기를 "내가 진실로 너희에게 이르노니 세상이 새롭게 인자가 자기 영광의 보좌에 앉을 때에 되어 나를 좇는 너희도 열 두 보좌에 앉아 이스라엘 열 두 지파를 심판하리니"(마 19:28)라고 하셨읍니다. 마태복음 24장과 25장을 읽어보면 주님은 마지막 일들에 관한 놀라운 모습을 제시하시는데 거기서 종말에 관한 모든 사실을 알 수 있읍니다.

또한 사도들이 그리스도를 전하면서 설교할 때 주님과 똑같은 말을 했음을 알 수 있읍니다. 베드로가 한 말을 살펴봅시다. 그가 기적을 행했을 때 군중들은 모여 베드로와 요한에게 경배하려 했었읍니다. 그때 베드로는 "우리에게 경배하지 마라. 경배받아야 할 자는 우리가 아니라 너희가 죽인 예수이시다. 너희가 생명의 주를 십자가에 못 박았도다! 너희가 하는 것을 알지 못하고 구원자를 죽였도다. 그러므로 너희가 회개하고 돌이켜 너희 죄없이 함을 받으라. 이렇게 하면 유쾌하게 되는 날이 주 앞으로부터 이를 것이요, 또 주께서 너희를 위하여 예정하신 그리스도 곧 예수를 보내시리니 하나님이 영원 전부터 거룩한 선지자의 입을 의탁하여 말씀하신 바 만유를 회복하실 때까지는 하늘이 마땅히 그를 받아두리라"고 하였읍니다.

이것은 무엇을 의미합니까? 이는 그가 심판하시기 위하여 다시 오실 것을 의미합니다. 데살로니가후서 1장에 그리스도의 심판하심에 대한 위대한 진술이 담겨져 있읍니다. 하나님의 아들은 심판하시기 위하여 다시 오실 것이며 그는 온 세상을 의로 심판하실 것입니다. 이를 믿는 사람은 현세에서 당황해 하지 않습니다. 사람들은—불행히도 많은 그리스도인들조차—묻기를 "교회는 종말로 향하고 있지 아니한가? 모든 것은 끝나버리고 사단이 주권자가 되지 않겠는가? 결국 만물은 지옥으로 치닫고 있지 않는가?"라고 합니다. 그런 일이란 결코 있을 수 없읍니다. 곧 그가 자기 아들을 보내시어 세상을 완전하게 할 것입니다. 공산주의나 다른 어떤 "주의"(ism)를 두려워하는 그리스도인이 있다면 그는 그리스도인이라 불리울 자격이 없읍니다. 그는 "그 날"을 잊고 있는 것입니다. "그 날"은 하나님의 아들이 나타나시는 날이며 그가 다시 오셔서 심판과 의를 행하시는 날입니다. "환난받는 너희에게는 우리와 함께 안식으로 갚으시는 것이 하나님의 공의시니 주 예수께서 저의 능력의 천사들과 함께 하늘로부터 불꽃 중에 나타나실 때에 하나님을 모르는 자들과 우리 주 예수의 복음을 복종치 않는 자들에게 형벌을 주시리니 이런 자들이 주의 얼굴과 그의 힘의 영광을 떠나 영원한 멸망의 형벌을 받으리로다 그 날에 강림하사 그의 성도들에게서 영광을 얻으시고 모든 믿는 자에게서 기이히 여김을 얻으시리라"(살후 1:7~10). 엄청난 날이 다가오고 있읍니다! 예수님이 베들레헴의 아기로 오셨을 때는 알려지지 않은 채 별로 주목을 받지 못했지만 그가 다시 오실 때는 각인의 눈이 그를 볼 것입니다. 그것은 최후의 심판이 될 것입니다. 최후의 심판이 선포될 때면 하나님의 모든 원수들과 구원의 길인 복음을 비웃었던 모든 사람들 그리고 육체와 마음이 원하는 탐욕을 따라 살던 사람들은 정죄함을 받을 것입니다. 뿐만 아니라 그들은 심판을 받으며 주의 얼굴을 떠나 영원한 멸망의 형벌을 받을 것입니다.

형제들이여, 이것은 중대한 선언입니다. 인간의 역사를 바라보는데 그치지 말고 하나님의 역사를 주시하며 그것이 어떻게 이루어져 왔는가를 생각하십시오. 장래에 이루어질 일은 여기껏 이루어졌던 모든 일들만큼 확실한 것입니다. 요한계시록 20장의 엄청난 사건은 이루어질 것입니다. "또 내가 크고 흰 보좌와 그 위에 앉으신 자를 보니 땅과 하늘이 그 앞에서 피하여 간데 없더라 또 내가 보니 죽은 자들이 무론대소하고 그 보좌 앞에 섰는데 책들이 펴 있고 또다른 책이 펴졌으니 곧 생명책이라 죽은 자들이 자기 행위를 따라 책들에 기록된 대로 심판을 받으니 바다가 그 가운데서 죽은 자들을 내어주고 또 사망과 음부도 그 가운데서 죽은 자들을 내어주매 각 사람이 자기의 행위대로 심판을 받고 사망과 음부도 불못에 던지우니 이것은 둘째 사망, 곧 불못이라 누구든지 생명책에 기록되지 못한 자는 불못에 던지우더라"(계 20:11~15). 이것이 장차 일어날 일입니다. 사단과 그의 무리들 그리고 그에게 미혹되어 그의 거짓을 믿었던 모든 자들은 마지막 형벌에 던지우게 될 것입니다. 이것이 요한이 이야기하고 있는 것입니다. 그리고 그리스도께서 전 우주를 죄와 악의 흔적에서 깨끗케 하실 것입니다. 그는 우주를 원래의 영광스런 모습으로 회복하실 것입니다. 새 하늘과 새 땅이 있을 것이고, 거기에 의가 거할 것입니다. 이것은 마음 속에 새겨두어야 할 사실입니다. 요한계시록에 나오는 짐승들의 의미에 집착하려 할 것이 아니라 커다란 원리를 파악하고 있어야 합니다. 새 하늘과 새 땅, 그 안에 의가 거할 것입니다. 그리스도는 그의 영광스런 왕국을 세우실 것입니다. 하나님의 우주는 원래의 상태를 회복하여 창조 때와 같은 모습을 지니게 될 것입니다.

이것이 바로 사도 바울의 신앙입니다. 그는 "나의 그 날에 거기에 있을 것이다. 나는 그 날을 기대하고 있다"라고 말합니다. 이는 그로 하여금 "그럼에도 불구하고 나는 부끄러워하지 않는다"고 말할 수 있게 한 것입니다. 그의 장엄한 말을 다시 한번 읽어봅시다. 디모데후서는 사도 바울이 쓴 마지막 편지라는 데에 모든 학자들과 권위자들의 의견이 일치합니다. 그가 인생의 마지막에 이르러서 하고 있는 이야기에 귀기울여봅시다. "관제와 같이 벌써 내가 부음이 되고 나의 떠날 기약—나의 장막을 거두어갈 기약—이 가까왔도다 내가 선한 싸움을 싸우고 나의 달려갈 길을 마치고 믿음을 지켰으니 이제 후로는 나를 위하여 의의 면류관이 예비되었으므로 주 곧 의로우신 재판장이 그 날에 내게 주실 것이니 내게만 아니라 주의 나타나심을 사모하는 모든 자에게니라." 그 날입니다! 그 날에는 구주되신 주님을 믿으며 그에게 헌신하고 그의 뒤를 따르던 모든 자들이 그의 모습을 볼 것입니다. 그들도 주님과 같이 변모하며 그들의 육체가 영광스럽게 될 것입니다. 그들은 주님과 함께 다스릴 것이며, 주님은 그들의 머리 위에 면류관을 올려놓으실 것입니다. 그리스도를 의뢰하는 모든 이들이 세상과 천사들을 심판하며 그의 영원한 영광을 함께 누릴 것입니다.

이런 사실에 비추어 볼 때 네로란 존재는 무엇입니까? 네로는 바울을 죽음으로 몰고 갈 수는 있지만 그의 장래 기업을 건드릴 수는 없읍니다. 네로는 이 세상에서의 바울의 실존을 단축시킬 수 있지만 그를 기다리고 있는 영원한 영광의 내세를 침범할 수는 없읍니다. 사도 바울의 말은 "나는 네로로 인해서 근심하지 않는다. 그런데 디모데야, 나는 네가 근심하고 있는 것에 놀라며 또한 그것을 부끄럽게 여긴다. 그 날에 비춰어 볼 때 이 사람 네로가 무엇을 할 수 있으랴! 그는 아무것도 할 수 없다. 그 날에 그는 사단과 함께 불못에 던져질 것이기 때문이다. 그는 사단이 속한 장소에 던지어져 해봐야 소용없는 후회 속에서 영원한 시간을 보낼 것이다"하는 것입니다. "그 날"은 무엇입니까? 바울은 로마서에서 "하나님의 아들들이 나타나는 날"이라고 말합니다. "그 날"은 "하나님의 자녀들의 영광스런 자유"의 날입니다. 그들이 모든 영광 가운데 나타나며 하나님이 의도하셨던 영광스런 우주에 거하는 날입니다. "그 날"은 슬픔도 죄도 죽음도 눈물도 없으며, 오직 순수한 기쁨과 영광만이 충만한 날입니다.

바울은 이 사실에 대해 끊임없이 이야기합니다. 고린도후서에서 그는 "우리의 잠시 받는 환난의 경한 것이 지극히 크고 영원한 영광의 중한 것을 우리에게 이루게 함이니"(고후 4:17)라고 말합니다. 그가 "영광의 중한 것"이라 일컫는 것이 "그 날"에 관한 사실입니다. 형제들이여, 그것은 말로 표현할 수 없는 것입니다. 저도 바울 이상으로 표현할 수 없읍니다. 제가 알고 있는 모든 것이란 하나님의 우주가 복구될 것이며, 악하고 그릇된 모든 것에서 해방되어질 것이라는 사실입니다. 그리고 그것을 이루실 이는 하나님의 아들이십니다! 우리가 다가올 영광을 누리고자 한다면 먼저 그를 믿어야만 합니다. 회개하여 우리 인생의 어리석음과 그릇됨을 알아야만 합니다. 진실로 궁극적인 문제들을 전혀 이해하지 못하는 우리 지식과 생각의 우매한 교만에서 벗어나지 않으면 안됩니다. 어린아이처럼 되며 마음이 가난한 자가 되어야 합니다. 사도 바울이 디모데에게 일깨워주고 있는 "바른 말씀의 본"(本)을 믿으며 다가올 위대한 날을 포함한 크나큰 구원으로 인도하시는 주 예수 그리스도와 그에 관한 진리를 받아들여야 합니다. 이해하든 이해하지 못하든 간에 우선 그것을 믿어야만 합니다. 그것을 믿게 되면 이해하기 시작할 것입니다. 성령의 인도하심을 받아 진리를 기뻐하게 될 것이고, 그로 인해 놀라움을 경험하게 될 것입니다. 그렇게 되면 감옥에 던져진다 할지라도 모든 것이 대적하며 음부의 권세가 짓누르려 한다 할지라도 "내가 부끄러워하지 아니함은 나의 의뢰한 자를 내가 알고 또한 나의 의탁한 것을 그 날까지 저가 능히 지키실 줄을 확신함이라"라고 말할 수 있을 것입니다. 다가올 날이야말로 얼마나 놀라운 날인가! 그 날을 희미하게나마 바라본 적이 있읍니까? 그 날에 대해 생각해 본 적이라도 있읍니까? 헨리 알포드(Henry Alford)의 말 속에서 "그 날"을 희미하게나마 엿볼 수 있을 것입니다.

　　　　수없이 거듭하면서
　　　　밝게 빛나는 옷을 차려입고
　　　　구속받은 성도의 무리들이
　　　　광명의 언덕 위로 모여든다
　　　　이제 끝났다! 모든 것이 끝났다
　　　　죽음과 죄에 대항한 그들의 싸움을
　　　　황금문을 활짝 열어젖히고
　　　　승리한 백성들을 들어가게 한다.
　　　　하나님을 찬양하는 우렁찬 합창이
　　　　하늘과 땅 온통 그윽하고
　　　　수금(竪琴)타는 소리는

복음 설교

승리가 가까이 왔음을 알린다.
오, 피조물을 위한 이날이여!
모든 족속들은 이를 위해 만들어졌다.
이전의 모든 원수들에 대해
천배나 깊게 되는 이 기쁨이여!

죄인들을 위해 죽임당하신 어린 양이여,
당신의 크신 구원을 이루소서
택함받은 자들의 명부를 채우시고
당신의 능력으로 다스리소서
나타내소서, 백성들의 열망하는 바를
그들은 유배된 자처럼 본향을 그리워합니다.
당신의 약속하신 징표를 하늘에 보이소서
구세주여 오소서!

우리도 이처럼 말할 수 있어야 합니다. 주 예수여, 오셔서 다스리시옵소서. 아멘.

제11장

확신함

> 이를 인하여 내가 또 이 고난을 받되 부끄러워하지 아니함은 나의 의뢰한 자를 내가 알고 또한 나의 의탁한 것을 그 날까지 저가 능히 지키실 줄을 확신함이라(딤후 1:12).

우리는 디모데후서의 위대한 진술을 또다시 살펴보아야만 합니다. 왜냐하면 본문에서 우리가 생각해 보지 않은 크고도 중요한 문제가 아직도 남아 있기 때문입니다. 그것은 적용의 문제입니다.

제가 지금까지 밝혀왔듯이 본문에서 우리는 그리스도교 복음의 심각한 도전을 발견합니다. 복음은 제의이자 도전으로써 다가오는 메시지입니다. 그것은 늘 우리 자신과 인생에 대한 태도 그리고 생활방식에 도전합니다. 그리고나서 우리에게 제의합니다. 위대한 사도였던 바울이 자신의 경험을 간략하게 진술하고 있는 디모데후서의 놀라운 구절 속에 복음의 모든 것이 요약되어 있읍니다. 앞서 보아왔듯이 진실로 바울이 이야기하고 있는 것은 오직 한 가지 뿐입니다. 즉, 복음만이 감옥에서라 할지라도 기뻐하게 하며, 죽음을 직면한다 해도 웃음과 기뻐하는 마음을 잃지 않게 한다는 것입니다. 뿐만 아니라 바울의 말은 분명히 어떤 다른 사실들을 함축하고 있읍니다. 어떻게 바울의 수준에 도달할 수 있읍니까? 지금 이순간 바울과 같은 수준에 있읍니까? 인생에 대해 어떤 자세를 취하고 있읍니까? 이 세상에서 어떤 성공을 얻고 있읍니까? 노후를 생각해 본 적이 있읍니까? 자신에게 소중한 사람의 죽음을 생각해 본 적이 있읍니까? 자신의 죽음을 생각해 본 적이 있읍니까? 건강을 잃을 것을 생각해 본 적이 있읍니까? 무엇을 근거로 살고 있읍니까? 이에 대해 "나는 지금 과거에 비할 바 없이 매우 행복하다"라고 말할 수도 있을 것입니다. 그렇다면 악화되어진 상황을 상상해 봅시다. 가령, 건강이나 직업을 잃었다든지 전쟁이 찾아왔다든지 핵폭탄이 폭발되었다든지 하는 식으로 그러면 어찌 될 것입니까? 그것이 문제이며 도전입니다. 즉, "어떤 일이 일어난다 해도 나는 개의치 않는다. 내 위치는 늘 변함없이 남아 있을 것이다"라고 말할 수 있는 수준에 있느냐 하는 것입니다.

어떻게 그런 수준에 이를 수 있읍니까? 사도 바울에 의하면 그가 디모데에게 일깨워주고 있는 사실들을 굳게 붙잡아야만 한다는 것입니다. 그 수준에 이르기 위해선 오직 바울이 그의 동역자이며 제자인 젊은 목회자 디모데에게 제시하고 있는 가르침을 받아들여야 합니다. 그러면 무엇을 해야만 합니까? 본질적으로 그것은 간단합니다. 사도 바울의 모든 위치는 주 예수 그리스도에 의거한 것입니다. 그는 그 사실을 끊임없이 말하고 있읍니다. 그는 부단히 그리스도의 이름을 사용하면서 디모데에게 그리스도를 제시하고 있읍니다. 신약성경에 대해 잘 알고 있는 사람이라면 바울을 변화시킨 것과 그의 인생의 전 과정은 다메섹 도상에서의 주 예수 그리스도와의 만남에 있다는 것을 알고 있을 것입니다. 뛰어난 바리새인이요 율법주의의 전문가요 유대법의 사소한 것에 이르기까지 정통했던 바울은 그가 모독하고 박해했던 복음의 설교자가 되었읍니다. 그것은 역사상의 위대한 이야기들 가운데에 하나이며 인간의 삶에 일어났던 가장 극적인 변화 중의 하나입니다.

무엇이 바울을 변화시켰읍니까? 오직 하나의 답변이 있을 뿐인데, 그것은 주 예수 그리스도이십니다. 또한 그리스도교란 곧 "주 예수 그리스도"를 의미합니다. 그만이 그리스도교 신앙의 유일한 시험대입니다. 오늘날 그리스도의 이름조차 전혀 언급하지 않으면서도 그리스도교에 대해 이야기하는 사람들이 많이 있읍니다. 그들이 갖고 있는 실상은 그리스도교적 용어를 사용하지만 그리스도의 인격과는 무관한 철학에 지나지 않습니다. 바울의 가르침에 따르면 그리스도의 인격이 알파요 오메가이며, 처음이자 마지막이고, 시작이자 끝입니다. 그가 모든 것이며, 모든 것 안에 있고, 그 없이는 아무것도 있을 수 없읍니다. 그리스도는 그리스도교의 전부입니다.

사도 바울이 서 있는 수준에 도달하려면 긴요하고도 절대적인 본질적 요소들을 갖추어야 함을 알 수 있읍니다. 첫째는 주 예수 그리스도에 관한 가르침을 믿어야만 한다는 것입니다. 사도 바울은 그가 의뢰하는 자를 알고 있었읍니다. 지금의 우리는 이를 실제적으로 적용해야만 하는 영역에 있읍니다. 그리고 지금까지 제가 될 수 있는 한 간략하게 제시하려고 했던 것들보다 근본적으로 더 중요한 문제는 없읍니다. 저는 그리스도교 신앙의 요소들, 곧 그리스도교 교리의 요소들을 다루는데 힘을 기울였읍니다. 그 요소들은 디모데에게 한 바울의 말 속에 담겨져 있는데, 이는 그리스도교 교리의 본질적인 요소들에 대한 매우 뛰어난 요약입니다. 우리는 그것들을 하나씩 살펴왔읍니다. 하지만 살펴온 것들이 인생의 실제적 현실로 되지 못한다면 시간과 정력만 낭비한 셈입니다. 자기의 메시지를 적용시키지 못하는 설교자는 소금의 역할을 하지 못합니다. 그는 설교자가 아니라 강연자입니다. 설교는 항상 적용을 의미합니다. 제가 아무리 장황하게 교리를 늘어놓았다 할지라도 사도 바울이 열거하고 있는 독특한 면모들에 관한 사실을 적용하지 못한다면 별로 도움이 되지 못할 것입니다.

다시금 말하는 것은 우선 그리스도의 인격을 믿어야만 한다는 것입니다. 성찬식 때면 우리는 빵과 포도주를 올려놓은 탁자를 대합니다. 이것은 무엇을 의미합니까? 왜 이렇게 합니까? 성찬식이란 그만둘 명분이 없기 때문에 계속하고 있는 별난 의식입니까? 그것은 이교도의 의식입니까? 빵과 포도주는 무엇을 나타냅니까? 성찬식의 행위는 역사를 있는 그대로 돌아보게 하고 복되신 인격 예수 그리스도를 다시 한번 생각하게 합니다. 예수님은 제자들과 마지막으로 식사를 하시면서 빵을 취하여 그것을 떼셨으며, 잔에 포도주를 따르셨읍니다. 이것은 그가 배반당하시던 날 밤에 행하신 실제 사건입니다. 성찬식은 한 인격에 관련되어 있는데, 이것은 성경이 특별히 신약성경이 삶의 문제를 어떻게 다루며 해결하느냐 하는 것을 보여줍니다. 성경은 문제 자체로 시작하는 것이 아니라 모든 문제의 배후에 놓여진 것을 돌아보게 합니다. 물론 세상은 정치적으로, 사회적으로, 심리학적으로 또는 심리적 속임수에 불과한 사교로 문제에 접근합니다. 이는 세상이 문제를 다루는 방식입니다. 세상은 언제나 문제 자체로 출발해서 그 문제에 대해 무엇인가를 이루려 합니다. 성경은 그렇지 않습니다. 성경은 "나사렛 사람 예수 그리스도를 바라보라"고 말합니다. 이것이 성경의 출발점입니다.

다시 말해서 성경은 예수님이 역사의 중심이라고 가르칩니다. 우리는 그를 떠나 진실로 아무것도 깨닫지 못합니다. 전 세계 역사상 일어났던 사건들 중 가장 중대하고 변혁적인 것은 베들레헴 마굿간에서의 아기 탄생입니다. 그는 말구유에 뉘웠고, 사람들은 그를 예수라 불렀읍니다. 그는 누구입니까? 바울의 세계관의 중심은 나사렛 예수는 하나님의 아들이며 영원의 세계에서 한정된 시간의 세계로 오신 분이라는 사실에 있읍니다. 말씀이 육신이 되어 우리 가운데에 거하신 것입니다. 성육신, 곧 하나님이 자기 백성에게 찾아오셔서 그들을 구속하셨읍니다. 이는 역사의 일정한 시점에서 일어난 사건입니다. 세상은 혼돈 속에 있으며, 죄와 수치의 터전이고 하나님께 대하여 반역하는 곳입니다. 또한 세상은 장차 파괴되어 멸망에 이르게 될 곳입니다. 때가 차매 하나님이 그의 아들을 보내신 것은 이 때문이었읍니다. 하나님이 그를 여자에게서 나게 하시고 율법 아래 나게 하신 것은 율법 아래 있는 자들을 속량하시기 위함이었읍니다. 우리가 믿어야만 하는 것은 하나님이 이 세상에 대하여 무엇인가를 이루셨다는 것입니다. 하나님은 우리를 우리 자신과 문명, 학식, 정치적 행동 등에 내버려두지 않으셨읍니다. 하나님은 우리를 구원할 수 있는 중대하고도 유일한 일을 이루셨는데, 이는 그의 아들을 세상에 보내심으로 이룬 것입니다.

이것이 모든 일의 중심입니다. 신약성경은 끊임없이 "주 예수 그리스도를 믿으라"고 말합니다. 절망적인 위치에 있었던 빌립보의 간수를 기억합니까? 그는 특별한 죄수들, 곧 바울과 실라를 지키고 있었읍니다. 바울과 실라는 깊은 감옥에서 착고에 매어 있었으나 밤 중에 이르러 기도하며 하나님께 찬양했읍니다. 그때 지진이 있었고, 간수는 그로 인해 죄수들이 도망쳤다고 생각했읍니다. 그는 죄수들을 도망하게 한 책임을 져야 된다는 생각에서 자결하려 했었읍니다. 바울은 그에게 크게 소리질러 말하기를 "네 몸을 상하지 말라 우리가 다 여기 있노라"고 하였읍니다. 간수는 놀라서 떨며 전에 결코 본 적이 없는 두 사람의 기이한 죄수들을 바라보았읍니다. 그러면서 말하기를, "내가 어떻게 해야 구원을 얻으리이까?" 하였읍니다. 그에게 줄 수 있는 답은 오직 하나 뿐이었읍니다. 바울은 디모데에게 한 것과 똑같은 말을 그에게도 했읍니다. "주 예수를 믿으라 그리하면 너와 네 집이 구원을 얻으리라." 나사렛 예수가 하나님의 아들이시라는 것과 하나님이 인간의 문제에 뛰어드셔서 그의 아들 안에서 이루신 일이 있는데, 그것만이 유일한 해결책이라는 것을 믿어야 합니다. 30세까지 목수로서 일하셨지만 그 후에 놀라운 면모로 복음을 전파하시며 기적을 행하셨던 나사렛 예수가 하나님의 영원한 아들이심을 믿고 그를 바라보아야 합니다.

나사렛 예수에 관한 사실은 충격적이고도 엄청난 것입니다. 우리들은 지나간 많은 사람들에 관해 생각해 보며, 역사에 관심을 갖기도 하면서 위대한 인물들에 대해 경의를 표하게 됩니다. 또한 그들의 공적을 배우면서 그들에 의해 영향을 받습니다. 하지만 그들 중 어느 누구도 인생 문제를 해결하지 못했읍니다. 그들이 발 끝으로 서서 서로 간의 어깨를 겨룬다 할지라도 부족하기만 한 존재들입니다. 그러나 하늘에서 내려와 홀로 서신 독자적인 분이 계십니다. 그는 인간이실 뿐 아니라 하나님이십니다. 이것이 육화에 관한 모든 교리입니다. 그리스도는 한 인격 안에 두 개의 성품을 지니신 분입니다.

그러면 예수께서 행하셨던 것을 다시 한번 생각해 봅시다. 그는 이 세상에서 무엇을 행하셨읍니까? 그는 "인자의 온 것은 잃어버린 자를 찾아 구원하려 함이니라"고 말씀하셨읍니다. 그것이 예수님이 이 땅에서 행하셨던 일입니다. 어떤 사람이 예수님의 말씀을 듣고 "이 사람이야말로 능력있는 사람이다. 내가 도움을 얻기 위해 찾았던 사람이다. 유산 때문에 생긴 내 형제와의 문제를 해결해 줄 사람이다"라고 생각했읍니다. 그래서 그는 주님께 부탁하여 말하기를, "선생님 내 형제에게 유산을 나와 나누어 가지라고 말씀해주십시오"라고 하였읍니다. 그때 주님은 그를 향해 "누가 나를 너희에 대해 재판관이나 분배자로 삼았느냐? 내가 이 세상에 온 것이 그런 분쟁을 해결하기 위함이라고 생각하느냐?"라고 말씀하셨다. 예수님이 오신 것은 결코 그런 일을 이루시기 위함이 아니었읍니다. "인자의 온 것은 잃어버린 자를 찾아 구원하려 함이니라." 예수님이 오신 것은 섬김을 받으시기 위함이 아니라 섬기며 많은 사람들을 위한 속죄물로 그의 생명을 주시기 위함이었읍니다.

이것은 무엇을 의미합니까? 예수님을 다시금 살펴보면서 그의 가르침에 귀기울여봅시다. 그가 이 세상에 오신 것은 단순히 세상이 알고 있는 그 어떤 것보다 탁월한 원리적 도덕적 가르침을 베풀기 위함이라고 생각합니까? 헬라 철학자들이 비록 실패하긴 했지만 이 점에 매우 근접했음을 알고 있읍니다. 그러나 예수님은 단순히 가르치기 위해서 오신 것이 아닙니다. 그가 이 세상에 오신 데에는 전적으로 타당한 이유가 있읍니다. 그가 단지 가르치기 위해 오셨다면 그는 이 세상에 존재했던 어느 누구보다 우리를 정죄한 자가 될 것입니다. 산상수훈의 가르침대로 살아가는 것에 대해 얘기하기란 얼마나 쉬운 일입니까! 그 가르침대로 살아가려고 노력해 본 적이 있읍니까? 십계명을 지키는 것에 대해 얘기하기란 얼마나 쉬운 일입니까! 그것을 지켜본 적이 있읍니까? 십계명에는 "탐내지 말라"는 말씀이 있읍니다. 행위에 있어서 뿐만 아니라 생각에 있어서도 그 계명을 범해선 안됩니다. 물론 예수님은 가르치셨읍니다. 그러나 가르치기 위해 오신 것은 아닙니다. 그는 끊임없이 예루살렘으로 가고자 하셨읍니다. 그를 따르던 사람들이 거기로 가서는 안된다고 이야기할 때 그는 반드시 가야만 할 것을 말씀하셨읍니다. 그는 그 일을 위해 오신 것입니다. 그의 인생에는 "때"가 있었는데 그는 자신의 절정의 때를 위해 오셨읍니다.

그러면 예수님의 인생에 있던 절정의 "때"란 무엇입니까? 그것은 그가 죽음을 맞이하게 될 때를 의미합니다. 신약성경은 하나님의 아들이 이 세상에 오신 것은 죽기 위함이라고 가르칩니다. 왜 그렇습니까? 그것이 그가 우리를 구원하실 수 있는 유일한 길이기 때문입니다. 예수님은 우리 죄의 형벌을 짊어지심으로 우리를 하나님과 화목케 하셨읍니다. 달리 말하자면 하나님은 우리 죄를 짊어지도록 보내신 그의 아들을 대신해서 징계하심으로 우리와 화해하셨읍니다. 이것은 신약성경 가르침의 본질입니다. 빵을 떼심, 포도주를 따르심, 피흘리심 이것이 복음의 본질입니다. "하나님이 우리를 구원하사 거룩하신 부르심으로 부르심은 우리의 행위대로 하심이 아니요 오직 자기 뜻과 영원한 때 전부터 그리스도 예수 안에서 우리에게 주신 은혜대로 하심이라 이제는 우리 구주 그리스도 예수의 나타나심으로 말미암아 나타났으니 저는 사망을 폐하시고 복음으로써 생명과 썩지 아니할 것을 드러내신지라."

그렇다면 "주 예수 그리스도를 믿으라"는 것은 무엇을 의미합니까? 이는 나사렛 예수가 하나님의 독생자로 하나님이자 인간이 되시며, 그가 이 세상에 오신 것은 우리 죄의 형벌을 대신 짊어지심으로 우리가 용서함을 받으며 하나님의 자녀로 변화되게 하기 위함이라는 성경의 기록을 믿으라는 의미입니다. 이런 성경의 기록을 믿어야만 합니다. 이 사실을 떠나서 구원이란 있을 수 없읍니다. 또한 바울이 지녔던 것으로 보이는 경험도 있을 수 없읍니다. 반복하거니와 바울의 모든 위치는 그가 다메섹 도상에서 깨달은 사실에 의거합니다. 바울은 거기서 그가 목수에 지나지 않는다고 여겨 모독하고 박해했으며 또한 모든 바리새인들도 몹시 싫어했던 예수가, 영광의 주요 하늘에서 오신 하나님의 아들이라는 것을 발견합니다. 그는 갈라디아서에서 예수님을 일컬어 "나를 사랑하사 나를 위하여 자기 몸을 버리신 하나님의 아들"이라고 합니다. 그것이 믿음입니다. 믿음의 첫단계는 "나의 의뢰한 자를 내가 알고"라는 바울의 표현 속에 있읍니다.

그러나 믿음의 요소에는 예수 그리스도를 바로 이해하는 것에 이어 또다른 요소가 있읍니다. 아는 것만으로 부족하기 때문에 이를 계속해서 살펴보아야 합니다. 그리스도에 관한 사실들을 알아야만 할 뿐 아니라 확신해야만 합니다. "내가 부끄러워하지 아니함은 나의 의뢰한 자를 내가 알고 또한 나의 의탁한 것을 그 날까지 저가 능히 지키실 줄을 확신함이라." 바울은 그리스도에 관한 사실들을 확신했읍니다. 물론 이것은 본질적인 요소입니다. 그리스도에 관한 사실들을 안다는 것과 확신한다는 것, 곧 그것들을 지적으로 이해하고 인정한다는 것과 진심으로 확신한다는 것 사이에는 엄청나고도 중대한 차이가 있읍니다.

그 차이점을 밝히는 가장 좋은 방법은 다음과 같을 것이라고 생각합니다. 즉, 자신의 이해가 지적으로만 그치는 한 다소간 무관한 태도로 모든 사실을 바라본다는 것입니다. 지적인 것에 머무는 사람은 "나는 그리스도에 관한 증거인 성경을 읽었고 또한 성경과 관련된 책들도 읽었다. 그리고 모든 사실을 생각해 보았는데 그리스도에 관한 진술이 올바르다고 결론짓게 되었다"라고 말합니다. 그러나 그는 심판석에 앉은 재판관처럼 그 사실을 다루며, 자신과는 무관한 사실인 양 행동합니다. 그것은 구원을 얻을 만한 믿음이 아닙니다. 지식적인 신앙에 불과하며 어느 누구도 변화시키지 못합니다. 지식적인 이해로 시작해야만 하는 것은 신앙에 있어서 불가피하지만 그것으로 멈추어서는 안됩니다. 진리가 무엇인지를 인식하며, 그리스도교란 선을 행한다든지 수렁에 빠져 방탕하는 죄인 이상의 존재가 된다든지 하는 것을 의미하지 않음을 깨달으며, 나아가서 예수님만이 본질적이고 중심적 존재임을 인정하고 그에 관한 진리에 수긍했다면 다음 단계로 나아가야 합니다. 그리스도의 진리들이 자신에게 실제적으로 적용되며 영향을 미치고 그 능력을 행사할 수 있어야 합니다. 말하자면 무관하게 관망하기만 하는 위치에서 벗어나야 합니다.

사람들은 누구나 다 복음과 무관한 태도를 취하기 쉽습니다. 그것은 본능적이고 자연스런 것입니다. 여러 종교서적을 읽고난 후 흔히 하는 말은 "나는 마호멧교, 힌두교, 유교, 기독교에 관해 알고 있다. 나는 그 모든 종교를 속속들이 알고 있다" 하는 것입니다. 그런 자세를 취하면서 기독교를 경시하고 있다면 그는 그리스도교 밖에 있는 것입니다. 확신한다는 것은 복음이 능력으로 다가옴을 의미합니다. 그렇게 되면 복음이 말하는 것을 인격적으로 듣게 되고, 살아오며 들은 그 어느 것보다 중대한 것으로 여기게 됩니다. 그리고 복음에 의해서 자신을 돌이켜 보게 됩니다. 복음을 확신하기 전에는 근심에 빠지거나 일이 잘못되어 자책감에 사로잡힐 때 "나의 신앙이 이 시점에서 내게 도움을 줄 것이다. 나는 이 고통에서 벗어나길 원한다"라고 말하기 쉽습니다. 그러나 복음을 확신하게 되면 자신의 상황을 초월하여 "영원"이라는 상황 속에서 자신을 바라보며 "나는 나사렛 예수가 세상에 오셔서 십자가에 죽으신 것을 알며 또한 믿고 있다"라고 고백하게 됩니다. 그리고 어느 순간에 진실을 깨닫고 말하기를 "나는 그리스도를 따르고 있다. 그는 나를 위해 오셨다"라고 말하게 됩니다. 진리가 인격적으로 된 것입니다.

저는 앞서 이런 점을 이야기했다고 생각합니다. 이것은 많은 사람들이 신앙의 인격적인 면에 대해 범하는 오류를 완벽하게 설명합니다. 그들은 그리스도교가 단순히 도덕적 윤리적 지식체계로 표현되는 한 그리스도교에 반대하지 않습니다. 또한 하나님의 아들에 관한 놀라운 증거에도 반박하지 않습니다. 그들은 그리스도교 사실을 표현해 내는 회화나 조각 건축 등을 좋아하면서 그리스도교야말로 훌륭하고 고귀한 사상이라고 생각합니다. 그러나 그리스도교가 인격적임을 강조할 땐 그들은 반대의 입장을 취합니다. 빅토리아 여왕 때의 초대 수상이었던 멜버른(Lord Melbourne)이 엄중한 설교를 들은 그 교회를 떠나면서 말했던 것처럼 그들도 "그리스도교가 인격적인 것으로 되려 한다면 상황은 난처해 진다"라고 말합니다. 그것은 신학에 관심있을 뿐이지 인격적인 사실에 관심있는 것이 아닙니다.

그러므로 그리스도교는 확신하는 것이 되어야만 합니다. 바울은 그리스도교가 그의 인생을 변화시킬 정도로 확신했었읍니다. 이 확신으로 인하여 그는 한때 그를 교사로서 어느 누구보다 존경하던 사람들에게서 오히려 모독과 박해를 당해야 했었읍니다. 우리는 그리스도교의 가르침을 이해할 뿐 아니라 확신하며 자신과의 연관성을 인식하고 가르치는 바 모든 것을 따라야 합니다.

그러나 확신한다는 것으로 신앙의 문제를 다 살펴보았다고 할 수 없읍니다. 사도 바울에 의하면 진리를 확신한 그 다음 단계는 그것에 자신을 의탁하는 것입니다. "나의 의뢰한 자를 내가 알고 또한 **나의 의탁한 것**을 그 날까지 저가 능히 지키실 줄을 확신함이라." 여기서 성경번역자 Old Authorised translator는 특별한 느낌과 의미를 던져주고 있읍니다. 나의 "의탁한 것"이란 무슨 의미일까요? 그것은 마치 은행이나 우체국의 저축예금 계정에 입금시켜 놓는 것과 같습니다. 입금시켜 맡겨놓게 되면 안전하게 지켜줄 것입니다. 마찬가지로 "그리스도께 의탁한 것"은 늘 안전합니다.

이것은 구원의 신앙에 있어서 절대적으로 본질적인 부분입니다. 그리고 구원에 합당한 신앙을 단순한 지식적 신앙과 구분짓게 하는 것입니다. 구원을 얻게 하는 믿음은 자신을 그리스도께 맡긴다는 요소를 지닙니다. 그런 믿음을 지닌 자는 그리스도께 대해 신학적 차원의 관심만을 갖지 않습니다. 그는 이 세상에 그리스도의 오심이 자신의 죄의 상태 때문임을 압니다. 자신은 세상의 일부이며 세상은 자신과 같은 사람들의 집합체임을 알고 있기 때문에 그리스도의 오심이 자기 때문인 줄 압니다. 그는 그리스도와의 인격적 관계에 있는 것입니다. 또한 그런 중대한 진리를 분명하게 알고 있기 때문에 자신과 자신의 영혼 그리고 영혼의 영원한 안녕을 그리스도께 맡깁니다.

사도 바울이 누리고 있음이 분명한 평안과 안식, 평정에 있어서는 의탁의 요소보다 더 본질적인 것은 없다고 생각합니다. 왜냐하면 인간 스스로 하나님과 화해하기 위해 노력한다는 것은 인간을 불안하게 하며 인생을, 특히 죽음을 두려워하게 하는 것이기 때문입니다. 그런 노력만큼 두려움을 주는 것도 없습니다. 그리스도인이란 잠에서 깨어난 자와 같습니다. 그러나 그렇다 할지라도 그는 "내가 선량한 사람으로 있는 한 문제될 것이 별로 없다. 나는 어떤 경우에서든지 내 주변의 대다수 사람들 보다도 더 나은 편에 속한다. 술에 취하지도 않고 간음하지도 않는다. 나는 올바르게 살고 있다"라고 생각하기 쉽습니다.

그리스도인은 그런 식의 어리석고 유치한 생각에서도 깨어나야만 합니다. 인간에게는 그가 만나야만 할 하나님이 존재합니다. 그는 기계가 아닙니다. 하나님은 인간을 자기 형상으로 만드시고 그의 영원하심으로 인치셨읍니다. 하나님은 인간이 책임적 존재가 될 것을 요구하시면서 "너는 짐승이 아닌 인간이다. 나는 네가 인간다운 삶을 살아가기를 원한다"라고 정중하게 말씀하십니다. 인간이 이 사실을 인식하게 되면 바울처럼 자신이 생각했던 의는 배설물이나 폐기물에 지나지 않으며 "더러운 누더기" 같음을 알게 됩니다. 사람들이 자신의 인간됨을 의식하고 자기를 만드시고 종말로 자기를 심판하실 크신 하나님을 깨닫게 되면 "내가 어찌 해야 할 것인가? 시간은 짧다. 나는 보다 나은 삶을 살지 않으면 안된다"라고 말하기 십상입니다. 그래서 선한 삶을 시도해 보지만 자신의 무능함을 발견하고 자신의 허물과 더러움을 더욱 절감하게 됩니다. 자신의 무능함을 인정하는 사람들은 대부분 자신의 허물을 절감한 자들입니다. 그들은 경험적으로 다음과 같이 이야기합니다.

> 내 손의 수고로는
> 당신의 법이 요구하는 바를 이룰 수 없으며
> 내 열심이 쉴 줄 모르고
> 내 눈물이 영원히 흐른다 해도

나의 모든 죄를 대속할 순 없을 것입니다.

　인간이 지니고 있는 가장 커다란 번민은 자신을 하나님과 화해시키기 위해 애쓰는 데서 생기는 번민입니다. 흐르는 세월과 가까이 다가오는 죽음과 영원, 그리고 심판을 바라보면서 그는 세상의 모든 사악함과 그릇됨을 깨달으며 그 가운데서 자신의 성품 또한 그릇됨을 발견합니다. 그러면 "나는 그릇된 것들을 행하려 하지 않으나 그것들을 행하고자 하는 바램이 내 안에 있다. 오, 이 부끄러운 육신이여, 내 지체 안에 있는 다른 법이 나를 끌어내린다. 내 안의 갈등과 이중적 구조에서 어찌 벗어날 것인가? 오호라 나는 곤고한 사람이라. 누가 나를 건져내랴?" 하고 말하면서 근심합니다. 그는 완전한 절망에 빠집니다. 물론 그런 상태에 이르게 되면 죽음보다 더 두려운 것이 없습니다. 왜냐하면 자기 영혼의 실재와 하나님을 깨달은 자는 누구든지 죽음보다 무서운 것이 없음을 알기 때문입니다. 왜 그렇습니까? 죽음은 우리가 시험을 치르고 노력할 수 있는 기회의 때가 끝남을 의미하기 때문입니다. 주님 자신도 천국과 음부 사이에는 큰 간격이 있어서 한 편에서 다른 편으로 넘나들 수 없음을 말씀하셨읍니다. 사람들은 또다른 생(生)의 기회가 있다고 말합니다. 그렇다면 그들은 무엇을 근거로 그런 말을 합니까? 아무런 근거가 없는 주장입니다. 성경이 말하는 것은 인간은 이 세상에서 자신의 영원한 세계와 운명을 가름하며 인생은 짧다는 것입니다. 인간은 말하기를 "나는 하나님을 알며 또한 내 자신을 안다. 하지만 내가 무엇을 할 수 있는가? 나는 고요함과 평안함 가운데서 죽음을 맛볼 수 없을 것이다. 그것은 불가능하다. 죽음은 나의 최후의 적이며 나는 그것을 모면하며 지연시키기 위해 할 수 있는 한 무엇이든지 하고 있다. 나는 더 많은 시간과 기회를 필요로 한다. 그러나 인생의 남은 시간이 내게 아무런 도움을 줄 수 없음을 알고 있다. 왜냐하면 나는 그릇된 존재이고, 나의 과거의 죄를 지울 수 없기 때문이다. 나는 하나님의 사랑을 요구할 수도 없다. 내가 그에게 반역하였고 그를 저버렸으며 모독하였기 때문이다. 나는 그에게서 형벌 이외에는 아무것도 받을 자격이 없다"라고 합니다.

　인간이 그런 상태에 있게 되면 불행해지고 비참해지며, 사는 것에 낙심하며, 죽음을 두려워하게 됩니다. 사도 바울은 거기서 벗어나는 방법을 이야기하고 있읍니다. 그것은 예수 그리스도에 관한 사실들을 아는 것으로만은 부족하다는 것입니다. 또한 그의 죽으심을 훌륭한 회화나 이론, 또는 사상처럼 여겨서는 안된다는 것입니다. 그런 자세를 넘어서야만 합니다. 그래서 다음과 같이 말할 수 있는 지점에 이르러야 합니다.

> 나의 죄를 예수께 맡겼네,
> 하나님의 흠없는 어린 양에게.
>
> 인간은 모든 것을 포기하고 그리스도 앞으로 나아와
> 나의 모습 그대로 한 마디 변명않습니다.
> 하지만 당신은 날 위해 피흘리셨고
> 당신께 나오라고 내게 명하십니다.
> 오, 하나님의 어린 양이여, 내가 나아갑니다.

하고 고백할 수 있어야 한다.

그리고 매우 훌륭한 그리스도교 시인들 중에 한 사람이 다양하게 표현하고 있는 것처럼 말해야 합니다(저는 이미 그의 찬송시를 인용한 바 있읍니다).

> 날 위해 쪼개어진 옛부터 전해 오는 반석이여,
> 나를 당신 안에 숨기시고
> 당신의 쪼개어진 틈에서 흘러나오는 물과 피로
> 죄를 갑절이나 치료하사
> 허물과 그 권세에서 나를 정하게 하소서.
>
> 내 손의 수고로는
> 당신의 법이 요구하는 바를 이룰 수 없으며
> 내 열심이 쉴줄 모르고
> 내 눈물이 영원히 흐른다 해도
> 나의 모든 죄를 대속할 수는 없을 것입니다.

그 시의 마지막 행(行)은

당신이 구원하셔야 합니다. 오직 당신만이,
라고 되어 있읍니다. 이런 이해를 바탕으로 그리스도께 나아가 다음과 같이 고백해야 합니다.

내 손엔 아무것도 갖고 있지 않습니다.
다만 당신의 십자가에 매달립니다.

"매달립니다"라는 표현은 바로 의탁하는 것을 가리킵니다.

벌거벗은 채로, 옷입기 위해 당신께 나아갑니다.
무기력하게, 은혜를 위해 당신을 바라봅니다.
더러운 모습 그대로 샘 곁으로 뛰어갑니다.
구주여, 나를 씻기소서
그리 아니하시면 나는 죽을 것입니다.

이것이 의탁하는 자세입니다. 이는 인간에게 일어날 수 있는 가장 엄청난 일입니다. 의탁하는 것만이 평화를 발견하고 죽음의 공포에서 벗어나며 인생을 지배할 수 있는 유일한 길입니다. 더러운 누더기 옷을 걸쳐 입고 온갖 추잡한 악으로 치장한 영혼을 그리스도의 손에 맡겨야 합니다. 마치 보석이나 현금을 안전한 은행금고에 넣어두는 것처럼 자신의 모습 그대로 그리스도의 손에 맡기고 자기 영혼을 맡기고 자기 영혼에 대해 염려하거나 헤아려보기를 그만두어야 합니다. 사단은 다가와서 "네가 누구냐?"하고 말할 것이며, 세상은 손가락질할 것입니다. 그렇다 할지라도 "나를 성가시게 하지 마라"하고 말하면서 하나님께 돌아서서

나의 방패 은신처되신 주님,
내 영혼이 당신 곁으로 숨기웁니다.
나의 포악한 참소자를 만난다 해도
당신이 죽으신 것을 그에게 말할 것입니다.

라고 말해야 합니다. 그러면 평안과 안식을 발견하게 될 것입니다.
그리스도인은 자신의 확신함을 알 수 있읍니다. 그는 주님께 자신의

모습 그대로 온전하게 맡깁니다. "나의 죄를 예수께 맡겼네"-이것이 바로 의탁하는 자세입니다. 저도 역시 그리스도께 맡기며 살아갑니다. 그래서 더 이상 염려하지 않습니다. 제가 사단에게 고통당하는 사람들을 돕는 데에 종종 사용하는 예화가 있읍니다. 그들은 제게 찾아와 말하기를 "아시다시피 나는 신자입니다. 그러나 나는 염려하는 가운데 있으며, 행복하지 못합니다. 또한 무엇을 해야 좋을지 모르겠읍니다"라고 합니다. 그때 저는 그들에게 "당신은 왜 사단의 음성만 듣고 있읍니까?"라고 말합니다. 어떻게 하면 그들이 그런 자세에서 벗어날 수 있읍니까? 제가 종종 사용하는 예화는 단순한 것이지만 그것이 제게 도움을 주고 그들에게도 도움이 됨을 발견하기 때문에 지금 반복하고자 합니다. 제가 사용하는 예화란 다음과 같습니다.

가령, 휴가기간 중에 여행을 떠나고자 하는데 그 자체로는 별로 값어치가 없다 해도 자기에게는 대단히 귀중한 어떤 물건을 갖고 있는 사람이 있다고 상상해 봅시다. 그 물건은 남에게 드러낼 수 없는 것이고 자신의 모든 소유물 중에서 결코 잃고 싶지 않으며, 빼앗기고 싶지 않은 물건입니다. 그러나 휴가 때 여행을 떠나야 할 터인데 그 물건을 가지고 갈 수 없어서 제게 찾아와 "내가 떠나 있는 동안 당신이 이 물건을 잘 돌봐주시리라 생각합니다. 앞으로 3주 동안 집에 계실 예정이신지요?" 하고 묻습니다. 저는 그렇다고 말하면서 기꺼이 돌봐줄 것을 쾌히 승낙합니다. 그리고 "휴가여행을 떠나시면서 그 물건에 대해선 염려마시고 내게 맡겨두십시오" 하고 말합니다. 그는 "대단히 감사합니다" 하고 말하고는 가벼운 마음으로 휴가여행을 떠납니다. 그런데 내가 서재에서 책을 읽고 글을 쓰는 동안에 한 시간도 못되어 전화가 걸려옵니다. 제가 수화기를 들고 "누구십니까?" 하고 묻자 그의 목소리가 수화기에서 들려옵니다. "무슨 일입니까?" 하고 말하자 그는 "내가 맡긴 물건이 안전합니까?" 하고 걱정스럽게 묻습니다.

이 이야기는 어처구니없게 들릴지 모릅니다. 하지만 영적으로 자신을 비하하는 사람들에게 적용되는 예화입니다. 사람들은 예화에서처럼 물건을 맡기고는 어처구니 없이 행동하는 사람을 비웃을 수도 있읍니다. 그러나 대부분의 사람들이 그런 식으로 행동합니다. 제게 물건을 맡긴 사람은 또 한 시간이 지나 전화를 걸어옵니다. "누구십니까?" "내가 맡긴 물건이 안전합니까?" 그렇게 되면 결국에 제가 말하기를 "당신은 나를 신뢰합니까, 신뢰하지 못합니까? 당신이 그 물건을 안전하게 지켜주도록 내게 맡겼다면 지금 당신은 나를 모독하는 것입니다. 안심하시고 휴가를 즐기십시오. 그리고 물건에 대해 염려하지 마십시오. 만약 당신이 계속해서 이렇게 행동한다면 나를 모독하는 것이고 신뢰하지 못하는 것입니다"라고 할 것입니다. "또한 나의 의탁한 것을 그 날까지 저가 능히 지키실 줄을 확신함이라." 바울은 "나는 염려하지 않는다. 삶이나 죽음이나 그 어떤 것이라 할지라도 두려워하지 않는다. 나는 그것을 그리스도께 맡겼으며, 더 이상 개의치 않는다. 그것은 그리스도께서 지키실 것이지 내가 지킬 것이 아니다"라고 말합니다. 이런 바울의 자세는 신앙의 의탁적 요소이며, 절대적인 본질입니다. 만약 인간이 구원의 일익을 떠맡겠다고 나선다면 그것은 그리스도를 모독하는 일이고, 자신을 불행하게 만드는 것입니다. 그리스도인들이 자신의 행위와 노력, 수고를 의지한다면 그보다 비참한 것도 없습니다. 믿음은 알고 확신하며 의탁하는 것입니다.

그리고 의탁한다는 것은 함축적 의미를 지니고 있는데, 이는 절대적으로 중요한 것입니다. 그것은 한편으로 우리의 모든 삶이 그리스도로 말미암아 통제받음을 의미합니다. 그리고 사도 바울의 경험을 원하는 사람이 있다면 그는 사도 바울처럼 살아야만 합니다. 여기에 또다른 편으로 지닌 중요한 의미가 있습니다. 과거 청교도들 중의 한 사람이 구약성경의 발람에 대해 말했던 것을 기억합니까? 발람은 스스로 의인의 죽음을 경험하기를 원하며 그의 최후가 의인처럼 되기를 원한다고 말했습니다. 발람에게 있던 문제는 무엇입니까? 그 청교도는 심오한 심리학자였는데 그는 말하기를 "발람은 의인처럼 죽기 원했지만 의인처럼 살길 원치 않았다"라고 했습니다. 의인처럼 죽기를 원한다면 의인처럼 살아야 합니다. 신앙생활에는 지름길이 없습니다. 우리는 하나님께 대해서 이랬다 저랬다 할 수 없습니다. 우리가 원하는 것만을 추려내고 그 나머지는 내버릴 수 없습니다. 의탁하는 자세는 그리스도인 삶의 전부이어야 합니다. 그것이 전부가 아니라면 그리스도인의 삶이 아닙니다.

바울은 진실로 믿으면서 자신을 의탁한 사람이라면 그의 모든 삶이 주 예수 그리스도로 말미암아 통제된다고 말합니다. 그리스도는 어디에나 계시며 모든 삶을 다스리십니다. 그는 시작이자 끝이며, 중앙과 그 둘레에 위치하십니다. 이 사실은 어떻게 증명됩니까? 바울은 주님 자신과 그에 관한 진리가 이 세상에서의 인간의 모든 자세를 결정하는데 이것보다 더 놀라운 것은 없다고 주장합니다. 어떤 사람들은 그리스도교란 "예수께로 나아와 그를 믿어라. 그러면 영원히 행복하게 살 수 있을 것이다"라고 가르치는 것이라 생각합니다. 그것은 복음을 전적으로 희화화시킨 것입니다.

 이 세상에서 그리스도교 복음만큼 인생에 대해 현실적인 것도 없읍니다. 또한 복음이 그리스도인들의 거짓된 낙관주의에서 우리를 건져냈다는 사실보다 우리를 기쁘게 하는 것도 없읍니다. 불쌍한 사람들인 비그리스도인들은 세상이 완전한 삶의 터전이 되리라는 희망을 늘 품고 있읍니다. 그들은 순전히 인간에 의해서 정치적, 사회적 활동을 계획할 수 있다면 이 세상은 참으로 완전해지리라 믿고 있읍니다. 오, 가련하고 어둡고 미혹당한 영혼들이여! 그것은 모든 불행의 이유입니다. 그들은 불가능한 일에 열중하고 있읍니다. 복음은 출발부터 우리를 그런 잘못된 생각에서 건져냅니다. 복음은 다른 가르침과 같지 않게 이 세상은 악한 것이라 알려줍니다. 사도 바울은 갈라디아 교회에 편지를 쓰면서 세상을 "이 악한 세대"라 부릅니다. 어떤 면에서 볼 때 세상에 대한 성경의 관점은 극도로 비관적인 것입니다. 또한 우리가 인생을 있는 그대로 볼 때도 그러합니다. 누구나 다 세상을 바로잡을 수 있다고 생각합니다. 성경은 그럴 수 없다고 말합니다. 세상이 너무 절망적인 고로 하나님의 아들이 오셔서 세상을 위해 일하셔야만 했읍니다. 그는 다시 세상에 오실 것입니다.

 그리고 성경은 그 시작부터 그리스도인에게 커다란 해방과 안식과 평화를 줍니다. 성경은 "이 세상에서의 삶을 장미빛 그림으로 묘사하지 마라. 장미빛 시선으로 바라보지 마라. 특정한 감정에 사로잡힌 시인이나 빅토리아 시대의 입심좋은 낙관주의자들 또는 거짓된 이상주의자들에 의해 미혹당하지 마라. 인생을 보되 견실하고 전체적으로 그리고 현실적으로 바라보라. 그렇게 바라보는 순간 네가 지금 얻고 있는 것이 장차 악화되리라는 것 외에는 아무것도 기대할 것이 없음을 알게 될 것이다"라고 말합니다.

　사도 바울은 이 모든 사실을 디모데에게 이야기하고 있읍니다. 디모데가 근심 중에 있었던 것은 그것을 인식하지 못했기 때문입니다. 바울은 디모데후서 2장에서 "네가 그리스도 예수의 좋은 군사로 나와 함께 고난을 받을지니 군사로 다니는 자는 자기 생활에 얽매이는 자가 하나도 없나니 이는 군사로 모집한 자를 기쁘게 하려 함이라"고 이야기합니다. 그는 "나는 착고에 매여 마치 범법자처럼 고난을 당한다. 그리고 나는 이 모든 것들을 견디어낸다"라고 말하는 셈입니다. 성경적 관점은 바로 이런 것입니다. 주님도 세상에서 그의 제자들이 박해를 당할 것이라고 말씀하셨읍니다. 그는 "나를 믿고 신비한 곳, 즉 낙원과 같은 곳으로 들어오라. 그러면 결코 어떠한 환난도 당치 않으리라"라고 말씀하시지 않았읍니다. 그는 "그렇지 않다. 이 세상에서 너희는 고난을 당할 것이다"라고 말씀하십니다. 그러므로 고난이 찾아온다 해도 그리스도인들은 놀라지 않으며, 그들의 세계 또한 파괴되지 않습니다. 주님은 "너희가 살고 있는 세상은 하나님의 아들이 찾아왔을 때 그를 거절했던 세상이다"라고 가르치십니다. "자기 땅에 오매 자기 백성이 영접지 아니하였으나"(요 1:11)—이것이 우리가 살고 있는 세상의 모습입니다. 저는 사람들이 공정하고 질서있게 살아가리라 기대하지 않으며, 제가 지금 바라보고 있는 실정 외엔 그 어느 것도 예상치 않습니다. 인간은 죄와 사단의 노예입니다. 따라서 인간은 그런 위치에 걸맞게 살아갑니다. 저는 전쟁과 원자핵무기, 음란과 탐욕, 강탈, 청소년 범죄, 그 외의 현존하는 온갖 도덕적 부패를 보고 놀라지 않습니다. 저는 오히려 그런 현상을 당연하게 여깁니다. 세상이 그리스도인들을 대적하여 그들을 대학살한다 해도 놀라지 않을 것입니다. 죄악 중에 있는 인간에게 있어서는 어느 것도 지나치게 악하지 않습니다. "내가 죄악 중에 출생하였음이여 모친이 죄 중에 나를 잉태하였나이다." 저는 제 마음의 병을 알고 있읍니다. 하나님의 은혜가 아니라면 제가 어찌 되었을까 하는 생각을 하게 되면 두려워집니다. 저는 결코 완전하지 않습니다. 그렇다면 저는 어찌 될 것입니까! 저의 저된 것은 하나님의 은혜입니다. 저는 너무 사악합니다. 그러므로 하나님의 은혜 외에는 어느 것도 저를 죄악에서 건질 수 없읍니다.

인생에 대한 인간의 모든 관점은 그가 그리스도인이 되는 순간 변화됩니다. 그러나 그 다음에 주의해야 할 사실이 있읍니다. 곧, 주 예수 그리스도를 믿고 그에게 자신을 의탁한 사람은 주님을 부인하기 보다는 오히려 어떤 고난이든지 기꺼이 감당하고자 하는 사람이라는 것입니다. 앞서 생각해 보았던 놀라운 구절을 주의해 본 적이 있읍니까? 바울은 디모데에게 "그러므로 네가 우리 주의 증거와 또는 주를 위하여 갇힌 자된 나를 부끄러워 말고"라고 말합니다. 바울은 자신을 네로 황제의 갇힌 자로—실제로 그렇다 할지라도—묘사하지 않습니다. 왜냐하면 그는 자신의 갇힌 상태를 그렇게 바라보지 않기 때문입니다. 그는 "나는 주 예수 그리스도를 위하여 갇힌 자(A Prisoner Of The Lord Jesus Christ)이다"라고 말합니다. 그리고나서 디모데후서 1 : 12에서 말하기를 "이를 인하여—내가 반포자요 사도요 이방인의 교사이었기 때문에—내가 또 이 고난을 받되"라고 합니다. 바울은 옥에 갇혀 있읍니다. 왜 그렇습니까? 바울은 그리스도인이요 복음의 반포자였기 때문입니다.

　바울이 말하고 있는 것은 다음과 같음을 알 수 있읍니다. "로마의 권세자들은 내가 이 복음을 계속해서 전한다면 감옥을 벗어나지 못할 것이지만 복음전하기를 그만둔다면 자유의 몸이 되리라고 말한다. '예수님이 주님이시다'라는 말대신에 '시이저가 주이시다'라고 말한다면 나는 석방될 것이다. 그러나 왜 나는 그렇게 말할 수 없는가? 나는 예수님을 의뢰하고 그에게 나의 영혼을 의탁하였기 때문이다. 그는 하나님의 아들이시며 나의 구세주이시다. 나는 그를 부인하기 보다는 차라리 죽음을 택하겠다. 그를 부인한다는 것은 생각할 수 없는 일이다. 죽음은 정녕 아무것도 아니다. 나의 인생은 그리스도에 의해 결정되고 그의 다스림을 받는다." 그리고 바울은 디모데에게 "그러므로 네가 우리 주의 증거와 또는 주를 위하여 갇힌 자 된 나를 부끄러워 말고 오직 하나님의 능력을 좇아 복음과 함께 고난을 받으라"고 말합니다. 하나님은 고난을 감당할 능력을 그의 백성들에게 주십니다! 바울은 이어서 말하기를 "네가 하나님의 능력을 힘입으므로 사람들이 너를 협박할 때에 두려워하지 않게 될 것이다. 그들은 '우리가 네 스승을 감옥에 넣었다. 또한 너도 감옥에 처넣을 것이다'라고 말한다. 너는 그 말에 두려워하고 떨며 복음을 의심하기 시작했다. 디모데야, 네가 믿는 바를 다시금 돌이켜 보고 그것을 굳게 잡아라. 네가 그리스도의 손 안에 있다면 그들이 너를 어찌할 수 있으랴! 그들이 위협하는 것은 아무것도 아니다. 그리스도는 인생의 모든 것을 다스리신다. 그리스도인이란 그가 믿는 주님을 부인할 바에 차라리 자기 생명까지 포함해서 모든 것을 저버리는 자이다."

더우기 주 예수 그리스도에 대한 믿음은 이에 그치지 않습니다. 그것은 그리스도인들로 하여금 박해 가운데서도 기뻐하게 합니다. 바울은 쉬지 않고 그 사실을 밝힙니다. 바울은 로마서 5장에서 그것을 제시하고 있읍니다. "그러므로 우리가 믿음으로 의롭다 하심을 얻었은즉 우리 주 예수 그리스도로 말미암아 하나님으로 더불어 화평을 누리자 또한 그로 말미암아 우리가 믿음으로 서 있는 이 은혜에 들어감을 얻었으며 하나님의 영광을 바라고 즐거워하느니라. 다만 이뿐 아니라 우리가 환난 중에도 즐거워하나니 이는 환난은 인내를, 인내는 연단을, 연단은 소망을 이루는 줄 앎이로다 소망이 부끄럽게 아니함은 우리에게 주신 성령으로 말미암아 하나님의 사랑이 우리 마음에 부은 바 됨이니"(롬 5:1~5). 바울은 환난 중에서 즐거워하고 있읍니다. 왜 그렇습니까?

그 이유는 다음과 같습니다. 즉, 바울은 환난과 시련을 겪으면 겪을수록, 또한 핍박과 투옥을 당하면 당할수록 복되신 주님이 그의 영혼을 안전하게 지키신다는 것을 더욱 더 절감하게 됩니다. 세상이 그를 모독하면 그로 인해 그의 주인이신 주님께로 가까이 나아가게 됩니다. 역사적으로 전해 내려오는 성도들의 간증은 이런 점에서 공통적입니다. 곧, 환난의 때가 그들에게 있어선 가장 영광스런 때라는 것입니다. 모든 것이 평안할 때에는 주님을 잊고 지내기 쉽습니다. 그러나 사태가 악화되고 그들의 모든 기쁨을 잃어버리고 빈털털이로 세상에 버려진 바 되었을 때 주님께로 돌아와 그에게 더 가까이 나아가게 되며, 그의 자비와 능력을 경험하게 됩니다. 바울은 고린도 교인들에게 "우리의 잠시 받는 환난의 경한 것이 지극히 크고 영원한 영광의 중한 것을 이루게 함이니 우리의 돌아보는 것은 보이는 것이 아니요 보이지 않는 것이니 보이는 것은 잠깐이요 보이지 않는 것은 영원함이라"고 말합니다. 그러므로 그리스도인은 주 예수 그리스도를 믿으며, 그에 관하여 확신하고 자신을 그에게 의탁하며 그에 의해 삶 가운데서 다스림을 받는 자입니다.

마지막으로, 그리스도인은 그리스도에 대해 절대적이고도 흔들리지 않는 확신을 갖고 있는 자입니다. "그럼에도 불구하고 나는 부끄러워하지 않는다." 왜 그렇습니까? "나의 의뢰한 자를 내가 알고 또한 나의 의탁한 것을 그 날까지 저가 능히 지키실 줄을 확신함이라." 저는 그리스도를 알고 있읍니다. 그를 알고 있기 때문에 그에 관한 사실과 진실을 알고 있읍니다. 이것이 그리스도인의 최종적인 확신입니다. 그를 감옥에 넣거나 사자굴에 던진다 할지라도 문제될 것이 없읍니다. 그리스도인은 그의 의뢰하는 자를 알기 때문입니다. 그는 그리스도에 대해 무엇을 알고 있읍니까?

그리스도인은 그리스도에 관해 알고 있는 바를 생각하며, 이 땅에서 그것을 묵상하면서 여생을 보냅니다. 그리고 영원토록 그렇게 할 것입니다. 그리스도인이 늘 생각하는 것은 그리스도의 사랑입니다! 저는 그리스도의 사랑을 어떻게 압니까? 그가 저를 대신해서 갈보리 언덕의 십자가로 나아갔기 때문에 압니다. 그의 육체가 찢겨졌고, 그는 저를 위해 피흘리셨읍니다. 하나님의 아들인 그는 저를 사랑하사 저를 위해 자기를 희생하셨읍니다. 그리스도를 모독하는 바리새인이었던 다소 사람 사울은 다메섹으로 가는 길에서 그를 만났읍니다. 이 사건이 사울의 마음을 깨뜨린 것입니다. 그가 모독하고 핍박했던 주님은 그의 행위에도 불구하고 그를 사랑하고 계셨다는 것을 깨달은 것입니다. 저를 사랑하신 하나님의 아들은 저를 위해 자기를 희생하셨읍니다. 그리고 그가 저를 위해 죽으셨다면 날 위해 어떤 것이든지 행하실 것입니다. 그는 저를 사랑하시므로 저를 위해 자기 생명을 버리셨읍니다. 그것이 제가 그에 대해 확실히 알고 있는 것입니다. 또한 그것이 저에 대한 그의 입장임을 알고 있읍니다. 그는 이 세상에 오셨읍니다. 저를 사랑하셨기 때문에 하늘의 영광을 떠나신 것입니다. 그는 이 세상에 계시면서 저를 위하여 죄인들의 대적함을 참으셨읍니다. 그는 저를 위하여 고초의 길을 걸으시고 나무에 못 박히셨읍니다. 그는 아무런 잘못도 행치 않으셨으며, 사람들은 그에게서 아무런 허물도 찾지 못했읍니다. 그는 죄인들과는 달리 죄가 없으셨읍니다. 그러나 그는 죽어 무덤에 묻히셨읍니다. 저는 그의 사랑을 조금도 의심하지 않습니다! 그것이 제가 그에게 의탁하는 이유입니다. 그가 제가 결코 깨닫지 못할 정도로 저를 사랑하심을 알고 있읍니다. 저는 그의 사랑에 대해 어느 정도 알고 있다고 생각하지만 극히 일부에 지나지 않습니다. 저는 부분적으로 알며, 부분적으로 이해할 뿐입니다. 저의 지식이란 얼마나 하찮은 것입니까! 그리스도의 나에 대한 사랑의 심오함과 풍성함이여! 그리스도의 사랑을 안다는 것은 지식을 넘어선 것입니다. 그러나 저는 그를 신뢰할 정도로 압니다. 그는 십자가 위에서 절대적인 증거를 보여주셨읍니다. 그리고 저는 그리스도께서 약속하신 것들을 갖고 있읍니다. 저는 인생을 두려워하지 않습니다. 왜 그렇습니까? 그가 "나는 결코 너희를 떠나지 않으며 저버리지 않겠다"고 말씀하셨기 때문입니다. 그는 저를 지키시며, 모든 길을 인도하시사 영원한 영광으로 이끄시겠다고 약속하셨읍니다.

그는 또다른 엄청난 약속을 하셨읍니다. "너희는 마음에 근심하지 말라 하나님을 믿으니 또 나를 믿으라 내 아버지 집에 거할 곳이 많도다 그렇지 않으면 너희에게 일렀으리라 내가 너희를 위하여 처소를 예비하러 가노니 가서 너희를 위하여 처소를 예비하면 내가 다시 와서 너희를 내게로 영접하여 나 있는 곳에 너희도 있게 하리라"(요 14:1~3). 네로나 이 세상의 압제자들이 제게 대해 어찌 하랴! 이 세상과 음부가 제게 무슨 상관이 있으랴! 그리스도께서 저를 위한 처소를 예비하러 가셨으며, 그는 다시 오실 것입니다. 이것은 그의 약속입니다. 그리고 그의 약속은 영원토록 확실합니다.

그리스도의 약속이 지니고 있는 빼놓을 수 없는 또 하나의 면모는 그의 불변하심입니다. 사도 바울은 디모데후서 2장에서 이것을 매우 인상적인 방법으로 제시합니다. 그는 "미쁘다 이 말이여, 우리가 주와 함께 죽었으면 또한 함께 살 것이요 참으면 또한 함께 왕노릇할 것이요 우리가 주를 부인하면 주도 우리를 부인하실 것이라 우리는 미쁨이 없을지라도 주는 일향 미쁘시니 자기를 부인하실 수 없으시리라"고 말합니다. 감사하게도 주님은 자신을 부인하실 수 없습니다. 우리는 일관성이 없으며, 늘 변하기 마련이지만 그는 변치 않으십니다. 그의 성품은 불변의 것입니다. 예수 그리스도는 어제나 오늘이나 영원토록 동일하십니다. 그가 변치 않으신다는 사실은 내 영혼의 닻입니다. 저는 변하되, 그는 변하지 않으십니다. 그의 말씀은 진실하며, 그의 불변하심은 절대적입니다. 그러므로 내가 아무리 악한 상황에 빠져 있다 해도 다음과 같이 말할 수 있읍니다.

> 어둠이 그의 얼굴을 가리운 듯 보일 때
> 나는 그의 변치 않는 은혜를 의지합니다.
> 아무리 거친 폭풍우 속에서라 해도
> 내 닻은 천국에 놓여 있읍니다.
> 나는 견고한 반석되신 그리스도 위에 서 있으며
> 다른 모든 터전은 가라앉는 모래에 지나지 않읍니다.

저는 그의 사랑과 약속, 불변하심 그리고 능력과 권세를 압니다. 혹자는 제게 찾아와서 "좋습니다. 나도 나사렛 예수가 매우 놀라운 분이라는 당신의 말에 동의합니다. 하지만 그는 죽어 이 세상을 떠났고, 당신은 여전히 이 세상에 있읍니다. 그리고 인생은 추하고 악합니다. 죽음이 찾아오며, 모든 것이 부정적입니다. 그래도 당신은 평안합니까?" 하고 묻습니다. 그렇습니다! 저는 평안합니다. 저의 의탁한 것을 그 날까지 그가 능히 지키실 줄을 확신하기 때문입니다. "당신이 그것을 어떻게 압니까?" 하고 의문을 제기할 수도 있읍니다. 그가 "사망을 폐하시고 생명과 썩지 아니할 것을 드러내셨기" 때문에 저는 입니다. 그리스도는 이 세상에 계셨으며, 당시의 세상도 지금의 세상과 꼭 같았읍니다. 그는 모든 점에서 우리와 같이 유혹을 받으셨지만 죄가 없으십니다. 사단은 그를 유혹하려고 다가갔지만 결코 그를 넘어뜨릴 수 없었읍니다. 사단은 그의 모든 힘을 동원해 보았지만 오히려 그리스도께서 그를 패배시키셨읍니다. 그리스도께서 사단을 몰아내시고 그의 모든 악한 권세를 정복하시므로 사단이 할 수 있는 것은 아무것도 없었읍니다.

마침내 사단은 최후의 수단을 사용했었읍니다. 그는 죽음의 권세로 그리스도를 죽음으로 몰아넣었읍니다. 그로 인하여 사단이 승리한 것처럼 보였읍니다. 그러나 새로운 일이 일어났읍니다. 그것은 부활입니다. 그리스도는 죽음을 폐하시고 쳐부수셨으며 죽음의 속박을 깨뜨리시고 무덤에서 승리의 부활을 이루셨읍니다. 그는 생명과 썩지 아니할 것을 드러내셨읍니다. 그는 최후의 적을 정복하신 것입니다. 그리스도께서 정복하시지 아니한 것은 하나도 없읍니다. "내가 확신하노니 사망이나 생명이나 천사들이나 권세자들이나 현재 일이나 장래 일이나 능력이나 높음이나 깊음이나 다른 아무 피조물이라도 우리를 우리 주 그리스도 예수 안에 있는 하나님의 사랑에서 끊을 수 없으리라."

형제들이여, 묻고 싶은 것이 있읍니다. 이 모든 사실들을 확신합니까? 이것들을 확신하면서 살아갑니까? 그리스도 자신과 그가 이루신 일에 대해 확신합니까? 그를 신뢰하며 그에게 자신을 바치고 또한 자신의 영원한 삶을 의탁하고 있읍니까? 그가 자신의 인생을 지배하고 있읍니까? 그를 의지하며, 그의 능력을 신뢰합니까? 그것이 자신이 선 위치입니까? 주님의 말씀에 다시금 귀기울여보십시오. 그는 "내가 온 것은 양으로 생명을 얻게 하고 더 풍성히 얻게 하려는 것이라. 또한 잃어버린 자를 찾아 구원하려 함이니라"고 말씀하십니다.

그의 말씀은 과연 진실된 것일까요? 그를 믿으며, 그로 말미암아 확신하고 그에게 자신을 맡기고 그를 의지하는 사람들의 간증을 들어보십시오. 바울과 다른 모든 사도들 그리고 로마 시대 투기장의 사자들에게 던지워진 익명의 사람들의 이야기를 들어보십시오. 로마 밖 여러 곳에서 아직도 그 무덤을 찾아볼 수 있는 사람들의 이야기를 들어보십시오. 순교자들과 증성자(證聖者)들, 종교개혁가들, 계약사상가들 그리고 숱한 역사 속의 하나님 백성들의 증거를 들어보십시오. 그들은 한결같이 똑같은 사실을 들려줄 것입니다. "그리스도는 하실 수 있다"는 것입니다. 그는 우리를 구원하고자 하십니다. 더 이상 의심할 여지가 없읍니다. 형제들이여, 이를 확신합니까?

약하여 기운을 잃고
슬픔에 잠겨 있읍니까?
그 분은 "내게 오라. 와서 쉼을 얻으라"고 말씀하십니다.

그가 나의 인도자라면
나를 이끌 징표를 갖고 있읍니까?

물론, 그리스도는 징표를 갖고 계신 분이십니다.

그의 손과 발에는 상처난 자국이 있읍니다
또한 그의 옆구리에도.

군주처럼 그의 이마에도,
장식하는 면류관이 있읍니까?

그리스도인들 중에 궁궐이나 위대하고 위엄있는 자리에서 그를 발견한 자 아무도 없다.

예, 정녕 면류관이 있읍니다,
그러나 가시로 된 것입니다.

내가 그를 발견하고 따른다면
이 땅에서 그가 주는 보상은 무엇입니까?

그리스도인들 모두 그를 믿은 이후에 행복하게 살아갔는가? 그들은 천국열차의 장미꽃 침대에 실려갔읍니까? 결코 그렇지 않았읍니다.

숱한 슬픔과 수고,
눈물입니다.

내가 끝끝내 그를 굳게 붙든다면
그는 결국 무엇을 주실까요?

슬픔은 사라지고 수고는 끝이 나며
요단 강을 건널 것입니다.

그리스도는 사망의 쏘는 것을 제거하셨읍니다. 그리스도인에게 있어서 사는 것은 그리스도이며 죽는 것도 유익합니다. 그들은 요단 강을 건널 것입니다.

그에게 나를 받아달라고 부탁한다면
그가 거절하시지 않을까요?

그는 우리가 의탁한 모든 죄를 생각나게 할 것인가? 우리 마음의 악함을 다시금 일깨워줄 것인가? "그에게 나를 받아달라고 부탁한다면 그가 거절하시지 않을까요?"

당신의 죄는 땅 끝에서라도 하늘 끝에서라도
찾을 수 없을 것입니다.

그를 발견하며 굳건히 따르고 싸워나간다면
그가 정녕코 축복하실까요 ?

성인들과 사도들과 예언자들과 순교자들이
대답해줍니다. "그렇습니다"

그들의 응답을 들을 수 있기를 바랍니다. 주님 자신도 "내게 오라"고 말씀하십니다. 숱한 역사 속의 증인들, 즉 성인들, 사도들, 예언자들, 화형장의 순교자들, 스미스필드나 옥스포드에서 순교했던 사람들의 증거하는 바를 들어보십시오 ! 그들이 죽은 곳이라면 어디든지 달려가 물어보십시오 ! "성인들과 사도들과 예언자들과 순교자들이 대답해 줍니다. '그렇습니다.' 저도 역시 그들과 똑같이 응답할 수 있을 뿐입니다. 성인들과 사도들, 예언자들과 순교자들의 놀라운 합창을 들려 줄 수 있는 것이라면 제가 무엇을 주저하겠읍니까 ! "그렇습니다"라는 그들의 응답은 위대한 하늘 나라의 합창입니다. 저는 그들이 그 나라에 있음을 압니다. 형제들이여, 이 합창에 대한 자신의 태도는 어떠합니까 ? 그들의 응답을 듣고 있읍니까 ? "성인들과 사도들과 예언자들과 순교자들이 대답해 줍니다. '그렇습니다.' 그들은 "그리스도를 의뢰하라"고 말합니다. 그를 의뢰하며 자신의 영혼을 그에게 의탁하십시오. 그러면 그가 영접하시고 지켜 주실 것입니다.

나를 사랑하시는 그 분 때문에 이제 평안합니다.
무슨 권세가 내 영혼을 가를 수 있을까요 ?
생명인가요 ? 사망인가요 ? 이 땅이나 음부인가요 ?
아닙니다. 나는 영원히 그의 것입니다.

형제들이여, 확신을 갖고 자신의 영혼과 영원한 안녕을 그리스도께 맡기십시오. 그러면 이생이나 이 세상에서 어떤 일이 일어난다 해도 늘 바울처럼 말할 수 있을 것입니다. "그럼에도 불구하고 내가 부끄러워하지 아니함은 나의 의뢰한 자를 내가 알고 또한 나의 의탁한 것을 그 날까지—영광스런 그 날까지—저가 능히 지키실 줄을 확신함이라."

CHRISTIAN LITERATURE CRUSADE

기독교문서선교회는 청교도적 복음주의신학과 신앙을 선포하는 국제적, 초교파적, 비영리 문서선교기관입니다.

기독교문서선교회는 한국교회를 위한 교육, 전도, 교화에 힘쓰고 있습니다.

만일 당신이 예수 그리스도와 그리스도인의 생활에 대하여 알기를 원하시면 지체말고 서신연락을 주십시요. 주 안에서 기쁜 마음으로 도움을 드리겠습니다.

서울 서초구 방배동 983-2
Tel. 586-8761~3

기독교 문서선교회

복음설교
I am not Ashamed : Advice to Timothy

1987년 4월 30일 초판 발행
2012년 4월 10일 초판 4쇄 발행

지은이   D.M. 로이드 존스
옮긴이   박 영 호

펴낸곳   사)기독교문서선교회
등록   제16~25호(1980. 1. 18)
주소   서울시 서초구 방배동 983-2
전화   02)586-8761~3(본사)   031)923-8762~3(영업부)
팩스   02)523-0131(본사)   031)923-8761(영업부)
홈페이지   www.clcbook.com
이메일   clckor@gmail.com
온라인   국민은행 043-01-0379-646, 기업은행 073-000308-04-020
         예금주: 사)기독교문서선교회

ISBN   978-89-341-0250-2 (03230)

* 낙장·파본은 교환해 드립니다.